U0069795

陳唐山回憶錄

黑名單與外交部長

陳唐山——著

上｜一家五口
下｜父母、長兄陳乃瀛夫婦與四個姊姊

上｜與三個兒子陳正揚（左一）、陳欣揚（左二）、陳立揚（左三）合影於美國家門前
左｜我與長子陳正揚
右｜左為二兒子陳欣揚，右為大兒子陳正揚

上｜弟弟陳燕南（右一）一家人

下｜1970 年三子出生於美國阿肯色州，當年台灣獨立建國聯盟成立，我堅信台灣一定能獨立建國，揚名世界，所以把他取名為陳立揚。

Happy Father's Day

This is Sarah dressed up for her Promotion dinner/dance at school yesterday. Lauren did her hair and make-up. They are big girls now. Sarah will be graduating from middle school next week. Tomorrow is Father's day here is the US. We wish you a wonderful day!

上｜我與孫女們合影
下｜家書——串起台美兩地親情

上｜與大兒子陳正揚（右四）和台北市大台南同鄉會合影
下｜與姪孫輩在鹽水老家合影

在美時期

在美國擔任全美台灣同鄉會會長時，與前美國總統布希幕僚、東亞事務負責人施西昌（Sichan Siv）合影。
（右二為陳唐山、右一陳文彥、左三莊六雄、左一蔡武雄）

黃信介訪美，眾人齊聚一堂。

上｜與當時同鄉會會長李賢淇等人抗議中共血洗西藏、藐視人權的作為。

下｜由 FAPA 主辦「舊金山和約四十週年紀念會」，美國參議員佩爾（Ciaiborne Pell）應邀演講。（右一為當時 FAPA 會長王桂榮。）

上｜1986 年，於韓國首爾金大中住所與金大中合影

下｜與外蒙古前駐聯合國大使 Gendengiin Nyamdoo（後排右二）、大使館文化參事 Tolya（後排右三）、蔡武雄（後排左一）、李界木（後排左二）及夫人林純純（前排右一）合影

外交部長時期

2004 年 5 月 20 日外交部長就職宣誓，我（左三）以「務實的理想主義者」自許，
展開了為台灣外交打拚的旅程。（相片來源：國史館）

2004 年 5 月 7 日推動參與世界衛生組織說明會，左側為當時外交部國際組織司司長董國猷，右側為現任副總統陳建仁。（相片來源：外交部）

2005 年出訪南太平洋在斐濟與阿扁合影

上｜2005 年美國前總統柯林頓應台灣民主基金會之邀來台演講。（相片來源：台灣民主基金會）

下｜2006 年 1 月 24 日外交部歡送陳部長茶會，而後接任總統府秘書長。

2006 年 1 月 24 日我卸下部長職務，步出外交部，而後接任總統府秘書長。
（相片來源：外交部）

秘書長時期

2006 年 1 月 25 日總統府秘書長就職宣誓。
（相片來源：國史館）

就職總統府秘書長，與陳水扁總統握手。
（相片來源：國史館）

右｜2006 年 4 月 28 日以總統府秘書長身分在日本沖繩《琉球新報》發表演說
左｜2006 年 4 月 28 日以總統府秘書長身分於「九州經濟論壇」致詞

與大阪辦事處處長吳嘉雄合影

2007 年 2 月 7 日我在呂秀蓮副總統監交下，接下國安會秘書長職務，我從總統府秘書長變成另一個秘書長。（相片來源：國史館）

擔任國安會祕書長時期與海軍弟兄合影

上｜2008 年與來台參加「全球新興民主論壇」的波蘭前總統華勒沙（Lech Walesa）合影
下｜總統府秘書長辦公室同仁合影

立委時期

上｜2012 年 8 月國會外交考察荷蘭、比利時、盧森堡
中｜2012 年 6 月 6 日外交國防委員會澎湖戰備考察
下｜2012 年 5 月 10 日外交國防委員會考察東沙群島

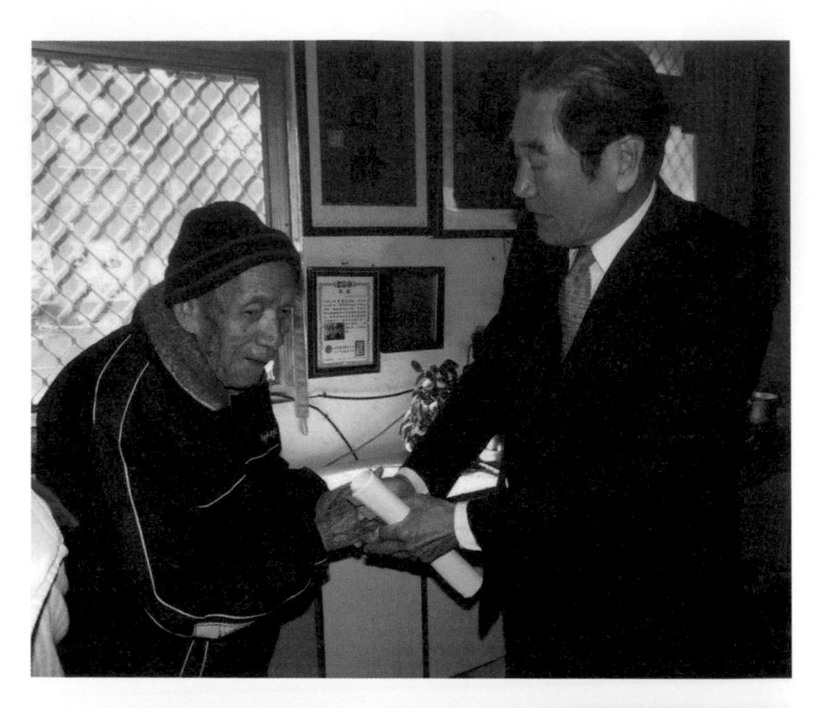

上｜2012 年 12 月參訪台南榮民之家
下｜2013 年 1 月 21 日訪美與華府智庫學者葉望輝等人餐敘

上｜2013 年 4 月 29 日在蔡同榮發起的反一中顧主權連線成立大會致詞。
下｜2014 年 8 月 18 日「一邊一國陣線」參選議員記者會。

2014 年 5 月 9 日，第八屆立委第五會期總質詢，
我在議場鋪滿阿扁被上銬影像，引發極大震撼。

上｜2014 年 4 月核四公投繞行立法院活動。
下｜2014 年 5 月 17 日我在紀念蔡同榮研討會上發表演說悼念蔡同榮的「公投歲月、台獨人生」。

上｜與蔡英文（右二）、夫人林純純（右一）合影
下｜2015 年 5 月立法院訪問德國。

2015 年 9 月立法院訪問北歐。

上｜來去大凍山，迄今我共登頂大凍山 104 次。
下｜參與大凍山淨山活動。

上｜我登了兩次玉山，第一次是擔任台南縣長時，第五屆立法委員任內我完成第二次攻頂。

下｜登七星山

從黑名單到外交部，人生真正的轉折不是身分，而是場域，
唯一不變的是，為台灣奮鬥的決心。

目次

回鄉的我

務實的理想主義者

兩個秘書長

人生的驚嘆號

我與阿扁

推薦序

憂國愛民，台灣英雄

李界木
前竹科管
理局局長

我認識陳唐山是一九七七年，接受美國聯邦政府商業部大氣海洋管理署（NOAA）職務，來到華府就任之後。因爲我們志同道合，同爲台灣獨立建國聯盟的伙伴，就在華府支部，一起工作。理念相同，又是同儕，當然既是同志亦是良友。

華府支部在聯盟分工上，主要是負責鄉務工作，舉凡人權、外交、公共事務、示威遊行等，只要有助於台灣的工作全包。陳唐山是華府最傑出的風雲人物。他由華府同鄉會長、全美同鄉會長、世界台灣同鄉聯合會長（世台會），而後又任FAPA會長，台灣國際關係中心（CTIR）的要角，甚至進入美國智庫社團，國際政策發展中心（International Center For Development Policy）擔任董事，一路扶搖直上。回台之後，一九九三年競選縣長，不但當選，還成爲台灣第一名的縣長。二任縣長下來，又成爲稱職的立法委員、外交部長、總統府秘書長、國安會秘書長，做什麼像什麼，充分表現出才德兼備、柔能克剛、公忠體國的品德。

打抱不平、見義勇爲是台獨公司的招牌，也是加入公司的基本要求。在任何環境下，堅持理念，始終如一，這是陳唐山非凡的品性，大家都看到，在陳水扁總統受難時，很多人切割遠離，但他不離不棄、赤心相待的精神，無人可及。厲害的是，除了堅持理念，能尊重他人外，他為人敦厚，純樸熱心，勇於扶助他人，跟他在一起，如沐春風。在他卸任外交部長後，每次北上找他，我們會走到外交部喝咖啡，部屬路經，對他畢恭畢敬，使人體會出他為人處世、做人成功的一面。

唐山兄才能智慧超人。記得，唐山兄第一次回台南競選縣長時，他馬上觀察出，南縣是農業縣，且是人口外移嚴重，縣內幼童及老人特多，於是提出政見，主張「學童簿仔紙免錢」和「老人發放年金」兩大策略，因而擊敗國民黨候選人，順利當選。上任後爭取南科落腳台南，又是一大德政。當時我人在國外，受唐山兄秘書王幸男所託，對南台灣之環境汙染加以分析，認為南科應設於台南之理由：高雄空汙、水汙均比台南嚴重，而台南具有較優越環境容量。另外也找些外商簽署欲往南科設廠的意願，在環保和招商兩項上先馳得點，再加上縣長親自解說，結果八票比一票，大勝。唐山兄競選連任時，有一次我到關廟助選，與一位老先生交談，他說：「我有二個小孩外出工作，沒有寄過所費（零用金）給我，但陳唐山卻按月給我所費，比我的小孩更有孝（孝順）。我死後，要我孩子在墓碑刻上三房立！」（意指陳唐山如他第三個孩子）。能使受惠者自動為唐山兄助選，更顯現唐山兄之智慧確實高人一等。

總之，陳唐山的正直、堅持、尊重、熱情、人緣等特有的Charisma（超凡感召魅力），使他成爲海內外的傑出人物，我們以他爲榮！因爲他學氣象，尤擅長政治氣象，華府支部的同志，給他的評語是「仰觀天時，俯察民情，是憂國憂民的台灣英雄」。

陳唐山的回憶錄是現代台灣史一部分重要的史料，值得一讀，特爲推薦。

推薦序

向台灣民主運動先行者致意

王定宇
第九屆立法委員

若有人問，我從政生涯最大的收穫是什麼？答案是：我結識了陳唐山。從初涉公共事務時對他的景仰，到因緣際會能親炙他的處世風範，甚至接下他厚實一棒，延續他選區的立委職務，與同儕相比，我何其有幸。

細讀陳唐山的這本回憶錄，沒有華麗的辭藻，猶如台灣土地的一股涓涓細流，看似柔弱，但力道卻足以穿透時空，讓我們見證民主幽微時代，黑名單人士的堅韌與哀愁。

回憶錄的首篇「第一個二十九年」，描述歷經日治、國府兩個外來政權統治下的少年陳唐山，章節中幾則反威權小故事，已隱約透露出名列黑名單，是陳唐山生命無可迴避的必然。

「第二個二十九年」則紀錄陳唐山在海外成立同鄉會、世台會、FAPA等組織的過程。以陳唐山當時的學術成就，他若馴服於統治當局，返國後，必定是仕途順遂的台籍菁英。但人生關鍵，他卻選擇了不一樣的道路，持續與國民黨抗衡，為台灣民主、人權發聲。我們這代人很難想像，是何等的毅力，讓陳唐山能抗拒種種誘惑，艱苦的忍受著長達二十九年的思鄉之苦。

「回鄉的我」、「務實的理想主義者」、「人生的驚嘆號」這些篇章描寫陳唐山返國後，擔任立法委員、台南縣長、外交部長、總統府、國安會秘書長的種種事蹟。

一九九三年，陳唐山引領台南縣完成首次政黨輪替，當各界好奇這位曾被形塑為洪水猛獸的異議人士，如何掌理台南縣政時，他卻悄悄地讓這個農業大縣起了化學變化。他創下連續五年全國施政滿意度第一名的成績，為台南縣的綠色永續執政奠立了難以撼動的基石。我認為陳唐山有份特殊的領袖特質，出將入相，在體制外，他是位對威權堅不妥協的台獨猛將；進入體制後，他則務實與理想兼具，如良相佐國般的完成台灣人民與阿扁總統所交付的任務。

今年八月，我前往日本進行交流訪問。八月三日，日本首相安倍之弟岸信夫，邀集近五十位日本國會議員與台灣代表團進行座談，席間，岸信夫除託付我返國後向陳唐山轉達問候之意外，還不忘提醒我：「期待你除了承接陳唐山的選區外，更要承接他了不起的政治風範！」岸信夫這席話，讓在場的台日國會議員大為感動，陳唐山始終如一的政治風範，連國際友人也為之折服。

最終篇的「我與阿扁」，是本書最令人動容的部分。陳唐山堅信扁案是國族認同分歧者的政治整肅，他更不甘民主化的台灣，至今仍殘留舊黨國道德法西斯餘緒。所以在阿扁身繫黑牢，身心飽受摧殘，同志避之唯恐不及的昏暗時刻，陳唐山以近六年的時光，鍥而不捨的進行營救阿扁的行動，直到二〇一五年阿扁離開台中培德監獄爲止。陳唐山的毅力，不但讓阿扁脫離了政治黑牢，更守住了台灣社會的人情義理與價值。

最後，謹代表所有朋友向這位台灣民主運動先行者致上最大敬意。在台灣追求獨立自主的歷史篇章中，陳唐山這些黑名單人士付出無比的代價寫下了重要的歷史扉頁。我相信這本回憶錄，將如同民主運動工具書般，爲台灣的新生一代帶來啓示。

自序

謹以此書獻給牽手林純純

二〇一六年三月十二日，此書尚在撰寫時，我的牽手林純純卻病逝於洛杉磯爾灣長子家中，她是我此生最大的精神支柱，黑名單時期我更視她為革命夥伴。

我在大學時期與她結識，當時她念台北師範學校，我擔任她弟弟的家庭教師，到了一九六一年，這位淡水姑娘林純純，嫁給鹽水子弟陳唐山，偏離了應有的生命軌道，開啓了她雖豐碩但卻苦澀無比的人生。

在嚇破膽，返鄉無門的年代，身爲黑名單分子的家後，她雖嚐盡生命苦杯，但仍認眞、認分、認命地協助我全心投入反對運動志業。滯美二十九年，這位看似婉約的台灣女性實則展現了她強大的生命韌性。

二〇一四年三月十八日的太陽花學運，帶給我極大衝擊。從青島東路國會辦公室往外望，我看著這群網路世代，從集結到分工，快速且有效率，運作猶如一個小政府。三月三十日，來自台南的家鄉子弟林飛帆，在凱道上面對五十萬民主黑潮，不卑不亢的向統治者提出挑戰，他們的膽識更勝於黑名單世代的我們。

三一八學生攻占立法院，讓我回想起當年一群海外黑名單，在漫天風雪，穿梭於美國國會迴廊爲台灣民主人權發聲的場景，兩者雖年代不同，但守護台灣的意念相通，在在驗證台灣每逢關鍵時刻，就會有一群年輕人挺身而出，二二八事件如此，黑名單時代亦復如是，野百合、太陽花更是一脈相承。我認爲這是台灣永不妥協精神的遞嬗。身爲黑名單世代，我們對台灣的熱愛未曾稍減，但已逐漸凋零。

最後謹以此書向牽手林純純及所有曾經共事過的朋友致上最大謝意，這本書雖平鋪直敘，沒有史詩般的壯闊，亦難勾起大家窺伺歷史的激情，但卻詳實記錄著黑名單世代的努力。特別是牽手林純純，相信此刻妳已站在另一個制高點，繼續眷顧著妳所熱愛的台灣土地。

陳唐山　寫于二〇一六年五月三十日 台北

第一個二十九年

我生命中有兩個重要的二十九年，第一個是留學美國前在台灣土地庇蔭下的二十九年，第二個是留美後的黑名單二十九年。

我出生於一九三五年，日治時代末期。小學唸了兩年的日本書，初中、高中就讀嘉義中學，然後進入台大，服完預官役後，在CAT任職。

這個二十九年，我歷經二二八事件，目睹父親因不滿中國人霸占職缺，憤而辭職。我雖一如所有台灣青年人，求學、進入職場、結婚生子，但反抗因子卻已隱然成形。

一九六一年，我這個來自台南鹽水的子弟，娶了師範學校畢業，父親是台北市公務人員的淡水姑娘林純純為妻，當時她尚不知即將被帶往人生的另一個方向，展開一段酸苦的人生。

我叫陳唐山

我叫陳唐山，昭和十年（一九三五年）出生在台南州新營郡塩水街的岸內庄，現今爲台南市鹽水區岸內里。

身爲畢生追求台灣人當家作主的台獨運動者，很多人難免對我的名字感到好奇。二〇〇二年阿扁總統的台灣正名運動，正如火如荼的推動，當時行政院長蘇貞昌曾促狹式的問我：「要不要順便改名字？」我一笑置之。

我的幕僚對此也相當困擾，早期選舉時，習慣將候選人名字嵌入文宣標語中。我的名字叫「唐山」，所以很難運用。直到一九九七年爭取縣長連任時，爲了回應當時國民黨對手洪玉欽陣營的負面文宣，所以幕僚推出保護陳唐山、防堵洪玉欽的「保山防洪」行動，我的名字才勉強被植入文宣當中。另外陳唐山與台語「等凍蒜」發音相近，所以選舉時，同黨同志會藉此來挖苦我一番。

對於名字的由來，我雖沒親口問過父親，但父親愛看《三國志》、《隋唐演義》等章回小說，頗具漢學基礎，對中國史地更瞭若指掌，所以把我取名「唐山」，我認爲和他的學識經驗有關。我的弟弟叫陳燕南，也頗有古代俠者的況味。

父親那個時代的台灣人對日本的殖民統治並非百依百順，會把對日本人的反感投射到未曾謀面的中國，進一步對祖先來的地方產生烏托邦式的想像，就如「倒在血泊中的筆耕者鍾理和」在〈白薯的悲哀〉文章中所描繪，台灣人夾處在日本人與中國人之間的無奈。當時日本把台灣人視爲中國的棄民，中國則把台灣人看成日本的走狗。

絕大多數的台灣人，直到一九四七年的二二八事件後，才眞正體會中國也是另一個殖民政權。所以父親在日治時代幫我取名「唐山」，他的思維我完全可以理解。

每個人的名字都是父母基於某種特殊經驗或認知所賦予，對我而言，名字是子女與雙親之間永遠的連結，所以別人對我的名字感到好奇，我總是一笑置之。

我的父母

我的父親陳能通，日治時代任職於塩水港製糖株式會社[1]，在測量砂糖重量的磅亭駐在所工作，地點距離我家大約八百公尺左右。

我從未看過祖父母，對家族過往的歷史也不甚清楚，只依稀聽聞祖父好像是在一八九五年與日本人戰鬥時殉難，至於詳細情形，因爲父親很少提起，所以我對家族史的瞭解也僅止於此。

父親在製糖會社服務，在日治時期，算是一份穩定的工作。但戰後因不滿一些毫無專業技能的中國人巧取豪奪把重要職位占光，所以憤而辭職。所幸當時家族在八掌溪埔還有一甲地，父親便靠著種植綠豆來養活一大群孩子，當時比較年長的四姊和五姊也都要跟著下田工作。

父親心地很好，有俠義之風，他常買牛犢送給貧農飼養，幫助他們耕種田地，所以每到收成的時候，農民就會送我們一些農作物或鮮魚做爲回饋。因爲父親親切和善，所以大家都尊稱他爲「能通叔仔」。一九九三年我返鄉參選台南縣長時，很多鹽水地區的老一輩會說：「陳唐山就是能通叔仔的後生啦！」所以說，我的高人氣，有一部分其實是來自父親的餘蔭。

1 明治三十七年（一九〇四年），日本人在塩水港廳岸內庄設立「塩水港製糖会社」，當時台灣有七座糖廠，日本本土有東京及大阪兩座糖廠。戰後僅剩日本糖廠，迄今仍稱「塩水港精糖株式会社」，總公司設於東京。

我的母親叫陳葉纏，纏足，和許多老一輩婦女一樣有吃檳榔的習慣，我小時候常替母親跑腿買檳榔。她是虔誠的佛教徒，因爲纏足行動比較緩慢，所以我常踩著三輪車載她到廟裡參拜。考上台大那年，母親已經臥病兩、三年，我很不捨離開她身邊，但日治時代曾在中國東北闖蕩、見過世面的舅舅告訴我，千萬不能放棄在台灣最高學府追求高等知識的機會；我便聽從舅舅的話，一九五四年北上求學。

我在一九六四年離開台灣，此後二十九年被統治當局阻隔在國門之外，每每想到爲人子女卻無法盡孝，內心總是充塞著無法言詮的忿悔。

一九七四年我得知摯愛的母親病重，當時雖自知名列黑名單，但歸心似箭，我還是直闖中華民國駐美大使館申請返台，殷盼能見到母親最後一面。當時承辦人員不知我是誰，直說沒問題，沒想到身分一被查出後，申請案就不見下文。我據理而爭，告訴大使館人員，爲人子女最遺憾的事，莫過於無法見到父母最後一面，無奈當局還是推三阻

我的父親陳能通

父親陳能通與裹小腳的母親陳葉纏

四。最後雖准許我返台數日，但飛回台灣時，也僅能趕上母親的出殯行列，徒留遺憾。

滯美二十九年，除了一九九〇年的國是會議得以返台外，一九七四年母親去世時是唯一例外。但那次返台不論身處何方，總有特務監視我的一舉一動。當時的統治者對海外異議人士懷柔與威嚇雙管齊下，所以當年權傾一時的調查局長沈之岳曾特別約見我。在那個風聲鶴唳的年代，親友們無不擔心我的安危，爲此我的阿姨還陪同我到調查局。或許當時我已經在美國聯邦政府工作，所以統治當局對我只能全天候監視，並沒有過份的舉動。

一九七九年父親去世，我再度提出返台申請時，統治當局就不准了。當年家人把父親送上山頭，而我僅能在遙遠的美國華府，與內人、小孩全家朝著台灣方向對父親祭拜，如今回想，仍不禁哽咽。

鹿兒島的台灣芳魂

我有八個兄弟姊妹，五位姊姊、一位哥哥、一個弟弟。

我的二姊陳明珠，端莊嫻淑、落落大方，她到寫眞館拍照，相片就被擺在店面當廣告。當時，她在鹽水幼稚園當老師，父親要我唸幼稚園，我百般不願，二姊和父親就用金珠仔、尪仔標各種童玩來誘惑我，讓我乖乖就範，跟著二姊去上學。

當時太平洋戰爭方酣，日本軍隊會借用校舍來駐紮部隊，在學校操場進行演練。很多阿兵哥看到二姊長得標緻、美麗，會找機會到家中走動、獻慇懃；我的印象很深刻，這些年輕小伙子會拿些畫筆和文具來攏絡我，要我當小信差，拜託我請二姊出來和他們聊上幾句。不過，二姊終究沒有和這些日本兵交上朋友，一段奇特的姻緣把她帶往另一個方向，成爲家人永遠的遺憾。

當時我的大姊嫁到嘉義下潭，和姊夫在嘉義市做生意。大姊常找二姊到店裡幫忙，大姊夫有一位旅居大阪的生意夥伴，他到店裡走動時看上二姊，雙方安排相親後，父親對這位準女婿相當滿意，所以很快就同意這門親事。

辦完婚禮後，二姊與二姊夫打算立刻啓程前往日本。但當時台日海域滿佈虎視眈眈的美軍艦艇，所以很多船隻不敢開航；後來好不容易才買到船票，父親還特地趕到基隆港去送行，當時二姊承諾父親：「到大阪後會即刻拍電報回家報平安」，然而時間一天天流逝，卻仍苦無二姊音訊。

約莫一個多月後傳來消息，二姊與二姊夫搭乘的郵輪在日本海域被美軍潛艇擊沉，乘客全部淪爲波臣，他們的遺體在九州的鹿兒島海岸被發現。

原本綺麗的新婚樂章，就在炸彈擊中郵輪的剎那譜上休止符，雖然時隔七十年，現在回想起來還是不勝欷歔。

第一場學運

我的父親很重視子女教育，也沒有重男輕女的觀念，所以兄弟姐妹不分男女都能上學，姊姊們也都唸到高等科畢業。父親深諳漢學，雖然當時是日本人的天年，父親還是在我入學前先送我去私塾，那個年代講究傳統儀節，年幼的我就依著大人指導的禮俗，依樣畫葫蘆完成燒香拜師的儀式。

我跟著漢學仔仙學了三字經、千字文，回到家就朗誦起來，當我唸到「屋上鳥，地下貓」的時候，大姊就故意調侃地用日文諧音說道：「奥さんいない，坐袂著。」（沒老婆，坐不住。）以前的人物質匱乏，沒有什麼娛樂，卻反而能從日常生活中發展出很多有趣的童謠，就像大姊隨口唸出的諧音一樣，既有趣又慧黠。

日治時期，我念鹽水東國民學校（現今鹽水國小），當時太平洋戰爭正如火如荼的進行。美軍密集轟炸台灣，所以生產民生必需品的糖廠和許多工業設施一樣，都成爲盟軍攻擊的目標。轟炸機的彈著點未必準確，鹽水鬧區往往遭受池魚之殃，許多樓房幾乎被夷爲平地。所以直到日本戰敗前，我們過著邊上課邊躲空襲的日子，課業受到很大影響。

戰爭末期，很多台灣人都覺得日本氣數將盡，美軍執行隔島躍進的戰略，步步進逼日本本土。當時盛傳美軍即將登陸台灣，加上日本人把盟軍形容成「英米鬼畜」，宣傳美軍一旦登陸，台灣人將悲慘無比，把大家搞得人心惶惶。所以只要敵機臨空，大家一定趕忙鑽進防空壕，一群小朋友縮瑟在陰暗擁擠的空間裡，豎起耳朵靜靜聽著外面的聲息，偶而還會發現竟然有老鼠、昆蟲和蛇類相伴。直至今天，這些兒時躲空襲的記憶猶歷歷在目。

我家附近汫水港、父親工作的磅亭駐在所旁曾經被美軍炸開一個很大的坑洞，大人們把坑洞圍了起來，而我們這群小學生前往圍觀，看到又深又大的彈坑，無不感受戰爭的可怕。

戰爭結束後，我們從熟悉的日語教育，頓時變成中文教育，歷經了一段時間才慢慢適應。

國小六年級的時候，我的導師叫王順，班上有位同學，家境優渥，老師對他特別疼愛；我直覺，老師對學生應一視同仁，不應因身家背景而有所區別。當時基於升學的需要，會安排課業輔導，來加強算術之類的科目。我一氣之下，竟然選擇站出來和王順老師對抗，我把同學聚集在操場，呼籲大家不要進教室，這個舉動，類似現代的罷課。

我的做法激怒了王順老師，他好幾次把父親請到學校，指摘我的不是。當時，一位叫蔡百齡，綽號「瘦齡仔」的老師，很惜才，他勸我不要讓父親爲難。我們很有緣分，四十五年後我參選台南縣長時，「瘦齡仔」老師特地趕來爲我站台，述說我孩提時期的種種，聽來已成趣事。

除了罷課外，我還進一步抵制王老師。小學時期我的功課很好，就把同學找到家裡來，免費幫大家補習，其中一位叫洪炯滿，他考上嘉農，後來也到美國留學，發展得相當成功。

我很講義氣。鹽水名人黃朝琴的弟弟黃朝碧，也是地方知名人士，他的兒子黃錫堂是我的小學同學，黃錫堂雖家境優渥，但卻無富家子弟氣息，我常常到他家打球。許多窮人家的孩子見他家境富裕，眼紅想欺負他時，我一定挺身而出；我告訴這些同學，人不能因為家庭狀況的好壞而受到欺侮。有趣的是，黃錫堂也會買些紅豆內餡、外皮灑糖的黑雞丸與我分享，或許這是仗義換來的善意吧！

我這種選擇與弱者站在一起的性格是與生俱來的，孩提時代雖無正義的概念，但是只要看到不公義的事情，我會站在受壓迫者那邊。而當年我抵制王順老師的作法，以現代的眼光來看，堪稱為一場微型學運。

時代劇變

一九三五年，我出生那一年，日本剛好統治台灣四十週年，當年十月十日到十一月二十八日，台灣總督府以台北市爲主場地，在全台各地舉辦有史以來第一場台灣博覽會，場面非常盛大，從產業、建設、交通、族群各方面大幅展示日本人的治台績效，頗有向西方國家炫耀殖民成果的意味。從時代背景看來，當時日本國力鼎盛，身處殖民地的台灣人雖然感受得到統治者與被統治者的差別待遇，但是透過日本人帶來的西方思想和現代教育，也讓台灣同步趕上近代化的潮流。不過到了我的童年時期，日本殖民統治已近尾聲，所以帝國步向衰敗的印象，沉澱在我年少的記憶底層。

一九四五年是一個巨大的歷史轉折，曾經囊括庫頁島、朝鮮半島、日本本土和台灣的大日本帝國，終究禁不起兩顆原子彈的轟襲，一夕崩解。

日本人離開後，我從熟悉的日文教育，改爲學習中文，我們這些小孩還算幸運，因爲年少學習能力強，沒多久就能跨越語言鴻溝。比較悲哀的是已經成年的那一代，他們被迫重新學習一種陌生的語言，有人因而「失語」，不少運用日文寫作的文人，只好封筆。

生長在劇變的年代，當時雖年少，但已可約略感受到身爲台灣人的無奈。

做乞食，揹加志[2]，嘛欲乎汝讀嘉中

老家鹽水，雖行政區屬於台南，但是地理位置與生活機能比較靠近嘉義。國小畢業參加初中考試，我自然選擇投考離家較近的嘉義中學。雖說鹽水鄰近嘉義，但兩者間距離三十公里，在六十幾年前交通不便的年代，往返其中確實是件苦差事。

我每天早上五點就得起床，拎著便當趕緊出門，快步走到岸內車站，再搭乘從義竹過來的糖廠小火車，然後一路從岸內到鹽水轉到新營，接著再經過水上抵達嘉義；下車後，還要花四十分鐘才能走進校門。這樣一趟下來，要花上二個多小時，每天光是在交通上就得耗掉四個小時以上。

或許是少年時期養成走路飛快的習慣，後來擔任公職，如果步行外出，往往害得秘書人員在後頭苦苦追趕。

放學時若沒趕上末班火車，就得從新營一路走回鹽水，遇到西北雨時，全身淋成落湯雞。所幸，當時大姊已嫁到嘉義市，遇到大雨，乾脆住到姊姊家，省下許多麻煩。

升高中時，嘉義中學初中部有兩個保送名額直升高中部，我是其中一位；我也同時獲得保送台南師範學校的資格。在那個年代，選擇升高中的話，還得面對日後

2 加志，亦寫加薦，口語通常說「加志仔」（ka-tsì-á），以前是用藺草編織而成的袋子，現在改用塑膠材質，常於買菜時使用。早年乞丐常揹著加志仔到處乞討，故以此比喻行乞。

大學的開銷問題；至於唸師範學校除不必擔心學費、住宿費等問題外，一畢業就有工作，是經濟匱乏年代多數鄉間子弟的優先選擇。

大姊年紀長我很多，兒子還大我一歲。雖已嫁出門，卻常常幫我出主意。當時她考慮家中食指浩繁，經濟負擔過重，所以遊說我唸師範學校；但父親卻持不同意見，認為念師範學校雖較穩定，但日後發展有所侷限，所以執意要我唸嘉義高中。我永遠記得當時父親所說的一句話：「做乞食，揹加志，嘛欲乎汝讀嘉中。」父親這句充滿決心的話語，深深烙印在我的腦海，時時警惕著我，絕不能辜負父親的殷切期待。

高中時期的陳唐山

政治啟蒙

我從小就常聽父親咒罵政府貪汙無能，他不只罵國民黨，太平洋戰爭時期，他就說光看國旗就知道日本必輸無疑，因為太陽有起有落，日本人不可能永遠日正當中。

日治時代進入岸內糖廠服務的父親，戰爭結束時已經很資深了，但是日本人走了，廠內有技術和經驗的台灣員工不但沒有升遷機會，反而來了一群中國人把中上層職位全都占光，這些資深員工完全受到漠視，父親一氣之下，索性把工作辭掉。

談到父親工作的鹽水港製糖株式會社，當時流傳著一則笑話，糖廠的煙囪很大，中國人來的時候，遠遠看到上頭寫著「鹽水製糖」幾個斗大的字，不禁讚嘆日本人的厲害，竟然可以從海水提煉出糖來。當時這類型的笑話很多，有些中國士兵以為把水龍頭裝在牆壁就可以扭出水來，因而和五金行老板大吵一架。

這些故事難免呈現出文化差異，甚至帶有一點嘲諷的意味，但這種歧視絕非源自於台灣人的優越感，而是受壓迫者無力反抗自然產生的心理反彈。

一九四五年第二次世界大戰結束時，我正在唸國民小學三年級，對日本人的統治和國民黨政府來到台灣的轉變稍能體會。猶記，大戰末期，台灣的未來是台灣同胞普遍關注的焦點；有一天，我去鎮上找一位陳姓醫師的小孩，他們說從收音機廣播聽到：國際強權將替台灣人解決台灣問題。當時我對這段話雖似懂非懂，但「台灣前途」這幾個關鍵字卻深深烙印在我的腦海。

二二八事件的時候，我正在唸初中，記得收音機傳來青年學生請求原住民助戰抗暴的呼籲，當時很多嘉中和嘉農的學生死守水上機場，和台北圓山倉庫的青年學生一樣，面對國民黨軍隊的圍攻毫不退卻，最後全部英勇犧牲[3]。

這個台灣史上的重大事件，深深影響著我們這群戰後成長的世代，很多留學生的台灣人自主意識，多半因當年二二八事件的刺激而覺醒。然而弔詭的是，後人平反二二八事件，往往聚焦在陳澄波、王添灯、王育麟這些無辜受迫害的知識分子身上，對於勇敢站出來捍衛鄉土的熱血青年卻很少著墨，這種歷史研究的失衡令人遺憾。

雖然年輕人的付出未必能扭轉時局，但在歷史上有其特殊意義。戰後以來，不論四六、中壢、美麗島事件，一直到野百合和太陽花學運，青年學子往往扮演著重要的角色，當我們把視角拉回一九四七年，豈能忽略這群甘願為台灣土地獻出生命的年輕志士？

3　數百名青年學生死在圓山倉庫，死因有二說：①抵抗戰死；②被陳儀軍隊押到該處槍決。

陸軍步校和澎湖西嶼

台大畢業後，我被徵召爲第九期預備軍官，一九五九年八月入伍，在鳳山陸軍步兵學校接受爲期六個月的軍事訓練。受訓結束後，一九六〇年一月被分發到澎湖西嶼，擔任步兵四二砲排的副排長；印象中，當時駐紮在西嶼的好像是第46師揚威部隊和步兵第57師虎賁部隊，由於年代久遠，對當時的服役單位我已不復記憶。

軍隊講求紀律和服從，一般人如果感受到差別對待，多半選擇忍氣吞聲。而我從小就有反威權的傾向，只要稍感不平，就會挺身而出。遇到部隊長官處理事情不公平時，我會用小動作來表達不滿；好比長官下達「立正」口令時我會故意做出「稍息」的突兀動作，在長官的眼中，或許我就是個搗蛋者吧！

雖然如此，我和當時步校校長張立夫將軍[4]之間卻有一段小故事，讓我的軍旅生涯留下一段深刻回憶。

當時我發現步校福利社販賣的水果價格偏高，與外面市場落差極大，對收入有限的預備軍官形同剝削。我知道軍隊管理嚴格，卻又不吐不快，於是用日文寫了封信給未來的岳母，趁著外出機會到車站附近郵筒投遞。沒想到這封信竟被軍方攔截下來，當時萬萬沒想到統治當局的特務系統竟如此無所不在，連郵筒也不放過。

4　張立夫（一九一二年一月三日－一九八〇年四月二十五日），浙江省嵊縣人，中華民國陸軍將領，時任陸軍步兵學校校長。

我之所以知道信件被攔下，是因爲步校中的軍法單位把我找去問話，要求我寫悔過書。至於有沒有寫？寫些什麼？現在已不復記憶。當時接近農曆年，每位受訓學員無不爲即將到來的假期雀躍不已，我想既已問過話，應該沒有什麼問題，於是買了一大籃水果，準備趁著休假拿到台北送給未來的太太。

大年初一早上，全體受訓預官集合進行離營宣導，張立夫校長說完話後，訓導接著宣布留營人員名單，沒想到我竟赫然在列。我心想既已無法北上，只好把水果託給台大同學王秋源，請他轉交給我的女朋友林純純。然後，我就眼睜睜地看著學員們一個個搭上軍車，離營休假。

第 9 期預備軍官

接下來，我被送往一間營舍[5]，一走進去，發現裡面已經有三個人。既然同是天涯淪落人，有人遂提議四人湊成橋牌牌局來打發時間。沒想到牌局甫開始，傳令兵來找我，要我到校長室。原來張立夫校長想了解我被留營的事情原委，我想既已被留

5　當年在步校受訓，我和幾位學員於休假前被留下來，後來有人說陳唐山被關禁閉，並非事實，因爲那間營舍並非禁閉室。

下，便無所顧忌，表達出我對軍隊管理的想法。

沒想到張校長聽完我的講法，非但沒有指責，還說國家派出最優秀的教官來訓練預官，學員有問題可以直接向他反映，不必對外寫信。我當時跟他說，一個受訓中的小預官怎敢直接找校長報告？張立夫校長給我的回應是他願意傾聽。

他接續問我當天有何計畫？我說原本計畫北上找女朋友；他一聽，隨即從抽屜拿出一張快車票給我，還要傳令兵開車送我到車站。這個舉動讓我頗爲感動。張校長的開明作風，讓我留下深刻印象。我也從他身上學到傾聽的重要性，所以日後從政我會認眞去聆聽和感受百姓的需要，並設法加以解決。

話說回來，我搭著快車一路北上，抵達台北火車站時，王秋源猶在半路上，我只好在車站等候，最後親自將水果送到林純純家。

預官訓練結束後，我被分發到澎湖西嶼砲兵部隊擔任副排長，當時八二三炮戰剛結束，台海情勢相當緊張，外島部隊無不日以繼夜構築工事，來加強防

退伍前夕與四二砲排弟兄合影

禦。當時澎湖的氣氛雖然沒有金門、馬祖那麼嚴峻，但我還是整天帶著弟兄們挖戰壕和防空洞，並在多次執行裝檢任務時獲得第一名的榮譽。

我很清楚，構工和裝檢都不是我獨力能爲，如非軍中幹練的士官長協助，憑我一介預官，沒有那麼大的能耐？當時香港是個繁華的城市，來自香港的物品往往被視爲舶來品，所以退伍前夕，我特地託人從香港買了幾雙質地較好的襪子來分送給士官長們。其中一位山東籍的秦班長說，這是他們應盡的本分，推辭了這份贈禮，他說自己顚沛流離，沒有機會唸書，特別鼓勵我出國深造，努力開創自己的人生。所以對這些老士官我特別懷念。

後來我擔任台南縣長，只要與榮民有關的活動，我都盡力參加；內人也認爲，做人要將心比心，老榮民的處境就像當年流亡海外的黑名單，都是有家歸不得的可憐人，所以要我把他們當成自己的長輩好好關心照顧。

談到榮民，或許有人認爲主張台獨或從事反對運動者會排斥老兵，其實是種誤解。一九四九年，從中國各地輾轉來台的人，除統治階層，也有基層的勞苦大眾，眞正困苦的老兵更不在少數。這些人在中年就被逼迫退伍，只好自食其力出來做些小生意或投入勞動市場，他們和台灣社會緊緊結合；值得關切的是，他們終其一生等待反攻大陸，期待和緣淺的家人再度團圓，沒想到卻終老異鄉，埋骨台灣。對於這些老兵，台灣人不但不應排斥，更應該展開雙臂來擁抱他們。

補教人生　遇見林純純

大學時代，國立大學的學費雖然不高，但是身處台北，基本生活開銷還是難免。為了減輕父母的負擔，我到處兼家教。我的自然科學和外文能力相當不錯，所以數學、理化、英語都可教授。當時我還進入相當著名的王子大飯店[6]當家教，更在那裡認識了台北市長高玉樹[7]。

當時，我有一位親戚叫陳慶益，在台北市政府工作，介紹我到他上司的台北家中當家教。原本我上課的時間是週一至週五間，但某回因有事將課調至週末。在那一堂課中，忽然有位美麗端莊的小姐端茶出來招待我，這時才知道，原來我的學生有個姊姊叫林純純，正在台北師範念書，平時住校，假日才會回到台北的家。從那時起，為了再見佳人，我偶而會藉機調整上課時間，增加與她見面的機會。到了一九六一年退伍後，這位淡水姑娘林純純，終於嫁給了鹽水子弟陳唐山，開啓了她豐碩且苦澀的人生。

我是台南的農家子弟，內人則是世居台北的公務員之後，兩人背景迥異，但夫妻間相處非常融洽，她很包容我的個性與理念。滯美二十九年，身為黑名單的家後，她嚐盡生命苦杯，雖物質匱乏、返鄉無門，仍撐起半邊天，讓我無後顧之

6　王子大飯店創業早於一九七〇年的華泰王子大飯店，位於台北市天津街70號，距當時美國大使館不遠，成為政商名流聚會場所，現已更名為「丹迪旅店」。

7　高玉樹（一九一三年九月三日—二〇〇五年六月十五日），台北市人，早稻田大學機械學士。一九五四年、一九六四年以黨外身分擔任台北市（省轄市）市長，任期總計六年餘。一九六四年出任第一任官派台北市（直轄市）市長，任期近五年，對台北市市政貢獻良多。

憂地全力投入爭取台灣民主自由人權的志業。

談到內人，我很感念她對我工作上的尊重與包容，她為人和善、低調，所以政治圈的酬酢場合較少看到她的身影。剛搬進外交部長官邸時，我們正在整理行李，外交部的人員來按門鈴，卻誤認前去開門的內人是工友，還問她：「部長和夫人在嗎？」或許是以往的部長夫人不曾親自開門，所以難怪他們會有此反應；當內人倒茶招待他們的時候，他們更為錯愕，畢竟過去從未碰過如此沒有架子的長官夫人。

從我擔任立委、縣長、外交部長，到總統府、國安會秘書長，內人溫柔賢淑的個性不曾改變，和善待人的態度始終如一，她是我的福分，更是我事業上的最佳輔佐。

夫妻生涯，內人最難忘的記憶莫過於父親過世時，因為我是黑名單而無法返家奔喪，一家人在美國朝著台灣方向遙祭父親的場景，如今回想仍不勝欷歔。

不過，黑名單時期，我的際遇並非孤例，有人見到家人從台灣攜來的父母親遺照，瞬間搥胸頓足、崩潰痛哭，這種無法跪親盡孝的憤恨，沒有身歷其境，很難體會。

1993年當選台南縣長，偕同夫人林純純謝票。

CAT就業與蔡麗蓉赴美

大學時期，我曾到王子飯店擔任家教，所以畢業後，我的第一份工作也在王子飯店。一九五〇年代，台北市的大型飯店較少，像王子飯店這種等級的觀光飯店更是鳳毛麟角，所以當時美軍顧問團、航空公司機師和空服員都是飯店常客。

有一天，我和CAT（Civil Air Transport）[8]的人聊天，知道CAT正在應徵空中少爺，聽到這個消息，心想這份工作，除收入不錯外，更可擴展視野，所以就到中山北路的CAT總部參加筆試。

筆試結果公布，總共錄取三位，我是其中一人。接下來是口試，當時的主考官叫Mr.Green，他對我說：「Mark[9]，我很想錄取你，但是你太削瘦，在飛機上無法給乘客安全感，不適合當空少。」但是他轉而問我懂不懂日文，因日本航空的業務都委託CAT處理，CAT這家公司從上海到香港輾轉來到台灣，欠缺日語人才，很需要一個同時會說英、日語的人，來做爲三方溝通的媒介。這時候，我從小學開始就已打下的日文基礎終於派上用場，所以我進入CAT擔任地勤人員。

當時出國留學，多數人選擇搭船橫越整個太平洋，只有經濟上較能負擔的人才會搭乘飛機；在CAT服務時，我偶而會遇到搭乘飛機出國的朋友，我和蔡同榮夫

8 民航空運公司（Civil Air Transport Inc.），簡稱民航公司、CAT。一九四六年成立「民用航空運輸隊」（又稱「民航空運隊」）。一九四九年隨中華民國政府來台，一九五五年改組爲民航公司。一九七五年終止營運。

9 就讀台大期間，美籍英文老師幫我取的名字，出國後沿用至今。

婦的一段趣事也發生在那裡，我差點讓他們成為苦命鴛鴦。

我和蔡同榮是嘉義中學高中部三年的同班好友，到了台大以後，我念大氣物理，他則進入政治系就讀。念嘉中時，他的父親蔡門是當時嘉義縣縣議員。每到下課時，蔡同榮就會吆喝我：「走！唐山仔，咱們來去議會，看我老爸有咧盹龜嘸？」兩人再步行到議會去找他的父親。

蔡同榮從小就展露領導才華，對於公共事務特別感興趣。大學時期，他曾突圍當選台大學生聯誼會會長，解構了當時黨國校園控制的神話。一九六〇年六月十九日，他與陳榮成、羅福全、張燦鍙、黃崑虎、侯榮邦等六十餘人在關仔嶺召開秘密會議，內容涉及台灣獨立和批判國民政府，這場集會後來被稱為「關仔嶺事件」[10]。那個年代參與這種會議，需要極大的勇氣，這場會議要角都是我的同學和好友，而當時我正好在澎湖服役，所以錯過那場盛會。

後來，參與者之一的劉家順被警備總部逮捕，事件曝光後，不少人已經出國留學，雖免於被逮捕的命運，但還是被列入黑名單，蔡同榮就是其中之一。當時被列入黑名單，連親友出國都會受到連累，所以蔡同榮的太太蔡麗蓉（當時還是女朋友）為了趕到美國與他會合，悄悄辦理出國。

話說，蔡麗蓉來到ＣＡＴ的時候，遠遠看到我卻刻意把頭壓得低低。我心裡不禁嘀咕：她明明有看到我，卻視而不見，故意不跟我打招呼，我心想，這女人還真善變，好友蔡同榮前腳剛到美國，伊就移情別戀，我越想越不對勁，故意拉開嗓門

10 一九六〇年六月十九日在台南關仔嶺召開的秘密會議，參與者六十餘人，絕大多數是台南一中與嘉義中學畢業後就讀台大的學生。因參與者劉家順遭警備總部逮捕、判刑，該會議因此曝光，不少參與會議的學生於留學、出國期間被列入黑名單中無法返國，在海外（美國）參與台獨運動。

對她喊說：「麗蓉啊！汝是要去美國找同榮是否？」想不到蔡麗蓉臉色一青，辯說：「伊是誰人？我不認識他。」

蔡麗蓉的怪異反應，我一直放在心裡，直到赴美留學才向蔡同榮求證，沒想到換來蔡同榮一陣幹譙，他告訴我：「伊就是怕被人發現要來美國找我，才刻意保持低調，當時卻差點被你嚇破膽！」

台灣大學畢業照

第二個二十九年

一九六四年，我搭乘CAT航班飛往東京，然後轉機美國，展開了我的留學生涯。

呼吸了美國的自由空氣，我蠢動的反抗因子一次迸發，我開始連繫已在美國的朋友，誓言讓母親台灣也能同享與美國一樣的民主自由。

以當時國民黨政權的看法，我們是「物以類聚」，所以秀才造反，三年不成，最後我們全被列為黑名單。

在美國我們前後成立台獨聯盟、FAPA、世台會等組織，這段返鄉無門的歲月，最辛苦的是內人林純純，身為黑名單家後，她毫無怨言，讓我無後顧之憂地與國民黨統治集團周旋長達二十九年。

CAT東京航班

一九六一年退伍後與林純純結婚，一九六三年長子陳正揚出生後，我開始思考前途問題，徵得內人同意後，決定到美國深造。

一九六四年我搭乘CAT飛東京航班，展開了我的留學生涯。

目睹二二八事件和成長過程的總總經驗，讓我感受到外來統治者對台灣人的歧視。我和同年代許多大學畢業生一樣，自覺留在台灣有志難伸，所以在一九六四年申請到美國大學的獎學金，開始了我的留學生涯。

當時出國留學不像現在這麼方便，必須通過層層關卡，除了托福成績達到標準才能申請簽證外，甚至連砂眼也要檢查；最麻煩的是必須找到保證人，因爲保證人必須擔保出國留學的人思想純正、家世清白，所以很多人都不願意爲人做保。另外生意人也不能當保證人，所以只能找公教人員，最後我央請台大機械系的翁通楹教授協助，獲得他的保證後，終於通過申請。

我有獎學金，不必擔心學雜費問題，當時我是CAT職員，搭機享有優惠票價。但是前往一個遙遠的陌生國度，總要準備些經費，以備不時之需，於是透過好友邱義昌向台大畜牧系的楊清白教授借了三百美元，便隻身赴美。

留學美國奧克拉荷馬大學

班機過境日本時，剛好遇到東京奧運會，當時日本經歷戰後十九年的復甦，並在池田勇人首相推動的「國民所得倍增計畫」下，整個日本呈現欣欣向榮的景象，我在繁華的東京買了一件大衣和一台照相機，總共花掉一百五十美元。到了美國，口袋裡也只剩一百五十元，我就這樣展開了留學生涯。

《台灣青年》[11]的震撼

踏入美國不久，常聽聞有些台灣留學生將中華民國護照燒毀或丟棄，以表示對國民黨專制獨裁的厭惡，這種做法對我產生很大的衝擊。當時的台灣是一個封閉社會，資訊不像現在這麼發達，沒有出國還眞無法體驗什麼是「自由的滋味」。就像我的同窗羅福全，他服完兵役後先到日本留學，一到日本呼吸自由的空氣後，驚覺民主自由竟如此美好。這種劇烈的心理轉折，活在現代社會的年輕人恐怕很難體會，但卻是我們那一代留學生的共同記憶。

身處言論和出版自由的新大陸，我有了進一步了解台灣的機會，我在美國的圖書館看到許多台灣相關檔案，這些資料在島內是無法碰觸的禁地。到了美國終於大開眼界，不再自甘於象牙塔內的學生生活，我開始思索如何爲台灣略盡棉薄之力，讓自己的故鄉也能同享民主自由。當時有這種想法的人不在少數，像陳隆志、張燦鍙等人，有人直接投入政治運動，有人透過學術力量發聲，從海外對國民黨政權施加壓力。

剛到美國的時候，人生地不熟，難免感到孤單。不過，人與人的緣分就是如此奇妙。一九六四年走進奧克拉荷馬大學（The University of Oklahoma）諾曼

11 爲喚起台灣人的自主意識，戰後流亡日本的知識分子，仿襲林獻堂、蔡惠如等人於一九二〇年在東京發行的《台灣青年》，創辦同名期刊，做爲海外留學生的啓蒙刊物。

（Norman）校區第一天，就在校園碰到關仔嶺會議的發起人陳榮成，我欣喜若狂，立刻決定搬去與他同住。陳榮成是嘉義朴子人，嘉義中學小我一屆。一九六〇年我在澎湖當兵錯過了六月十九日的關仔嶺會議，想不到我們竟然在美國重逢，而且還是同校。

當時陳榮成正在翻譯前美國駐台副領事喬治・柯爾[12]（George H. Kerr）所著《被出賣的台灣》（*Formosa Betrayed*）這本書。我們經常一起討論翻譯內容。我在美國讀到這本書，十分訝異竟然有美國人如此詳盡的記錄台灣歷史，透過這本書，我看到許多國民黨政權刻意隱瞞的眞相，受到很大衝擊。

當時，陳榮成還拿出在東京出版的《台灣青年》這本日文雜誌與我分享，內容有許多鼓吹台灣獨立的想法。在那個嚇破膽的年代，聽說很多留學生看到《台灣青年》不敢直接用手去拿，而是用筷子去夾，因爲國民黨情治人員與外圍組織無遠弗屆，遍佈海內外，隨時刺探著留學生的一舉一動，他們深怕用手去拿會留下指紋，一旦遭到舉發，除影響自己的返鄉和就業外，就連親戚朋友都會受到株連。當時海外留學生的惶恐程度，可見一斑。

《台灣青年》是當時在東京的王育德、黃昭堂、許世楷、羅福全所共同籌辦的雜誌，從日本寄到美國各地，這是全球獨盟成立前的刊物，對我有重要的啓蒙意義。因爲出國前我常思考台灣未來走向這些問題，但在國民黨的圍堵與控制下，島內很難出現系統性的論述，到了海外看到這些理念形諸文字，印證自己的思考方向

12 喬治・柯爾（葛超智，George Henry Kerr，一九一一年十一月七日～一九九二年八月二十七日），一九三五年赴日讀書，一九三七至一九四〇年於台灣台北高等學校擔任英文老師。一九四五年於台灣擔任助理海軍隨員，一九四七年目睹二二八事件。一九六五年發表《被出賣的台灣》一書。

與這些台獨運動者不謀而合，進而確信獨立才是台灣未來的自然歸趨。

如今回想起在奧克拉荷馬大學的陋室中，一燈如豆，翻閱著《台灣青年》的場景，猶歷歷在目。

黑名單與奧克拉荷馬同學會

爲追求台灣住民享有自由民主的生活，台灣必先獨立，這是當時台灣知識分子共有的信念。在這種信念下，我開始著手邀集奧克拉荷馬大學的台灣留學生成立台灣同學會，除了聯繫感情，同時宣揚台灣人所共同追求的理想。我們的會員其實只有二十人左右，但我被選爲會長後，開始遭受奧大中國同學會的攻擊，以及休斯頓（Houston）中華民國領事館的威脅恐嚇。

既然已被國民黨政府盯上，也就沒有害怕與否的問題，我進一步放膽去參加各種讀書會和串連台灣同鄉會。當時諾曼校區來自台灣的留學生已組成親國民黨政權的中國同學會，以外省人居多；我和陳榮成另組台灣同學會，當然引來側目，我是會長，自然成爲首要目標。

二年後的一九六六年，因護照到期，我便把護照寄往休斯頓領事館辦理延期加簽，那時國民黨統治當局已認定我是台獨分子，並將我列爲黑名單，所以直接沒收我的護照。走到這步，已無退路，我只能繼續向前。

護照被沒收後，我變成無國籍的人，因爲還要繼續完成學業，內人與小孩也剛到美國團聚，不能讓他們成爲失根的浮萍。當時有人建議我去申請美國的永久居留證（Permanent Residence），我想除此之外也別無他途，只好姑且一試。在沒有律師和他人幫助下，填完表格就去申請，沒想到很快就拿到美國永久居留證。

當時我的想法很單純，台灣人在海外談自己家鄉的文化歷史與國家的未來是天經地義的事，政府卻認爲這就是台獨、不法分子。我的人生就像台語說的「潦落去」一樣，從護照被沒收那一刻起，就註定走上反對運動這條不歸路。後來擔任世界台灣同鄉會和台灣人公共事務會（FAPA）會長，不但自己回不了台灣，就連家人也無法赴美。

書生造反。美國奧克拉荷馬一群台灣熱血青年合影。（左起：李賢淇、陳榮成、張燦鍙、賴文雄、陳唐山、劉家翰、黃賢理、邱震華）

與美國人的第一次折衝

一九六四年我獲得獎學金前往美國奧克拉荷馬大學留學，一九六六年取得大氣物理學碩士，期間我一直待在諾曼市。

當時，留學生開始關注二二八議題，我們試圖透過各種媒介讓世人瞭解台灣遭遇的苦難，美國的台獨聯盟更在《紐約時報》刊登二二八事件的廣告，希望引起世人矚目。我和陳榮成爲了吸引同校台灣留學生對二二八的關注，決定以校內刊物做爲平台，我就拿著相關文稿到新聞系支付費用擇期刊登。

沒想到，原定的登載日期一到，文章卻沒出現，我直接去找新聞系主任Dr. Casey（John Casey）興師問罪，質問他爲何已依規定付費的文章卻沒有如期刊登？Dr.Casey告訴我，這篇談論二二八事件的文章帶有火藥味（Inflammatory），可能會破壞美中（中華民國）關係。當時我在他的桌上看到一幅他與蔣經國的合照，心裡有數。多年後，我終於得到印證，他曾受邀到政治大學新聞系任教，和國民黨的關係匪淺，這才理解他當時不友善的舉措。

不過，我自認站得住腳，豈能善罷干休！我和陳榮成向他表示，收取費用卻不刊登，就是不履行契約的違約行爲，我們要向法院提告。這時，Dr. Casey臉上露出一抹輕蔑的微笑，他大概在思忖「這兩個台灣來的毛頭小子要如何扳倒我這個如巨人般的大學系主任」吧！

吃了秤砣鐵了心，公道非討回不可，我進一步去找校長Dr. Cross（George Lynn Cross）。因爲這件事已經被我鬧大，所以校長已略有所聞。當我說明原委後，校長表示他已看過台獨聯盟刊登在《紐約時報》上的文章，對事件略有了解。

校長又說，很多人都對台獨聯盟是否爲暴力組織感到疑惑，當我向校長解釋那是國民黨政府的宣傳伎倆後，我親眼看到校長拿起話筒致電給聯邦調查局（FBI），他問FBI：「WUFI是暴力組織嗎？」對話完畢，掛上話筒，校長轉身告訴我：「我已經確認你們不是暴力組織了，我雖然認爲你們的文章可以刊登，但我不是新聞系審查委員會的成員，無權命令他們。但副校長是委員會成員，你可以請他協助。」

校長既已指引方向，我隨即去找副校長，不巧他的家人去世，但最終還是獲得了他的協助，雖然二二八日期已過，但文章終於被刊載出來。

這篇宣傳二二八事件的文章刊載後，校內中國同學會[13]議論紛紛，認爲陳唐山才來美國不久，竟膽敢去找校長理論，膽子還眞不小。奧大同期的留學生中，有日後成爲台大校長的孫震、成大校長夏漢民，他們都是中國同學會的成員，互動本來就不頻繁，加上我被貼上黑名單標籤，交集更爲減少。

13 當時中華民國仍爲聯合國安理會常任理事國，法律上代表中國，台灣的留學生組織亦稱「中國同學會」，但通常是親國民黨的學生。

家人團聚

我出國留學的那個年代，已婚者不能攜家帶眷，政府規定配偶要在台灣等待兩年後，才能出國，所以一九六四年申請到獎學金後，我只能獨自出發遠赴美國。

在通訊不發達的年代，多數台灣家庭沒有安裝電話，我和妻兒相隔於太平洋兩岸，只能靠著書信往返互解相思之苦。

隻身來到美國，難免感到孤單，我雖不是基督徒，但因爲教會可以結識更多朋友，所以常到教會走動。我在教會認識一位在空軍服役的職業軍人，他看我獨自到美國求學，問我課餘是否願意擔任他兒子Neil的英文家庭教師。有人或許覺得奇怪，美國人怎麼會找一個台灣留學生來教自己小孩英文呢？因爲美國人的會話能力雖沒有問題，但小孩子拼寫英文詞彙卻常出錯，而我們這些留學生的聽講能力雖然不如美國人，但爲了通過留學考試，反而特別注意字彙的拼寫，所以他要我教Neil的就是拼寫。

就這樣，我接下這份工作。他們家養了一條狼犬，所以除了教Neil英文之外，我還幫忙溜狗，工作內容類似打雜，什麼都做。

相處一段時間後，這位軍人問我結婚了沒？我說已經結婚，且有一個小孩，但是台灣政府規定配偶要等兩年才能出國，所以被迫分隔兩地，除非獲得外國的工作邀請，才能縮短管制期限。這位軍人一聽，認爲規定太不合理，於是請教會協助，以教會名義邀請內人到美國工作，所以一年半後內人和小孩終於來美國與我團聚。

當時Neil有一部嚴重鏽蝕的腳踏車，已沒在使用，他便把腳踏車送給我兒子，我費了好大的勁，用砂紙拼命磨除生鏽的地方，一部原本破破爛爛的腳踏車經過整理，才勉強可以上路。當時內人看著長子興高采烈，奮力踩踏的模樣，不禁紅了眼眶，感慨萬千地對著我說：「我們連一部腳踏車也買不起，眞是對不起孩子啊！」

一家人在美國團聚後，一九六六年，第二個兒子在奧克拉荷馬州的諾曼市出生，我把他取名爲Norman，中文名字叫陳欣揚，以茲紀念。第三個兒子則是一九七〇年在阿肯色州出生，那一年一月一日海外台灣人結合散布全球各地的台獨聯盟，組成台灣獨立建國聯盟[14]（World United Formosans for Independence，WUFI），當時我大受鼓舞，認爲台灣獨立建國的理想一定可以實踐，進一步立足國際社會、揚名世界，於是把三子取名爲Victor，中文名字爲陳立揚。

一九三五年日治時期，我的父親把我取名爲「唐山」，一九七〇年我因台獨建國的實踐，把兒子取名爲「立揚」，這兩個名字連結著台灣遭受外來政權統治的百年無奈。

14 台灣獨立建國聯盟（World United Formosans for Independence，WUFI），簡稱台獨聯盟或獨盟。一九七〇年由日本台灣青年獨立聯盟（一九六〇年成立，委員長辜寬敏）、加拿大台灣人權委員會（一九六四年成立）、美國全美台灣獨立聯盟（一九六六年成立，主席蔡同榮）和歐洲台灣獨立聯盟（一九六七年成立）與國內台灣自由聯盟組合而成的世界性台灣獨立聯盟，是當時海外最大的台獨運動組織。

一家五口

聯邦政府商業部

一九七二年，我從普渡大學（Purdue University）畢業，取得地球物理學博士學位。畢業後，科羅拉多州立大學（Colorado State University）一位系主任找我去做博士後研究，當時科大在大氣科學的領域相當有名，我就接受邀約前往科大。這位系主任對我很照顧，我約略記得他來自奧地利維也納，我在科大除了做研究外，也幫他代課和指導博士生。

一年後，我在普渡大學的指導教授捎來一個消息，他告訴我聯邦政府商業部的NOAA[15]（美國國家海洋及大氣管理局）有一個職缺，條件和我的專長相符，問我有無興趣，我便請他把資料寄給我。我看到聘用條件後發現，這個工作需要利用太空資料研究地球環保和氣象，而我的博士論文寫的就是太空研究，確實符合我的專業。所以我就前往NOAA應徵，他們要求我針對太空研究的專業進行一個多小時的簡報，面試後約莫一週的時間，我就接到NOAA的正式聘書。於是辭去柯羅拉多州立大學的研究工作，一九七三年正式進入美國聯邦政府商業部工作，開啓了十九年的美國公職生涯。

15 美國國家海洋及大氣管理局（National Oceanic and Atmospheric Administration，NOAA），於一九七〇年成立，隸屬於美國商業部，關注地球大氣及海洋變化、提供災害天氣預警等。

進入NOAA後，我擔任研究員，是任務型導向的一份工作，重視研究成果，工作型態比較有彈性，所以我能調度工作時間，來處理同鄉會的事務。很多同事知道我與台灣同鄉會和FAPA的關係，一位女同事就經常開我玩笑：「Mark！你的電話怎麼那麼多啊！」

一九七二年二月，美國總統尼克森訪問中國，兩國冰凍已久的關係開始消融，漸次展開各方面的交流活動。一九八〇年代初期，美中展開氣象科技交流，中國政府派出三位氣象人員來到美國，因爲他們的英文不甚流利，所以被分配到我的工作小組，由我帶領他們做研究。

當時威斯康辛大學（University of Wisconsin）的氣象衛星相當先進，有一回，我帶他們到威大觀摩，並住進當地一家Holiday Inn，當我們四個人正在吃早餐的時候，突然聽到身後傳來台語交談的聲音，倍感親切，回頭一看，原來是屏東縣長邱連輝，這是我和邱連輝的第一次見面。

平心而論，這些來自中國的研究人員都是萬中選一的人才，從事研究工作也很認眞，逢年過節我會邀請他們到家裡做客，準備一些家常菜餚來招待他們，大家相處十分融洽；然而交流期限一到，他們都不太想回國，甚至希望我替他們寫推薦函給大學，幫助他們留在美國深造。我告訴他們，仍應依照國家交流規定來處理，我無法協助他們逾期滯留，他們對我的說明也能理解。

這幾位中國研究員返國後，其中一位頗有成就，在政府擔任重要職務，他寫信到美國，想邀我到北京參訪，不過當時國民黨政府早已宣傳我們是中國同路人，我若前往中國，豈非更加坐實國民黨的指控？所以北京之行，自然無法成行。

唐山仔，未賺錢的生意毋通作

我被列入黑名單以後，連累到很多親人，他們辦理出國時常遭受層層刁難，連我的小姨子申請赴美也未獲准。當時內人一氣之下寫信給蔣宋美齡，大意是說，妳們姊妹有人是國民黨，也有人是共產黨，怎能以一個人的作爲去株連無辜的第三者呢？

當時我還有一封家書，在台灣同鄉間廣爲流傳。當時我的弟弟陳燕南拿到中山獎學金赴東京大學留學，學成歸國後參加公務人員考試，考上教育部的國際駐外人員，當服務單位要派他到日本大使館（後來的駐日代表處）赴任時，卻遭受阻撓。

某一天我接到父親的一封信，內容說：「聽說你在國外做生意，如果這種生意不賺錢的話，那就別做了。」我知道父親信中所謂的生意，指的就是台獨運動。因爲他不便在信中寫得太明白，所以只好以隱喻的方式勸我放棄，以免影響家人前途。

幾經波折，弟弟雖然順利外放，但還是因爲我的緣故，升遷受到壓抑。他在駐日代表處數十年只升遷到副組長的位置，直到二〇〇〇年政黨輪替後才名符其實的升任爲組長，並於任內退休。

當時遂行獨裁統治的國民黨，毫無人權觀念，往往會以株連家族的方式來恫嚇海外台灣人，例如不讓海外台灣留學生的護照延期，甚至沒收護照。這些手段非但無法收到嚇阻效果，反而讓海外人士更加團結，更有組織性的去對抗國民黨。

世界台灣同鄉會

戒嚴時期，台灣人在世界各國求學、定居，逐漸形成台灣人的社群，但是散居各地，一直欠缺連繫交流的組織。到了一九七四年，我們認爲應該把全球的台灣人串連起來，因此結合「全美台灣同鄉會」、「日本台灣同鄉會」、「巴西台灣同鄉會」、「歐洲台灣同鄉會」、「加拿大台灣同鄉會」，在奧地利維也納成立「世界台灣同鄉聯合會」，簡稱「世台會」。

世台會的最高決策機構是理事會，每年舉行一次。五個地區的台灣同鄉會各推派兩名理事，組成理事會，再由理事會推選主席，每任主席任期兩年。第一、二、三任主席是郭榮桔，後來修改章程，主席只能連任一次。第四、第五任主席是我，第六、七任主席是陳都。因爲我曾經當過FAPA會長，與美國國會山莊及官方人士關係良好，在我卸任後，世台會又特別授予我榮譽主席的職位。

世台會的年會有兩個重要活動，第一是召開理事會，改組人事或討論台灣政治經濟文化等重大問題；另一個活動是透過夏令營的舉辦，來聯繫台灣同鄉的感情。我們輪流在全球各地舉辦年會，促進旅外台灣人的交流。

因爲世台會的關係，讓我結識了不少好友，例如旅居奧地利也曾當過世台會會長的雕塑家林文德。這位老友已於二〇一五年辭世，如果不是世台會這座橋樑，我們不會相互結識、相知相惜。我長年住在美國，林文德則旅居奧地利，分居兩大洲，或許是因爲人格特質有相似之處，讓我們成爲莫逆之交。林文德性格豪邁，熱愛台灣，樂於結交有志之士，只要認識他的人，都能感受到他那股血性男兒的熱情。

當年林文德在奧地利蘊涵豐富人文色彩的Graz小城開餐廳，非常

與流亡時期的許信良在歐洲合影

吻合他的藝術氣息。每次我到奧地利，一定受到他的盛情款待。他曾帶我到奧地利的天體營，體驗崇尚自然的奔放氣息；也曾帶我到義大利旅遊，拓展了我的國際視野。有一回，世台會在歐洲舉行，他特地趕到德國接機，早上十點就拉著我去喝啤酒，藝術家的浪漫性格表露無遺。

擔任世台會會長期間，我曾策劃過一項活動，協助島內黨外人士成功突破國民黨的禁令。一九八二年七月，世台會在美國休斯頓召開第九屆年會，當時黨外人士康寧祥、黃煌雄、張德銘、尤清正在美國訪問，國民黨政府向來指控世台會被台獨聯盟所把持，所以警告黨外公職人員若參加世台會活動，政府將「依法處理」。然而這些黨外人士早已厭惡台灣當局的恫嚇，所以我便安排康寧祥等人在世台會議場樓下的咖啡廳發表演講，而在樓上開會的世台會成員則剛好下樓巧遇，讓雙方有了一次技巧性的接觸。

不僅如此，康寧祥等人還進一步與全美二十四個台灣同鄉會發表共同聲明，主張「台灣前途應由台灣一千八百萬人共同決定」，這次突破國民黨禁忌的大膽行動，讓島內外反對勢力有了進一步的合作空間，持續推動一波波的政治訴求。

擔任世台會會長期間，島內人士來美國時常會來找我，我會安排他們去拜會支持台灣的美國政界人士，藉此傳達台灣人追求民主的呼聲。我曾帶康寧祥去見丁大衛（David Dean），原本以爲康寧祥需要翻譯，但透過對話，我發現康寧祥其實聽得懂英文，只是不常使用。

16 李哲朗，民眾日報創辦人李瑞標之子，日本早稻田大學畢業，曾任《民眾日報》駐日特派員，返國後擔任《民眾日報》社長。主導報社期間，批評國民黨，數度被停刊。

我也曾帶著民眾日報的李哲朗社長[16]去見佩爾（Claiborne Pell）參議員，李哲朗的一席話讓我印象深刻。他告訴佩爾：「你幫台灣那麼多忙，我想邀請你到台灣看看，不過你來台灣可別一直待在台北，因爲那裡只能感受到中國文化，你一定要南下高雄，才能體會眞正的台灣文化。」李哲朗這段話，或許帶有幾分戲謔，卻也點出台灣南北的政治文化差異。

雖然世台會是同鄉會型態的組織，但是當年的世台會已隱然成爲海外台灣同鄉的政治據點；島內外政治能量匯集的平台。所以許信良流亡美國後，世台會也曾邀請他參與會議，許信良曾在會議上發表一項聲明，誓言「要讓國民黨從地球上消失」[17]；他的聳動言論固然能激起反國民黨的熱情，但因他在美國鼓吹台灣人發起都市游擊戰的武裝革命，世台會則認爲這是許信良個人與國民黨間的恩怨，海外台灣人追求民主與獨立已有一套方案，不必捲入他的武裝革命氛圍。

二〇一五年四月，許信良在接受中國媒體採訪時表示：「台獨從來就不是民進黨建黨初衷」。當時聯合報記者曾爲此跑來問我，我說，一九七九年美麗島事件發生後，許信良曾發表聲明，誓言要讓國民黨從地球上消失。從這句話延伸到許信良對台獨的相關談話，何者爲眞，大家可自行評斷。

17 桃園縣長許信良被罷免後流亡美國，一九七九年十二月十五日組成「台灣建國聯合陣線」，誓言要讓國民黨從地球上消失。許信良在美國發行《美麗島週報》，出版《都市游擊手冊》，鼓吹以都市游擊戰的方式在台灣推動人民革命。

台灣人公共事務會

美國領土廣袤，台灣留學生散居各地，追求自身的學術發展，但時日一久，還是會關心台灣故鄉的情況。所以我們除了建立同鄉會組織外，更意識到要幫助台灣脫離國民黨的獨裁統治，透過政治途徑才有更大的機會，因此我們開始思考如何成立一個能夠影響美國社會的組織，這個發想促成了FAPA的誕生。

這種思維從何而來？當時我們看到猶太人在美國社會非常活躍，在各行各業表現出色，更重要的是，猶太人對美國的政治與經濟擁有重大的影響力。猶太人爲了保護以色列公共安全和美國在中東的利益，一九五三年成立「美國猶太復國主義的委員會」，後來改名爲「美國以色列公共事務委員會」（American Israel Public Affairs Committee，簡稱AIPAC），負責向美國政府進行遊說[18]。

猶太人在美國社會的成功操作模式帶給我們很大的啓發，一九八二年二月，我和彭明敏、王桂榮、蔡同榮等人共同籌組「台灣人公共事務會」（Formosan Association for Public Affairs），簡稱FAPA，以遊說美國國會爲主要活動，因而有「台獨外交部」的稱號。

第一任會長選舉時，大家原本屬意海外台灣人的精神領袖彭明敏，但是他住西

18 AIPAC組織成員橫跨民主黨和共和黨，不但是華府最有影響力的政治遊說團體之一，更被認爲是美國國會中的「以色列政府發言人」。

岸，不方便常駐華府，而我時任世界台灣同鄉會會長，本身又在美國政府工作，分身乏術，最後遂由紐約大學政治學教授蔡同榮出任會長。我在一九八四年繼蔡同榮之後接任第二任會長，因爲長時間主管FAPA的外交工作，所以一九九二年二月FAPA改組後，外交及社團聯繫的工作仍由我負責。FAPA的成立和初期會務的推動，蔡同榮算是第一主腦人物。

當時還有一批從事大學教職的台灣人組成「北美洲台灣人教授協會」（North America Taiwanese Professors' Association，簡稱NATPA），FAPA與NATPA連起來的台語讀音相當有趣，有人解釋爲就是對國民黨「喊打（FAPA）邊打（NATPA）」，聽來雖然詼諧，卻帶有一點流亡人士的悲壯與自我期許。

我當選第二任會長後，任命蔡同榮擔任執行長，我們是高中同窗，加上同是台獨聯盟成員，所以處理會務毫無扞格，很有默契。在我任期過半時，台獨聯盟有意推舉彭明敏接任第三任會長，但因彭明敏一直不願承認獨盟曾協助他逃亡海外，造成他與獨盟之間的尷尬。

站在我的立場，我希望彭明敏和獨盟都能稍作退讓，我在公開談話時曾提出，彭先生能逃出台灣，是許多人共同努力的成果，台獨聯盟只是其中之一。我以這樣的說法，試圖緩和彼此心結。雖然最後還是由彭明敏當選FAPA第三任會長，但是他和獨盟之間的心結始終未能化解。

彭明敏上任後，蔡同榮續任執行長，然而彭明敏對蔡同榮與獨盟的關係仍心存芥蒂，兩人關係漸行漸遠。後來，彭明敏甚至不讓獨盟的人參與FAPA的事務性工作，由於會長與執行長貌合神離，蔡同榮遂發動修改章程，設立常務委員會，將會務交由九名中常委共同決定，這個舉動被外界解讀爲架空會長的權限。

一九八七年彭明敏連任會長，FAPA中常委裡有蔡同榮、陳榮儒、樊豐忠和我四位是獨盟人士，另五位非獨盟人士是彭明敏、王桂榮、徐福棟、丁昭昇和葉加興。一九八九年一月改選中央委員，獨盟和泛獨盟囊括三分之二以上席次，接下來在三月二十五日改選第三屆中常委，獨盟又拿下八席，有蔡同榮、陳榮儒、樊豐忠、李界木、羅益世、胡維剛、陳唐山，再加上與獨盟親近的張富美，最後彭明敏遂於一九八九年三月二十九日率領幹部辭去FAPA會長職務。

這段歷史點出黑名單時期的海外反對運動，大家雖目標一致，但理念與手段卻難免不同。

FAPA與孟岱爾

有別於僅具聯誼性質的同鄉會，FAPA的組織屬性與目標相當明確，加上成員多半是擁有美國國籍或永久居留權的台美人（Taiwanese Americans），所以向美國行政部門或國會進行遊說與陳情較爲方便。當時我們除促請美國政府關注台灣實施全球最久的戒嚴令，恣意侵犯人權外，更進一步要求台灣政府釋放高雄事件的良心犯，我們的呼籲逐漸對美國政府產生影響。

FAPA成立後，因漸具成果，海外鄉親比較願意解囊贊助，許多海外社團更不斷加入，讓FAPA日益壯大，活動力更爲增強。一九八四年我接任FAPA會長後，推動過幾項活動，包括支持孟岱爾（Walter Mondale）[19]競選美國總統，促請美國國會通過譴責國民黨暗殺劉宜良（江南）[20]的決議案。另外爲了籌募政治活動經費，我們還向旅美鄉親募資購買旅館，用經營所得來支持FAPA的永續經營。

過去國民黨在台灣實施獨裁統治與戒嚴，因美國的民主黨較爲關心人權與民主議題，所以我們和民主黨的往來自然較爲緊密。

19 孟岱爾（Walter Frederick "Fritz" Mondale，一九二八年一月五日－），一九八四年代表民主黨參選美國總統，最後敗給共和黨參選人雷根。曾任明尼蘇達州聯邦參議員、第四十二任美國副總統。

20 江南案發生於一九八四年十月十五日，華裔美籍作家劉宜良（筆名江南）在美國遭台灣竹聯幫分子殺害。中華民國政府承認此案爲情報局官員主使，但否認是高層授意，時任情報局長汪希苓、副局長胡儀敏、第三處副處長陳虎門等人遭逮捕，至今主謀仍不明。江南案曾一度影響台美關係。

一九八三年十一月十三日，民主黨的總統候選人孟岱爾到FAPA演講，針對台灣民主化問題提出幾項承諾，包括促使國民黨解除戒嚴、中央民意代表全面改選、調整歧視台灣人和違反人權的政策，他還誓言當選後要讓旅美台灣人免於國民黨特務的恐嚇。

這些承諾完全符合海外台灣人的訴求，爲了表達支持，我們在一九八四年一月二十八日舉辦「台灣人支持孟岱爾競選一九八四年總統募款餐會」，盛況空前。雖最後孟岱爾在大選中不敵雷根，但海外台灣人團體因台灣利益而集體支持美國總統候選人，FAPA算是開了先河。

影響深遠的江南案

歷經中壢事件和美麗島事件的洗禮，台灣島內的民主幼苗雖開始萌芽，但國民黨的統治基礎依然穩固，零星的黨外勢力還是很難撼動國民黨的獨裁政權。不過歷史卻在瞬間改變。

一九八四年十月，當時國防部情報局長汪希苓命令竹聯幫首領陳啓禮與兩名手下到舊金山殺害《蔣經國傳》作者，筆名爲江南的劉宜良，案發後，美國政府高度重視這起跨海殺人案件，矛頭紛紛指向國民黨政府，礙於國際壓力，台灣政府只好揪出汪希苓和陳虎門這些軍情系統高層來向美國交代。

一九八四年十二月二十八日，江南遺孀崔蓉芝寫信給我，請求協助。雖然政治立場不同，不過念及同是遭受國民黨迫害的流亡人士，加上當時我們也想透過江南案，讓世人瞭解台灣的人權狀況，於是在一九八五年一月二十日拜訪崔蓉芝，她拜託我們運用影響力促使美國眾議院亞太小組召開江南事件聽證會，她願意出庭作證。這項決定，引起台美各界關注。

一九八五年一月二十八日，我們去拜訪眾議員索拉茲（Stephen Joshua Solarz），他同意在國會提出引渡決議案。崔蓉芝於兩週後到國會作證，亞太小組當天通過索拉茲的決議案，要求「台灣當局應採合作態度，將涉嫌的台灣公民及其他在台人員遣送美國受審。」一九八五年四月十六日，眾議院再以387票對2票的懸殊票數通過決議案，譴責台灣政府，事情發展到這個階段，國民黨的國際形象已澈底崩解。

美國國會通過決議案後，全世界都認清國民黨是一個教唆黑道殺人的政權，國民黨形象遭受猛烈的重擊。或許是這個打擊讓蔣經國有了新的思維，國民黨已無法再用過去高壓手段來統治台灣；而島內反對勢力也趁著國際社會高度關注國民黨惡行的時刻悄悄進行串連，一年之後，台灣戰後第一個成功存活的反對黨——民進黨正式成立。

霍華強森汽車旅館

海外反對活動需要資金。在某種程度上，同鄉會和ＦＡＰＡ都相當仰賴蔡同榮的募款能力，因爲他具有不達目的絕不罷休的個性，所以許多已捐輸良多的海外鄉親只要聽到他的名字，想到又要被剝一層皮，無不逃之夭夭，避之唯恐不及。當時海外流傳一則笑話，許多同鄉誓言死後絕不與蔡同榮葬在同一個墓園，他們害怕上天堂後仍遭蔡同榮募款，不得安寧。這雖是則笑談，卻也凸顯出蔡同榮的韌性與使命必達的個性。

一九八四年，我請蔡同榮爲ＦＡＰＡ籌募經費，蔡同榮提出成立企業，透過營運利潤來支持ＦＡＰＡ活動的想法。當時許多台灣人在美國經營汽車旅館（motel），且做得有聲有色，洛杉磯一帶大約有六千家汽車旅館，台灣人就占了十分之一。華盛頓方面，魏瑞明在一九七七年就開始經營Ambassador Hotel，基於這個原因，我們自然會想到汽車旅館這個行業。

經過討論後，我們花了兩年時間來籌募資金，一九八六年五月，我們用五百一十五萬美元在華盛頓特區附近買下一間占地四英畝，擁有一百六十四個房間的旅館。這是一間連鎖汽車旅館，全美共有四百家，叫做霍華強森（Howard

Johnson），距離國會大約七哩。因爲鄰近美國政治中樞，剛好可以作爲ＦＡＰＡ的聯絡據點，並可透過工作安排來照顧台灣同鄉。

難能可貴的是，這家汽車旅館共有九十四位股東，是海外同鄉基於關心台灣前途而共同集資，多數人根本連契約也未看到，更不知道買的是那間旅館，就把投資金寄到ＦＡＰＡ；並以書面同意將經營所得40％捐給ＦＡＰＡ做爲活動經費。當時海外鄉親對ＦＡＰＡ的信任，霍華強森旅館的順利營運足以說明一切。

海外鄉親的熱情固然值得尊敬，但更令人敬佩的是蔡同榮。他幾乎跑遍全美各地，向台灣同鄉籌募資金，這種毅力非常人能及。

二〇一四年一月十一日蔡同榮病逝於台大醫院。在二月十八日的追思會上，我寫了一篇〈公投歲月，台獨人生〉的短文弔念他，紀念他對台獨與公投運動的非凡貢獻。

FAPA的影響力

在擔任FAPA會長期間，國民黨對海外台灣人團體一概採取抹黑手法，常透過駐外單位對外宣傳海外台灣人團體是中國共產黨的同路人，並可能從事恐怖活動等訊息，試圖讓各國政府對海外台灣人產生戒心，讓我們無法立足。

當時就有美國國會議員受到誤導，一九八四年丹頓（Jeremiah Denton）參議員指稱FAPA成員和中華人民共和國有所牽連，這種完全背離事實的指控如放在現今的時空環境，必然成爲一樁笑話，因爲長久以來我們是中國政權亟欲除之而後快的分離主義分子。

面對丹頓的指控，FAPA選擇回擊，我在一九八四年四月十九日以FAPA會長身分寫信給丹頓參議員，指出他在司法小組委員會指涉FAPA與中國恐怖主義有所關連，顯然是受到錯誤資訊的誤導。我很明確地指出，如同聯邦調查局局長William Webster在聽證會上的證詞所言：「他們是福爾摩莎人。他們不但不喜歡中國共產黨，也不喜歡中華民國占據他們福爾摩莎這塊領土。」William Webster這段證詞確實是當時台灣人的心情寫照。

我進一步告訴丹頓，國民黨政權在台灣實施戒嚴長達三十五年，濫行拘捕、監禁和謀殺，實施嚴厲的黨禁、報禁，人民自由遭受嚴重限縮，我並以林宅血案和陳文成命案爲例，述說異議者活在恐懼中的人權狀態。最後，我提醒丹頓，他所指控的台灣人大部分都是美國公民，台裔美國人和猶太裔美國人、波蘭裔美國人一樣，關心祖國是人之常情，希望丹頓和部分美國人士，不要被國民黨的汙衊手法矇蔽。

這個例子只是FAPA眾多工作中的一小部分，我們透過FAPA的運作不斷累積美國社會對台灣人的信任，逐漸和美國政治人物建立起友情，讓美國人對台灣有了比較衡平的看法。

FAPA的遊說對象不只美國，只要攸關台灣主權和人民利益，我們會運用影響力極力爭取。一九八四年日本首相中曾根康弘訪問美國，當時離二戰結束已經三十九年，太平洋戰爭時期被日本殖民政府徵召參戰的許多台籍日本兵已近年老、有一部分因身體殘疾，返台後無法從事正常工作，經濟情況一直不好。日本政府對他們的犧牲卻沒有任何補償或慰勞。所以，我在一九八四年九月十九日以FAPA會長的名義去函中曾根首相，指出台籍日本兵的傷亡撫卹和日本政府長年積欠台籍日本兵「軍事郵便儲金」等問題，希望日本政府能公平對待所有前殖民地人民。我並以美國公民的身分表示，美國政府願意針對二戰時期剝奪日裔美國人自由的政策進行補償，日本亦應透過立法補償的方式來回應台灣人的正當訴求。

這件工作的主力還是在日本。台籍日本兵的問題正式受到矚目，應該回溯到一九七四年十二月二十六日中村輝夫[21]的出現，阿美族名スニヨン（Suniyon）的中

21 中村輝夫（一九一九年—一九七九年），台東阿美族人，一九四一年參加高砂義勇隊，赴南洋參戰。戰鬥時與部隊分散，獨自在摩羅泰島叢林生存三十年。戰後，家人以爲他已戰死，把中村輝夫改爲李光輝，本人回到台灣後，國家、政府、語言、社會丕變，恍如隔世。

村輝夫終戰三十年後在印尼摩洛泰島的原始林中被發現。當全世界對這位日本兵噴噴稱奇的時候，發現他是出身台東的原住民，他的出現，引起史學界對高砂義勇隊歷史的重視，陸續發現台灣原住民在戰場上的英勇事蹟，進而引發一系列向日本求償的運動。

那時，台獨聯盟日本本部聯合後來擔任明治大學校長的宮崎繁樹教授等學界和文化界人士，在一九七五年二月成立「台灣人舊日本兵補償問題思考會」，推選宮崎繁樹爲首席代表，王育德擔任事務局長，展開補償請求運動；「思考會」並組成律師團向東京地方法院提出補償請求訴訟。爲了加強力道，一九七七年六月，思考會更在日本國會成立「台灣人舊日本兵補償問題等議員懇談會」，由有馬元治眾議員擔任會長。

爲台籍日本兵追討權利的運動歷經十幾年的時間，東京地方法院和高等法院都同情原告，主張應該立法補償。一九八七年九月，日本國會終於通過《關於對台灣人舊日本兵軍屬戰死者及重傷者遺族弔慰金之法律》（台湾住民である戦没者の遺族等に対する弔慰金等に関する法律）。說起來，FAPA當時只是配合台獨聯盟日本本部，從美國方面對日本政府施壓，主要功勞者是日本獨盟，FAPA算是略盡棉薄之力。

台灣前途決議案與兩萬名移民配額

歷經長期的奔波與努力，ＦＡＰＡ的遊說活動更具效率，例如促請美國國會在《台灣關係法》中納入第二條第三項的人權條款，明定「本法律的任何條款不得違反美國對人權的關切，尤其是對於台灣地區一千八百萬名居民人權的關切。茲此重申維護及促進所有台灣人民的人權是美國的目標。」一九八一年十二月更成功促使眾參兩院通過「給台灣兩萬移民配額」的提案；另外，美國參議院分別在一九八三年十一月通過「台灣前途決議案」和一九八九年七月通過「台灣前途修正案」，都是世台會和ＦＡＰＡ共同努力的成果。

堅實的台美情誼，我與參議員佩爾（Claiborne Pell）。

旅美期間，我們亦曾協助國民黨當局處理「國際糾紛」，由於台灣漁民的捕撈海域遍佈全球，經常與其他國家發生海事糾紛，爲了協助台灣漁民，我曾經前往印尼駐美國大使館交涉，促請印尼政府釋放台灣漁民及漁船，我的想法很單純，只要台灣鄉親有難就應主動協助，不能因政府無能而袖手旁觀，讓台灣人民的權益受損。

旅美期間，因參與外交事務，我逐漸被認定爲外交工作的老手，我不但與美國國會、國務院人權單位，也和美國人權組織和教會組織建立出良好關係，美國政界高層如參議員佩爾（Claiborne Pell）、索拉茲（Stephen Joshua Solarz）、甘迺迪（Edward Moore "Ted" Kennedy），還有後來擔任AIT理事主席的卜睿哲（Richard C. Bush）等人都和我私交甚篤。一九九一年三月我們在菲律賓馬尼拉舉辦「島內外獨派馬尼拉聯席懇談會」[22]，但很多人因爲國民黨的阻撓無法進入菲律賓，我和張燦鍙透過佩爾參議員向菲律賓強力交涉，最後才得以順利參加馬尼拉的會議。

提到佩爾，二〇〇四年我擔任外交部長時，曾到羅德島的Pell Center，以台灣的自由民主發展爲題發表演說。而當時坐在輪椅上聽我演說的佩爾已垂垂老矣，我與佩爾這段台美情誼，歷久彌新。

22 國民黨極盡所能封鎖所有管道，全面防堵台獨聯盟返台，一九九一年三月獨派到菲律賓馬尼拉參加「海內外懇談會」時，許多海內外台灣人遭誣指爲「共產黨分子」，被菲律賓政府限制入境。

1980年代為爭取台灣兩萬名移民配額，在美國國會與衆議員索拉茲合影。

美麗島事件和陳文成命案

一九七九年台灣發生美麗島事件（又稱「高雄事件」），當時我正好擔任全美台灣同鄉會會長，我立刻透過人權會、婦女會這些台灣人團體積極向世界發聲；加上我在聯邦政府工作，與行政部門和國會議員相當熟悉，我到國務院找上台灣科長，詳述台灣人追求民主的過程和美麗島事件的前因後果。

另外，就是與剛成立的美國在台協會進行交涉。

一九七九年一月一日美國和中華民國斷交，並與中華人民共和國建交。爲了規範美國與台灣的關係，一九七九年美國眾參兩院在三月二十八日及二十九日迅速通過《台灣關係法》（Taiwan Relation Act）。美國國務院則根據《台灣關係法》設置一個民間非營利組織，名稱叫「美國在台協會」（American Institute in Taiwan，簡稱ＡＩＴ），雖然是民間組織，其實還是由資深外交官或政界人士擔任理事主席和處長，第一任理事主席是丁大衛（David Dean）[23]。

我們很清楚，一定要讓美國人瞭解台灣的人權狀況，才能破解國民黨對美麗島事件的抹黑宣傳，所以決定去拜訪ＡＩＴ。當時住在華府的台灣同鄉當中，有一位來自新竹的鍾桂榮，他是紐約新社會科學院（New School for Social Research）畢業

23 丁大衛生於紐約，一九四三年至一九四八年間擔任美國海軍飛行員，擁有哈佛大學學士及哥倫比亞大學碩士學位。丁大衛是美國國務院的外交官，一九七六年至一九七八年擔任美國在華聯絡辦事處（駐北京）副處長，一九七九年一月起擔任美國在台協會理事主席暨執行理事，一九八七年一月八日就任美國在台協會台北辦事處處長。二〇一三年辭世。

的高材生，文筆很好，他把美麗島事件的來龍去脈描述得非常清楚，我們就拿著這份資料，找了幾位同鄉，去拜會丁大衛和國會議員，逐一向他們說明台灣人爭取民主人權的艱辛過程，期待能獲得美國友人的關注。

當時台灣當局透過媒體把高雄事件定調為暴動，十二月十日當天參與國際人權日活動的參與者都被形容為十惡不赦的暴徒。國民黨在當天即大肆逮捕，沒多久大街小巷到處張貼著施明德整形前後的照片，全台充斥肅殺之氣。雖身處海外，但我們非常清楚，高雄事件是「未暴先鎮，鎮而後暴」的惡質操作，國民黨想借機把反對人士一網打盡，所以蓄意製造事端。當時卡特總統（James Earl Carter）主張人權外交，所以我們去見丁大衛，極力敦促他務必前往台灣調查真相，讓台灣的人權狀況真實呈現。

後來，丁大衛奉美國政府之命向蔣經國交涉，他到台灣調查後返回美國，為人正直的他向我們證實當初我們的指控確實不假。

丁大衛到台灣進行調查，確實是很大的突破，因為當時國民黨派出一些記者到美國進行負面宣傳，如聯合報記者高某，這些傳聲筒同聲一氣，指稱美麗島事件的參與者是暴徒，雖多數人不相信，但還是有些美國人不明就裡，所以澄清工作自然就落在美國台灣同鄉身上。

期間，我們還透過不同管道拜會多位國會議員，來尋求美國各界的普遍關心；其中包括參議員佩爾（Claiborne Pell）、甘迺迪（Edward Moore "Ted"

Kennedy），眾議員索拉茲（Stephen Joshua Solarz）、李奇（Jim Leach）等人。二○一四年太陽花學運，超過十一萬名網友到白宮網站提出「反對兩岸服貿協定」（Oppose Trade Agreement Between Taiwan and China）的請願，一九七九年我們已有類似做法，當時我們發動全美台灣人寫信到甘迺迪辦公室，一下子湧進七千封，震撼了甘迺迪，終於首肯替台灣人民發聲。

經過一連串遊說活動後，美國政府逐漸重視美麗島事件。這個事件也讓美國人對台灣政府的觀感產生重大轉折，因爲美國人向來認爲共產黨統治的中國是紅色政權，所以稱之爲Red China，共和黨人對台灣執政當局較有好感，就把台灣稱爲Free China。但經歷美麗島事件後，他們終於認清國民黨統治下的台灣，其實非常不Free。

美麗島事件後二個月，在二二八這個令台灣人心痛的日子，竟發生林義雄寡母和雙胞胎女兒慘遭殺害的悲劇；一年後的一九八一年七月二日，返台的陳文成被警總帶走，隔天陳屍台大校園，政治謀殺事件接二連三地發生，海外鄉親無不悲憤填膺。

爲了釐清陳文成案件眞相，我到陳文成任教的賓州卡內基美隆大學（Carnegie Mellon University）去找塞爾特校長（Dr. Richard M. Cyert），向他述說陳文成的遭遇。同時我也找陳文成的太太陳素貞和休斯頓一位蔡姓台灣人到美國國會作證。這位蔡先生是陳文成的好友，但因爲父親是台灣的公務人員，他擔心拖累家人，所以對作證一事產生躊躇，但我鼓勵他，既然是陳文成最好的朋友，這是最後一次有機會爲陳文成講話，蔡先生才同意出面作證。

由於台灣同鄉不斷向美國國會和國務院陳情，促使美國政府開始重視陳文成案件。一九八一年九月，在塞爾特校長的協助下，知名法醫魏契（Cyril Harrison Wecht）與狄格魯教授（Morris De Groot）一起到台灣調查陳文成命案眞相。除了解剖遺體，也同時到墜樓現場檢視，他們發現陳文成血液的毒性分析不完備，要求採取部分體內組織帶回美國檢驗，但被台灣政府拒絕。離開台灣前，魏契向媒體表示：陳文成不是死於自殺而是謀殺！

魏契的調查結果，台灣執政當局當然加以否認，後來魏契與狄格魯在《美國法醫暨病理學期刊》（*American Journal of Forensic Medicine & Pathology*）共同發表名爲〈台灣謀殺案〉（"Murder in Taiwan"）的文章，對陳文成命案做了非常詳盡的描述。

當時台灣同鄉散居美國各地，集合起來並不容易，而我人在華府，剛好可以做爲聯絡窗口，扮演與美國政界聯繫的橋樑。蔡同榮對陳文成命案也盡了很大的力，多次從紐約飛來華府幫忙；面對故鄉的人權災難，越來越多的同鄉挺身而出，包括在歐洲的台灣人，齊聲向全世界控訴台灣政府的惡行。當時我擔任世台會會長，剛好可以利用這個機會把全世界的台灣人社團串連起來。

我們認爲應該對國民黨政權施加更大壓力，才能反制他們對人權的侵害，我們把主戰場拉到華府，邀集來自全世界的台灣同鄉到國民黨政府位於華府的代表處示威抗議。來自歐洲的陳昭南向來習慣穿拖鞋，那年冬天，他雙腳凍傷，依然鬥志高昂。我們雖知台灣駐美代表處有美國警察保護，但忿憤不已的我們一鼓作氣，直接衝進代表處，切斷電線，讓他們無法工作，我們突如其來的舉動，嚇壞了整個駐美代表處。

當時大家認爲，國民黨在島內壓迫台灣人，我們在海外也要以眼還眼，更何況護照早被沒收，更無後顧之憂。回顧這段年輕歲月，再觀照二〇一四年衝進立法院的熱血青年，守護台灣的熱情，兩者倒有幾分神似。

另外，美麗島事件期間，還有一段發生在我個人身上的小插曲，當年與連戰、錢復、陳履安合稱爲國民黨四大公子的沈君山，透過朋友連繫上我，並約在傑佛遜紀念館（Jefferson Memorial Hall）見面。一碰面，沈君山開門見山的表示，他銜國民黨高層之命而來，只要我承諾不再針對美麗島事件發言、進行遊說，並停止相關援救行動，國民黨會解除禁令，讓我回台。我回答他，國民黨把美麗島事件羅織爲暴動，逮捕許多台灣菁英，我回台於事無補，除非國民黨把施明德等人全數釋放。我的回應對沈君山與國民黨而言，無疑是大大的一盆冷水，而經過那次事件後，沈君山從未再與我連絡，我還是繼續當我的黑名單，他還是優雅地當他的四大公子。

黃昏的故鄉

海外遊子，無不思鄉情切。

一九八九年七月，我到馬里蘭大學（University of Maryland）參加一場討論台灣問題的座談會，座談會結束那晚，我和張燦鍙、黃昭堂、許世楷、宗像隆幸這些台獨聯盟的老朋友，還有民眾日報專欄作家陌上桑一起到日本料理店吃飯、喝酒，當大家唱起〈黃昏的故鄉〉這首歌時，一群大男人竟抱在一起邊唱邊哭，當時我哽咽地告訴身旁的陌上桑說：「眞的很想回台灣」。

我二十九歲那年離開台灣，負笈美國，卻因在海外的言論無法見容於當局，而被列爲黑名單長達二十九年。思鄉歲月，夜闌人靜，我的腦海中不時浮現台糖五分車越過家鄉水圳平野、王爺繞境陣頭迤邐在嘉南平原阡陌上的景象，午夜夢迴，家鄉父老一張張虔誠、堅毅、充滿生命力的臉龐，更令我低盪不已。

年久月深，這種想望變成一股強大的動力，催促著我返鄉。

返鄉是異鄉遊子的共同想望，我曾透過參議員佩爾（Claiborne Pell）寫信給當時的外交部長錢復，錢復說陳唐山這個人名聲不好，不能回台灣，駐美代表處把申請案送回台北，中華民國政府也回覆表示陳唐山是暴力分子，是共產黨，不准回台。

駐美代表處把台灣政府的公文轉給佩爾，並向他解釋台灣政府不讓我回台的原因。不過，佩爾當面向錢復和代表處的人說：「你說別人是暴力分子，我會相信；但你說陳唐山是暴力分子，我根本不相信！」佩爾這個人很重義氣，加上瞭解我的為人，所以願意為我仗義執言。

話說二戰結束後佩爾曾奉命來台工作，對台灣非常瞭解。與撰寫《被出賣的台灣》（*Formosa Betrayed*）一書的喬治·柯爾（George Kerr）是好朋友，他和柯爾都曾見證戰後國民黨在台灣的所做所為。

敬酒與罰酒

兩蔣時期，我的返鄉之路完全被阻斷，直到李登輝上台才出現轉機。一九九〇年三月份台灣發生野百合學生運動，學生提出解散國民大會、廢除動員戡亂時期臨時條款、召開國是會議和提出政經改革時間表的訴求，李登輝總統在接見學生代表後同意召開國是會議。

因爲當時國會尚未全面改選，一般人民沒有發抒意見的管道，海外異議人士更沒有參與台灣政治的機會，國是會議剛好可以扮演這種功能，所以當時有六位海外異議人士受邀回國，我是其中一位。能夠回到闊別多年的家鄉，心情固然雀躍，但返台後，卻發現情況有異，因爲國民黨當局以沒有簽證、強行闖關爲由，逮捕從奧地利與加拿大返台的陳昭南、羅益世。

我是居於尊重李登輝總統的改革作爲才專程返台，事實上卻承受極大壓力。因國民黨政府一方面邀請我返台，以示開明；另方面又逮捕同樣從海外返台的陳昭南和羅益世。這種兩面手法顯然意在分化，故意陷我於不義，所以當時我已有所警覺。

我對國民黨當局表示：你們邀請我們回來參加國是會議，招待食宿，出席會議時只要簽個名就可以領取三十二萬元旅費，招安意味十足。但是其他世台會成員卻遭到監禁，如果政府不釋放他們，我無法向海外同鄉交代。

基於同志情誼和人情義理，我不能讓海外鄉親誤解我已受到國民黨政府的招安，於是選擇向良心交代，決定讓國是會議留下空位。後來陳昭南和羅益世雖被釋放，國是會議也尚未結束，但我心意已決，所以從頭到尾全程缺席。

因爲這次事件，後來我再度申請返台，駐外單位就以缺席國是會議爲由拒發簽證，連長子在台北訂婚，政府還是不准我回來。當時許多媒體以「陳唐山敬酒不吃吃罰酒」爲題大幅來報導這次事件。

一九九〇年那次返台，還有一段令我印象深刻的插曲。當時總統府秘書長蔣彥士[24]，接見國是會議成員，並逐一握手，輪到我的時候，他雖然握著我的手，但眼睛卻故意瞟往別處，以肢體語言透露出他對黑名單人士的排斥。這種極不禮貌的舉動，讓我對蔣彥士從沒好感。

一九九三年我參選台南縣長時，蔣彥士專程前往國民黨候選人黃秀孟[25]的競選總部助選，他當著群眾面前指控我，既已接受李總統邀請卻不參與國是會議，反而忙著進行營救陳昭南和羅益世的政治活動，對李總統十分失禮，大有「陳唐山敬酒不吃吃罰酒」的意味。

從歷史的角度來看，我退出國是會議的決定絕對正確，因爲海外鄉親亟需團結，如果因爲國是會議的爭論而發生內鬥，對台灣民主運動的發展反而不利。再

24 蔣彥士（一九一五年二月二十七日—一九九八年七月二日），時任總統府秘書長，曾任教育部部長、外交部部長、總統府資政等。

25 黃秀孟曾代表中國國民黨當選爲台灣省議會第七、八、九屆議員，及第三、四屆立法委員。

總統用牋

唐山先生大鑒：

國是會議經籌備委員會兩月來之積極籌劃，決定於中華民國七十九年六月二十八日至七月四日，在台北市圓山大飯店舉行，期能凝聚全民共識，研商開展國家前途方策。素仰

先生關心國是，用特專函奉邀，敬希

惠臨出席，共紓良謨，俾以完成此一

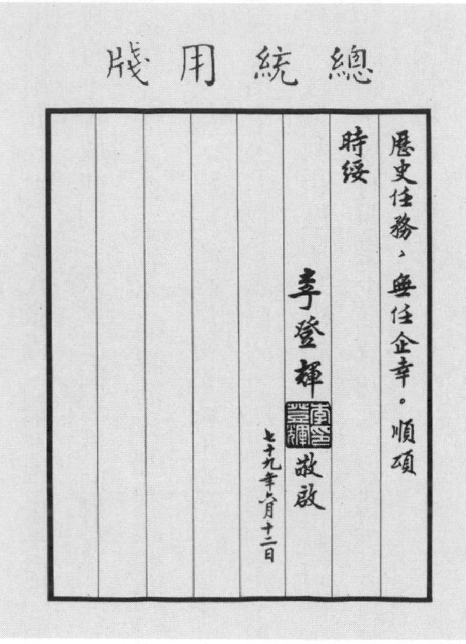

總統用牋

歷史任務，無任企幸。順頌

時綏

李登輝 敬啟

七十九年六月十二日

1990 年李登輝總統邀請參加國是會議。

者，當時國民黨這個百年老店尚有主流與非主流的鬥爭，李登輝的權力也未穩固，就算他有心讓黑名單解禁，國民黨內的保守勢力還是會伺機反撲，一有機會，這些保守派豈會輕易放過打擊「海外叛徒」的機會？爲了台灣人的團結，我選擇退出國是會議是歷史的必然。

而大局的考量、人情義理的拿捏？又豈是蔣彥士這些畢生廁身廟堂的黨國官僚所能理解。

黑名單時期，執政當局為了切斷島內與海外反對運動的連結，海外台灣人的聲音很難傳回島內，當時我們只能將一些看法與文章，投書在《國際日報》與《台灣公論報》上，以下收錄三篇刊登於上述二報中的文章。

連猶太人都比不上台灣人

十年前發生美麗島事件，不但是震撼台灣全島，且衝擊到太平洋對岸的美國，當在高雄舉行的人權日遊行，演變成大型衝突後，在美國台灣人透過遊行、遊說、登廣告等方式訴諸美國社會，設法向國民黨當局施加壓力。

美麗島事件前，旅美台灣人政治運動以留學生出身者爲主體，規模不大。美麗島事件激起廣泛的憤怒和關注，旅美台灣人各種社團應運而生，許多人放棄學業、事業，全心投入政治運動，而有八〇年代波瀾壯闊的海外台灣人運動。所以，美麗島事件可以說是海外台灣人運動的分水嶺。

十年前，在美國爲美麗島事件奔走的陳唐山目前仍活躍於台灣人社區。以下爲他追述當年的情況，並反省美麗島事件的意義。

〇

我於一九七八年當選全美會會長，次年又被推選爲世台會會長。因爲這個緣故，美麗島雜誌創刊時，黃信介遂聘我爲社務委員，這張聘書迄今仍掛在家裡牆上。

後來，我再推薦世台會各區負責人，亦擔任美麗島雜誌的社務委員，最多時，海外社務委員達十人。這些人並不是掛名的委員，他們積極推銷美麗島雜誌，所以雜誌在海外發行量成長甚快。爲了雜誌事務，我會常常與發行人黃信介及主任委員姚嘉文聯繫。七九年許信良來美，才轉由許信良聯絡。

事件發生前，美麗島雜誌社發起重返聯合國運動，世台會在美國發動數萬人的簽名，送回台灣表示支持。當美麗島雜誌社在各地設服務處後，服務處經常遭到搗毀，施明德一度呼籲成立自衛軍，我們在海外，亦捐了一些錢贊助，此外，尚零星捐款爲雜誌社添家具。因此，在十二月十日前，我們即與雜誌社主要幹部經常保持聯絡，增進感情。

事件發生的那天，張俊宏的妹妹張美貞從現場打電話到華府來，我們知道後，發覺大事不妙，便立即向美國在台協會聯繫，再到國務院聯絡，請求國務院派丁大衛（David Dean）赴台北調查事件原委。

另一方面，台北已傳出國民黨將大舉抓人，起初聽說國民黨方面準備將二十人送交軍法審判，後來美方幾度談判，減爲八人，但我們仍不放鬆，每一有空即與甘迺迪、李奇、佩爾、吳爾夫、克蘭斯頓、哈京斯及馬里蘭州、維琴尼亞州出身的國會議員聯繫，請他們關注本案。

過不久，在家裡接到國民黨大舉抓人的消息後，震驚不已。想到好不容易出頭的一批台灣政治菁英，一下子全鋃鐺入獄，台灣民主生機驟然死滅，心頭悲痛不能自己，竟至潸然淚下。事件不久，父親去世，我都未掉一滴淚，美麗島菁英被捕反令人傷痛。

此後，旅美台灣人以救人爲第一優先，我專程赴倫敦向國際特赦組織說明此一事件的嚴重性，並向服務單位要求週五可全天跑國會及國務院。那段日子，幾乎所有的國會議員都收到台灣人的陳情信，所有與台灣有關的議員，連親國民黨的高華德及赫姆斯也都讓我們拜會過。

簽名及投書規模之大更是史無前例。由全美人權會在會長范清亮的動員下，四處請人簽名支持，最後將名冊送交白宮卡特總統。投書也十分踴躍，甘迺迪參議員辦公室幾天內，收到七千多封台灣同鄉的投書，使甘迺迪大爲驚訝，他說：「連猶太人都比不上你們台灣人！」那次是因單一事件美國國會議員收到最多投書的一次。

因此，甘迺迪對台灣人印象深刻，開始積極關心台灣事務，成爲日後FAPA成立契機。

那時，旅美教授義憤塡膺，百餘人聯名發表抗議書，委託我在華盛頓郵報刊登廣告。研議已久的北美洲台灣人教授協會亦因此宣告成立。

事件後不久，旅美台灣人各界領袖群集紐約，彭明敏、黃彰輝、蔡同榮、許信良、陳婉眞、洪順五等人均到場，大家研究如何進一步聲援美麗島受難者，最後乃

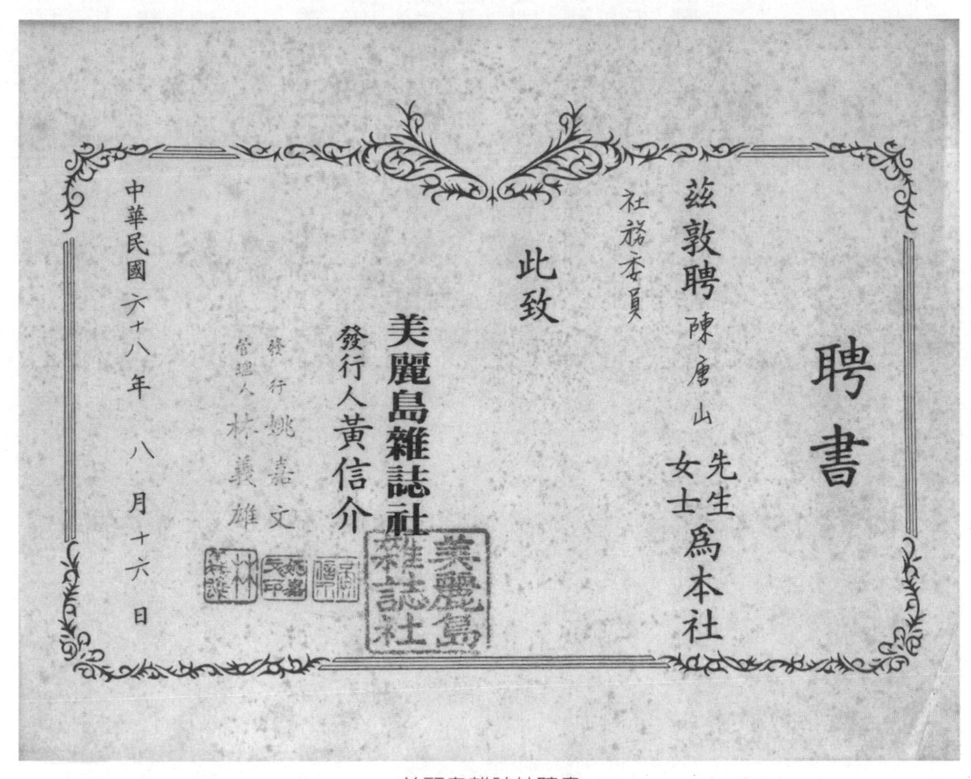
聘書

茲敦聘陳唐山先生女士為本社

社務委員

此致

美麗島雜誌社

發行人黃信介

發行 姚嘉文
管理人 林義雄

中華民國六十八年八月十六日

美麗島雜誌社聘書

有「台灣建國聯合陣線」的成立，成立宣言中痛罵蔣家的暴力本質。

參加連署的包括獨立台灣會（史明），台灣臨時政府（林台元），協志會（洪順五），台灣民主運動海外同盟（郭雨新），美麗島雜誌社（許信良），台灣民主運動歐洲同盟（陳重任），潮流（陳婉眞），台灣獨立聯盟（張燦鍙），台美協會（彭明敏），台灣人民自決運動（黃彰輝）。

對國民黨方面，則在各地發動示威遊行，包圍各地協調會辦事處，甚至報復與事件有關國府官員，王玉雲的妻舅即在這種氣氛下被炸死。

美麗島事件是海外台灣人很重要的一課，今天看來，十年前旅美台灣人數目少，但做起事來反而容易，因爲那時，台灣聯盟、教會、人權會、自決會都能同聲一氣，使美國國會首度感到台灣人的存在。

當時台灣人唯一的媒體就是「台灣之音」，尙無報紙，所以美方人士消息來源都有賴於國民黨的報紙，此後台灣人覺得有辦報紙的必要，才有《台灣公論報》的創刊及《美麗島》的復刊。

（原刊於《國際日報》，一九八九年十二月二十四日）

台灣人決定台灣的前途

前言

一九九一年十月十二至十三日，民進黨五全大會正式通過，經由台灣居民公民投票建立「台灣共和國」的決議案。

國民黨當局對民進黨這項舉動大爲緊張，並即刻成立一個工作小組進行審查，是否應該解散民進黨。

不過幾個小時，北京的國務院發出警告——「中國將不坐視分裂國土的行爲」。中共的國家主席，高齡八十三的楊尚昆，發出至目前爲止，北京方面對台灣獨立問題所作的最尖銳的威脅，他說：「玩火者必自焚。」

獨立運動有多強

然而，要求台灣獨立的呼聲越來越大。民意調查顯示，支持台灣獨立的人大約維持在百分之十到二十之間。這個數字並不可靠，因爲在台灣，照國民黨政府的法律，推動台灣獨立是叛亂的行爲。就算這是個大概的參考數字吧！另一個數字可讓人更了解事情的眞相：支持台灣與中國統一的核心人數大約只有百分之十。這表示，至少贊成統一的人更少。別忘了！國民黨政府是贊同統一的，而且公然地在推動。

十二月二十一日選舉將選出三百二十五席的國大代表。其中選民直選二百二十五席台灣區域的代表，八十席代表「整個中國」，另二十席代表海外的「華僑」。後兩者是按政黨的得票比例來分配。

有人說，這次選舉，民進黨得一票便表示有一人贊成；所謂沉默性的贊同公民投票，使台灣獨立於中國之外。然而，事情並不那麼單純，用選舉的投票結果來看贊同台灣獨立的比率並不準確，因爲「台灣獨立」的主張不能被列入政見，也不得做爲競選口號，而被認爲非法。許多海外台灣人強烈主張台灣獨立，不是被列爲黑名單無法回台灣，就是回到台灣卻被關在監獄裡。在這樣的政治氣氛下，支持台灣獨立的力量當然無法從十二月二十一日選舉裡看出來。

一個更佳的指標是支持台灣進入聯合國的數目。最近，台灣加入聯合國的要求在島上引起很大的注意，氣勢很高。九月八日和十月二十五日成千上萬的台灣人趕上台北和高雄的街頭，要求國府舉行公民投票，讓台灣成爲一個獨立的國家加入聯合國。外交的孤立使得許多台灣人主張，國民黨應該放棄中國唯一合法統治者的堅持，以便台灣得以一個獨立實體加入聯合國。

最近，在一場立法委員謝長廷和外交部次長章孝嚴，就台灣加入聯合國的問題辯論中，章孝嚴也承認，台灣加入聯合國是大家的共識，問題只是何時和如何而已。像章孝嚴有這種想法的人，我們應該把他算成贊同台灣獨立或是與中國統一呢？

國民黨處理台灣獨立運動的策略

國民黨一度宣稱，台灣若宣布獨立，中共將武力攻台，而且國際社會不會承認獨立的台灣；因此台灣獨立必然造成台灣社會的不穩定和人民的不安。國民黨的策略之一就是這樣繼續玩中國牌和美國牌的。猶記得十月中旬，行政院長郝柏村在立法院說，對台灣改國名不再用中華民國，《台灣關係法》將失效。他以為，《台灣關係法》是保護中華民國的。

為確保其長久控制台灣，國民黨亦可能技巧地運用台灣獨立運動兩邊通吃。在內部，國民黨利用中共因素打擊獨立運動；在外部，卻又利用台獨運動與中共討價還價。

有否妥協的可能？以何方式？

就在十一月十九日，郝柏村院長公開宣稱，民進黨台灣獨立的主張，是「癌細胞」腐蝕台灣民主的基石。他並且警告說：中華民國政府決心消滅主張台灣獨立的團體。郝將軍的聲明爲什麼表現得對民進黨那麼感冒呢？爲了台灣社會的安定，郝將軍的態度實在需要改變才行！

我們知道，在政治裡甚麼情形都有可能。很清楚的，台灣人民渴望民主，民主可以加強社會穩定，創造與維持繁榮，並且給予人民以全力主宰他們自己的命運。另方面，台灣人害怕中共的併呑，亦即反對與中國統一。絕大多數台灣居民對與中國統一問題的答覆是：不！不！不！

在這樣的情況下，國民黨首先應該放棄或至少暫緩統一中國的主張。若像國民黨說的，台灣是中國的一部分，台灣人民害怕中共統治的惡夢將無可避免。爲保護台灣的和平和穩定，制定一部代表兩千萬居民利益的新憲法絕對有必要。

在台灣，國民黨控制了差不多所有的公共資源。現在是運用政治智慧來重新分配公共資源的時候了。有合理的公共財的分配，反對黨才有機會成長且發生效用。譬如電子媒體、電視台和無線電台等，應該開放大眾使用，而不是國民黨一手把持。現在是放棄壟斷的時候了！國民黨應該學會與其他黨分享公共財，只有這樣，妥協才有可能，兩黨間的政治鴻溝也才能減小。

結論

台灣的問題不應該被當做爲中國的內政問題。東亞的和平與安定不只是台灣海峽兩岸人民的事，也是國際社會的責任。中國的領土主張，建基於過時的主權概念，威脅著台灣海峽、東亞，甚至世界的和平與安定。正如民進黨的立法委員洪奇昌十一月初說的：「台灣是台灣！台灣不要生存在不切實際的『一個中國』政策的陰影下！」

隨著蘇聯和東歐共產國家的解體，這個世界已經進入民主的世紀。在這個新的時代裡，沒有比民主更重要的原則，沒有比尊重人權更重要的東西！

這是賦予台灣人民有權決定他們未來的時機了！除了兩千萬的台灣人民，沒有任何人有權決定台灣的未來！

（原刊於《國際日報》，一九九二年一月七日）

台灣人的外交部長——陳唐山

賁馨儀 採訪撰文

初次見到陳唐山，就會被他的翩翩風度和流利口才吸引。他雖然不是政治或外交科班出生的學者，但是十多年來領導台灣人社團的經驗，使他自然流露出一個政治人物的領袖魅力。同鄉會長、世台會主席、FAPA會長的一連串任期中，充分展現他的行政才幹與談判才能。

他過去兩年主掌FAPA會務，使得FAPA成爲台灣人團體中的菁英團體，也是國際人士心目中台灣人的「外交部長」。

去年FAPA曾經因爲改選會長而引起很大的內部紛爭。但是，爲了整個團體的進步與和諧，陳唐山在去年會長投票發表「政見」時，極力推崇另一位會長候選人彭明敏教授的能力與成就，呼籲大家支持彭教授。當時我和賀端蕃也在現場參加開會。他的動人演說贏得全場起立致敬，許多FAPA會員也感動落淚。

這種雍容的政治家風度，不但消弭了會長改選的風波，也贏得更多人對他的尊敬。

台灣民主委員會成立大會

賁：您好！先謝謝FAPA去年對我和老賀的照顧，同鄉們都好嗎？

陳：謝謝編聯會派你和賀先生去年來參加FAPA年會，給我們很大的鼓舞，看到島內從事民主運動的人這樣打拚，留給我們很深的印象！

賁：剛才我打電話來，陳太太說您去參加一個集會，是同鄉的活動嗎？

陳：我剛剛參加台灣民主委員會（Committee for Democracy on Taiwan）成立大會，剛剛回到家。

賁：是台灣人的團體嗎？

陳：這是支持台灣民主化的美國人所組織的團體。類似過去親國民黨的「百萬人委員會」。今天主持集會的是五位美國國會議員：愛德華・甘迺迪（Edward M. Kennedy）參議員、克萊本・派爾（Claiborne Pell）參議員、吉爾・李奇（James A. S. Leach）眾議員，史蒂芬・索拉茲（Stephen Joshua Solarz）眾議員，以及剛訪談的托里斯利眾議員。

今天五月廿日台灣戒嚴卅七週年，他們五人共同發表聲明，呼籲台灣當局廢除戒嚴體制，開放台灣人民有充分自由組織反對黨，以謀求台灣的政治和諧與進步。台灣民主委員會今天正式成立，主要是希望透過美國國會力量，推動台灣民主化的事務。凡是關心台灣前途的美國人都可以參加。

甘迺迪參議員及派爾參議員被推舉爲名譽主席（Honour Chairman），索拉茲及李奇兩位眾議員擔任主席。

今天周清玉及許榮淑都參加成立大會，我們也配戴綠色絲帶響應島內的「五一九綠色行動」。

國民黨終於「通」了

賁：華盛頓地區這兩天有類似的活動嗎？

陳：美國西部同鄉十七號在洛杉磯有一個集會。東部同鄉十九號上午十點在紐約聯合廣場也有抗議「戒嚴卅八年」遊行，大約有三百人參加，許榮淑、許信良、張燦鍙等人都在場。

賁：最近華航事件，國民黨與中共代表在香港協調的事情，美國當地的新聞有報導嗎？

陳：有哇！美國人感到事件很「新鮮」，華盛頓郵報還登在頭版，因爲過去國民黨一直堅持與中共三不通，現在居然與中共公開對談，美國人認爲國民黨的政策轉變得比較有彈性了！

賁：台灣同鄉的反應呢？

陳：同鄉們都感到很突然，國民黨忽然轉變了態度。過去，我們一直主張台灣的前途應由一千九百萬住民自決，台灣的國際地位不可以由中共、由國民黨或雙方談判來決定。

賁：您在擔任FAPA會長任內，經常代表海外台灣人在美國國會從事negotiation（談判）工作！許多人稱您做台灣人的外交部長，就您的經驗，華航的國共對談代表甚麼意義？

陳：這次中共與台灣接觸，表面上看來是解決747貨機的問題。記得尼克森總統時代，也事先和中共打乒乓球，打開兩國的政治外交。這次的接觸是否與乒乓外交異曲同工之妙？國民黨踏出這一步，很困難再回到過去堅持的三不政策了！站在人道的觀點，我很高興看到三位飛行員能自由選擇個人的去向。在政治觀點上，台灣政府與中共政府接觸的基礎，應該以台灣人的民意為根據。台灣政府應該以「獨立自主」的地位與中共處理這件事件。

至於中共與台灣過去一直主張的統一問題，全體台灣人應有決定權。為了避免台灣人的疑慮，談判的眞相及資料應該公開，不要隱瞞。

國對國的談判

賁：您認為這次雙方是以國內事務方式來處理，還是屬於國對國的談判？

陳：美國的報紙及社會輿論都把這次事件當作國對國（Nation to Nation）的談判，

我也是這樣認爲。因爲中共政府方面派出公務官員作代表，明顯擺出是官方接觸，而華航是國營航空公司，所以此地報紙並不把此事件當作商務事件，而認爲是Nation to Nation（國對國）的談判。

賁：這種情況與黨外一向主張的自決原則有沒有關係？

陳：經過這次談判，國民黨不得不改變過去的鴕鳥政策而採取彈性的外交作法，這種跡象是否表示國民黨內部的開明派促成這次的彈性作法？我希望國民黨政府能夠進一步了解，一個現代化民主國家的基本條件——人民就是主人。這樣對台灣民眾，對民主政治都是好的，就符合黨外的自決主張了！

賁：您知道國民黨上星期六與黨外的溝通餐會嗎？

陳：我看到的資料不太完整，除了報紙的報導之外，也曾經和此地在台協會人員談到島內發生的事。

賁：您對黨內外溝通的看法呢？

陳：資料不夠所以不能表示太多的意見。要不要拿掉「黨外」兩個字已經不只是公政會的問題，而是整個黨外與關心島內民主運動人士的共同問題。在民主國家，政黨名稱是起碼的政治權利。基本上，國民黨沒有任何法律根據把「黨外」拿掉。

公政會設立分會只是國民黨進行溝通的表面理由，現在給我的印象是國民黨藉溝通來製造有利國民黨的輿論，因而分化黨外，分散黨外力量。國民黨最近幾年常常到海外來跟台灣同鄉聯絡，也講要溝通。但事實上他們只是宣揚國民黨在島內的作爲，當我們同鄉提出問題，他們避不作答，對同鄉的建議也一概不聽。

黨外不能喪失最後原則

賁：黨內外將於本週六進行第二次溝通，您有沒有什麼建議？

陳：溝通在正常情況是一件平凡而正常的事，爲了就某種問題達成共同目標的溝通才有意義。

溝通是Give and Take（予與求），島內公政會參加溝通的諸位先生，在與國民黨周旋的過程中應該設定某些原則，minimum（最後原則）不能喪失，否則就失去黨外運動的基本精神。

賁：您知不知道印尼政府最近釋回扣留的台灣船員一百多人，這是您四月初在華府向印尼駐美大使館協議的結果！

陳：船員已經回到台灣了嗎？我聽了非常高興！我們一直非常關心台灣漁船漁民被其他國家扣留的問題。好幾年前，我們一艘漁船在澳洲海岸被澳洲軍方用機關槍掃射，我就曾經到澳洲大使館抗議。

這次透過教會送給全美人權會的漁民事件資料，提到被各國政府扣留的漁船與漁民，其中被印尼政府沒收十三條船，船員兩百多人被扣，而台灣政府方面沒有給予船員任何救助，歸期遙遙，船員家屬生活困苦。人權會長林心智先生把資料寄給我。四月初我和李界木把資料翻譯成英文，前往華府的印尼大使館交涉，經過兩個鐘頭的協調，他們答應照會本國政府，透過台灣駐印尼的商務代辦，協助船員回台灣，我想他們都會分批陸續回到台灣。

不愧是台灣人的外交部長

賁：許多船員家屬向您和李先生、林先生表示謝意，因爲國民黨政府辦不到的事您們辦到了，眞不愧是台灣人的外交部長。

陳：我們一直朝這個方向在做，建立各種外交管道，幫助島內外的台灣人。

賁：我們雜誌刊登您主持的「台灣基金會」所設立「王育德獎助金」申請辦法，您介紹一下這個基金會好嗎？

陳：海外同鄉一直透過各種不同性質的團體來爲台灣人做事。例如FAPA主要從事外交上的協調，北美教授人協會在學術及著作上發展，人權會注重人權工作……大家分工合作。

我們早就有成立台灣基金會的構想，希望推動海外台灣人的文化教育，認同台灣。年初有了財源就正式成立這個基金會，希望能夠在島內作保護台灣語言，鼓吹台灣文化……的工作。王育德教授一生研究台灣文化，不久前在日本過世，我們為紀念他設立這個獎助金，歡迎台灣島上對台灣文化有興趣的住民，提出研究計畫來申請，經過評審通過，我們就給予獎助。在台灣我們委託貴會（黨外編輯作家聯誼會）代為初審。

民主運動應該落地生根

賁：最近海外台灣同鄉組成一個建黨委員會，您好像沒有報名加入，您對他們的成立有什麼看法？

陳：我倒有興趣知道島內的看法！

賁：國民黨當然很緊張，有些公務人員認為島外不能領導島內，甚至劃清界線。不過基本上我認為組黨是人民的權利！

陳：我一向主張推動民主運動應該回到島內，凡是有決心、有能力的台灣人都應該回去，所以我對謝聰敏、許信良及林水泉的回台行動給予肯定。不過到目前為止，還不像是建黨，而更像是在給予島內的黨外人士刺激，互相勉勵。

賁：我個人比較重視草根組織的運動，覺得組織之後才能有建黨的基礎。

陳：我也贊同草根組織非常重要，組黨的鋪路工作如果做不好，就像在沙漠上起厝，站不穩。

賁：謝謝您今天給我這個機會談這麼多問題，不知道還有沒有什麼話要跟島內同胞說？

陳：希望透過這次訪談的機會，向島內從事民主運動的同胞表示敬意，今天民主運動的進步是各位努力的結果。形勢比人強，台灣民主化是勢在必行。我願意在這裡貢獻自己，和大家一起打拚。

賁：我也希望您早日回到故鄉，讓大家瞻仰您的風采！

（原刊於《台灣公報論》，一九八九年六月十二日）

回鄉的我

「走遍了天涯海角，也是故鄉的月卡圓，吃遍了山珍海味，也是阿娘煮的卡有滋味，秋風……」

一九九三年，這首〈回鄉的我〉響徹台南縣，我在陳水扁、李宗藩奠立的基礎下，贏得第十二屆台南縣長選舉，完成了台南縣首次政黨輪替。

一九九二年，刑法第100條修正，黑名單解禁後，我是第一個返台擔任地方首長的黑名單人士，所以我的執政績效深具指標意義。

八年縣長任內，我不分黨派，用人唯才，謹守行政中立原則，讓縣政工作穩定前進。我爭取南部科學園區落腳台南新市；增設大學、醫院，讓台南縣漸具科技文化縣雛形，開啓了台南縣的百年變革。

一九九六年起，我的施政滿意度連續五年全國第一，更重要的是在我執政之後不論縣長或多席次、單一選區的立委選舉，民進黨在台南縣的席次從未掉落過。

第二屆僑選立委

一九九二年六月十二日，我在新潮流系與台獨聯盟的支持下召開記者會，宣布參選僑選立委。

當時我在美國商業部的工作相當穩定，從沒想過辭職返台參選公職。台灣政治逐漸開放後，很多黨外和民進黨人士到美國和我們接觸，當時台北市議員賁馨儀來美國與我長談，在台灣的雜誌上把我封爲「台灣人的外交部長」，所以很多人鼓勵我回台參與僑選立委選舉。

特別是陳菊和陳婉眞，她們看到我時大爲驚訝，因爲國民黨深怕島內外的反對勢力結合，所以長期把黑名單人士形容成牛頭馬面。她們看到我是斯文的讀書人，更加鼓勵我返台從政。

幾經思考，早期因故鄉前途而被迫流亡海外，但最終的主戰場還是在台灣，加上三個兒子已經長大成人，所以我徵得內人同意，放棄一年後即可取得的美國退休福利、辭去美國聯邦政府十九年的工作，宣布投入一九九二年底的立委選舉。

不分區候選人首重形象，第一印象往往可以決定選民的投票意向，所以我跑遍全台到處拜票。當時民進黨不分區立委是由黨員投票產生，創黨主席江鵬堅（當時已卸任）特別陪著我和張旭成從台灣頭跑到台灣尾，與社會各階層接觸、對話，對首度參選的我來說，可以重新認識台灣，是很踏實的體驗。投票結果揭曉，我拿到不分區第二名，海外錄取兩位，我和張旭成同時成爲第二屆僑選立委。

當選公職，就應遵守忠誠原則的規範，我先到美國在台協會（ＡＩＴ）詢問放棄美國國籍的程序，當時ＡＩＴ以台美無邦交，無法受理棄籍程序爲由，要我轉赴第三國去辦理，我只好選擇離台灣較近的美國駐日本大使館。到了日本之後，程序很簡單，備妥相關文件，並填寫一份表格，敘明放棄國籍的意願，領事館官員進一步確認無誤後，從那一刻開始，我已放棄美國公民的身分。

第二屆僑選立委就任。

二〇〇八年，國民黨籍立法委員李慶安爆發雙重國籍的爭議，她被揭發從市議員到三屆立委都未曾放棄美國籍；同年十二月，美國國務院答覆台灣駐美代表處的函件清楚載明，美國國務院仍紀錄李慶安「因擁有美國護照而爲美國公民」，並無喪失美國籍的紀錄。

在美國政府答覆前，李慶安一直以似是而非的理由企圖混淆視聽，我們這些有辦理棄籍經驗的人看在眼裡，眞相再清楚不過，要不要放棄美國國籍，關鍵在於個人是否具備強烈的棄籍意願而已。

外交及僑政委員會到莫斯科參訪。

返台擔任立委時，離開台灣已足足二十九年，所以並不熟悉台灣的政治運作，但因長年投身於美國國會的遊說工作，因而結識不少對台灣友好的美國行政官員和國會議員。對我而言，返台擔任立法委員只是工作環境的轉換，所以我選擇加入外交委員會，因為外交是我熟悉的領域，可以無縫接軌，沒有生疏與否的問題。

一九九三年，台灣國會才正式進入第二屆，之前在海外我們經常戲稱中華民國擁有全世界任期最久的國會議員。從一九四七年選出第一屆立法委員以後，長達四十五年未曾改選，這種荒謬現象堪稱世界奇蹟。而台灣人幾十年來就在增額立委雞肋式民主下參與殘缺不全的選舉遊戲，直到民主運動興起，國民黨才被迫把權利還給人民。

國會四十五年未曾改選，中國大陸選出來的立法委員自甘淪為行政權的橡皮圖章，換來一任做到死的終身職待遇；他們的功能只剩舉手表決，當時媒體經常播出護士用輪椅推著繫尿袋的老立委和老國代出席投票，蔚為奇觀。在這種荒謬制度下，國會議員根本無法發揮應有功能，連立法院建築都也只沿用日治時代的台北第二高等女學校充數，國民黨政權暫居台灣的執政思維，表露無遺。

當時立法委員的席次是一百六十四席，任期三年。國民黨仍掌握一百零二席的過半席次，但剛成立六年的民進黨也一舉拿下五十一席，讓國民黨備感威脅。我就在這種人民重新拿回權力的氛圍下進入國會，準備在主權和外交議題上發揮所長。

剛進立法院的時候，辦公室非常狹窄，新科立委只能和助理擠在一起辦公，毫無隱私可言；若有訪客，根本連坐的地方都沒有。而我分配到的辦公室是在立法院青島一館，與尤宏、廖大林、謝長廷、蘇嘉全等幾位民進黨立委合署辦公，後來立法院爲解決空間擁擠的困擾，新增中興大樓的研究室，但那時我已轉任台南縣長。

當時，台獨聯盟在杭州南路成立台灣國會辦公室，做爲獨盟立委討論政策和法案的平台，成員有我、黃爾璇、廖大林、張旭成、尤宏、顏錦福等人。我們是國會全面改選後的第一批立委，很多人是海外黑名單或曾在島內被國民黨迫害，大家抱著追尋正義的共同理想進入國會。

當時民進黨底下有幾個次級團體，包括福利國連線、新潮流、正義連線和台灣國會辦公室等，大家採取團隊作戰方式，國會助理針對重大政策或法案會透過次級團體的溝通平台交換意見，藉以凝聚共識，所以民進黨的席次雖然不及國民黨，但鬥志旺盛，戰力驚人。

月是故鄉圓

一九九二年我參與立委選舉時，當時僑選立委係由黨員投票產生，所以我爭取支持的對象，僅止於理念相近的黨員。隔年一九九三年投入台南縣長選舉，我接觸的對象擴及台南縣普羅大眾，兩者有極大的差異。

面對不同政黨與社會階層，我的競選團隊開始思考如何以最快的方式與選民拉近距離，他們認爲歌曲是最理想的媒介。

滯美期間，只要聽到與台灣有關的歌曲，難免勾起思鄉情懷，一群同鄉聚在一起，常因吟唱故鄉歌曲而淚流滿面。

我在美國求學時，曾醉心於古典音樂，喜歡捷克作曲家史曼塔那（Bedrich Smetana）和芬蘭作曲家西貝流士（Jean Sibelius）的作品，像〈我的祖國〉（"My Fatherland"）與〈芬蘭頌〉（"Finlandia"）等曲目，這些歌曲蘊涵深層的政治意識與愛國情懷，經常觸動我的情感。

經過討論後，幕僚們有志一同，認爲〈回鄉的我〉這首歌最能符合我的境遇，歌詞中「走遍了天涯海角，也是故鄉的月卡圓，吃遍了山珍海味，也是阿娘煮的卡有滋味……」，歌詞簡單易懂，相當吻合海外歸來遊子的心境。所以我首度參選百里侯，非但與選民毫無隔閡感，我的鄉土情懷更感染所有選民，讓選情迅速升溫。

我決定選用〈回鄉的我〉做爲競選歌曲後，依照當時法律規定取得原唱者余天和著作人的授權。當年〈回鄉的我〉傳唱台南縣大街小巷，後來遇到需要高歌一曲的場合，〈回鄉的我〉成爲我的唯一選擇，我儼然成爲這首歌的代言人。

台南縣首次政黨輪替

僑選立委甫上任五、六個月，民進黨已開始舉行縣市長的提名作業，很多朋友鼓勵我再披戰袍，出馬參選。勸進者除包括黨內人士、台南縣各界朋友、我的國小同窗外，國民黨籍前鹽水鎮長陳行昌等，也紛紛站出來支持。

那時我剛當選立委，根據民進黨「二分之一條款」的規定，公職任期未滿二分之一不得參選其他公職，我如參選縣長，就得辭去立委職務。加上我長年旅居美國，對台灣的地方政治並不熟悉，種種因素，讓我陷入長考。

當時政界人士分析，從黨外到民進黨成立，反對運動已經在台南縣深耕萌芽，陳水扁是第一棒，因國民黨派系夾殺而落選；接續是李宗藩的第二棒，卻因對手作票，僅以些微差距落敗。以民進黨在台南縣所累積的能量來看，由我擔任第三棒，應可以超越國民黨，讓台南縣完成首度政黨輪替。

在不分黨派朋友的勸進下，我決心為家鄉再冒險一次。當時黨內初選，並沒有民調設計，只有黨員投票。刺蔣案[26]的鄭自才在新潮流系支持下，贏了我十二票。但是，鄭自才因偷渡回台被控違反《國家安全法》而繫獄，滋生能否參選的資格爭議。

26 一九七〇年四月十八日，蔣經國赴美進行為期十天的訪問。四月二十四日，蔣經國到紐約市廣場飯店，紐約區獨盟成員舉行示威遊行，康乃爾大學博士生黃文雄突然從遊行隊伍跑出來衝向蔣經國，黃文雄拔槍時，美方人員速將黃文雄的手撥高，子彈並未打中蔣經國。被壓倒在地的黃文雄大喊："Let me stand up like a Taiwanese!"見狀上前搶救的鄭自才也被警棍擊倒在地，兩人在被押進美國警車時，仍一直高喊：「台灣獨立萬歲！」

為了釋疑，支持鄭自才的新潮流系洪奇昌，寫信詢問當時的法務部長馬英九，要求法務部說明鄭自才的參選資格，最後解釋結果對鄭自才不利，他因出獄日期差了一天而喪失參選資格。民進黨在確定鄭自才無法參選後，就由初選排名第二順位的我遞補參選。當時，我人仍在參訪莫斯科途中，經好友緊急連絡後，我才得知這項訊息。

參選第十二屆台南縣長，從家鄉鹽水武廟宣誓出發

既然披掛上陣，就得全力以赴。所幸解嚴後台南縣選民的投票意向已日漸擺脫國民黨的操控，加上前省議員謝三升[27]等地方人士的力挺，最後我在一九九三年的這場選舉以275,317票贏了對手黃秀孟56,808票。競選期間，雖已約略可感受到勝選的氛圍，但選舉結果還是讓綠營大為振奮，因為台南縣是農業縣，向來是國民黨的地盤，沒想到在大家的努力下能完成首次的政黨輪替。

這場勝選固然是陳水扁、李宗藩兩位先行者所累積下來的成果，但我相信只要

27 謝三升（一九四三年四月二十二日－一九九七年三月），台南學甲人。一九八一年以黨外身分當選第七屆台灣省議員，當時與蘇貞昌、游錫堃合稱「黨外鐵三角」。

努力經營，民進黨一定可以在這個農業縣持續茁壯。歷史的軌跡確實如此，現在台中以南一片綠油油，恐非三十幾年前的黨外人士所能想像。

那次選舉還有一段小插曲，李登輝總統南下替黃秀孟站台時說：「秀孟啊一定贏的！秀孟若沒贏，我就要切腹自殺。」不知當時李登輝的幕僚是否提供正確的選情分析，否則就算求勝心切，李登輝也未必會說出這句話。

我從無心參選，到初選落敗，又陰錯陽差成了民進黨候選人，最後當選台南縣長，無形中，彷彿有一條線拉扯著我的人生方向。所以八年任期，我每日無不戒慎恐懼的執行縣民託付的任務。

偕同郭榮桔博士遊行造勢

山派 海派 唐山派

台南縣國民黨的地方派系有山派和海派之分，兩派輪流執政，互爭主導權，民進黨雖先後有陳水扁和李宗藩出面挑戰，但還是難以撼動國民黨長期把持的政權。直到一九九三年，我打敗國民黨候選人黃秀孟，讓台南縣易幟，完成民進黨企盼多年的政黨輪替。

雖拿下執政權，但國民黨的地方派系和樁腳組織依舊盤根錯節，稍一不慎，執政權可能再度失守。爲了守住成果，我必須開創新局讓縣民耳目一新外，更要漸進式的改變台南縣的政治生態，來穩固民進黨在台南縣永續發展的基礎。

台南縣的海派，以北門地區爲根據地，當地以魚塭、水產居多；北門地區古稱鹽分地帶，文風鼎盛，吳新榮、吳三連、吳修齊、高清愿等都是鹽分地帶的名人，出過高文瑞、劉博文、李雅樵多位縣長。山派則以新化爲據點，主要產業爲農產品和水果運銷；山派始祖是胡龍寶，旗下有張文獻、高育仁、楊寶發、蘇火燈、李宗仁、郭俊次等要角，其中胡龍寶、高育仁、楊寶發都曾擔任過縣長。高育仁於一九七三年擔任第七屆縣長後，另行成立「高派」。

地方派系雖有不同，但有一個共通點，他們都是國民黨卵翼下的政治利益集團，對國民黨而言，不論哪個派系勝出，台南縣依舊是自家地盤；從黨外到民進黨建黨初期，這種政治結構幾乎牢不可破。但我執政八年，施政以全體縣民利益爲依歸，我不結幫拉派，所以派系利益不在我的思考範疇；時日一久，台南縣派系力量自然逐漸式微。有一日，國民黨大老吳修齊[28]和張文獻語重心長的告訴我：「唐山仔，佇汝執政之下，台南縣已經無山派，也無海派，只剩一個唐山派！」

談到吳修齊，他是台南幫的商界聞人，本來與我並無淵源，但我們之間卻有一段奇妙的因緣。

當選縣長後，吳修齊和吳尊賢[29]昆仲到縣長宿舍來找我，向我提起，聽說我的競選經費拮据，他們願意贊助五百萬，來支付我選舉期間尚未結清的花費。我心想，競選總部已完成結算，收入尚足以支付開銷，所以就誠實的告訴吳修齊昆仲，經費已經足夠，感謝他們的好意，算是委婉地拒絕了他們。

一九九四年台灣尚未有《政治獻金法》。以當時的政治人物來說，有人贊助，當然多多益善，所以我的回應讓吳修齊非常訝異，竟然有人會拒絕政治捐獻？或許因爲我的誠實，讓吳先生留下深刻印象，日後只要是縣府舉辦的活動，都會看到吳老先生拄著拐杖、風塵僕僕前來參加，表達對我的支持。

不論山派、海派，我贏得吳修齊先生的信任，讓台南縣國民黨派系的瓦解跨出了第一步。

28 吳修齊（一九一三年十二月三十日—二〇〇五年五月十八日），台南學甲人，台南幫成員，曾任統一企業董事長、太子建設董事長等。

29 吳尊賢（一九一六年—一九九九年），台南學甲人，台南紡織公司常務董事、環球水泥公司總經理、萬通銀行董事長。

豬母袂牽到牛墟

一九九九年，第十屆總統大選競爭日漸白熱化，政壇和媒體一直傳聞我將和宋楚瑜搭配，參選正副總統。六月二十八日，我到總統府與李登輝總統談話時，我向李總統表示，身爲民進黨員，我不可能叛黨與宋楚瑜搭檔。所以當時媒體曾報導，李總統曾經在台北賓館祝賀許文龍得獎的場合上告訴我：「你不該去當別人的副總統，民進黨應該考慮提名你當總統候選人！」這段描述並非事實。

爲了化解黨內疑慮，七月十日，我在民進黨臨全會上代表綠色執政縣市長共同推薦陳水扁。我用半開玩笑的口氣說：「豬母不會牽到牛墟去」，我以豬牛不同廏來表達絕不可能與不同政治理念者相互結合。一個人最可貴的就是聲譽，我沒有時間與本錢去聽信別人的分化謠言！有人說，當時我引用的那句話，十分傳神精準。

在那場演說中，我說：我與陳水扁相識二十年，他是非常優秀的人才，其表現有目共睹，我以相當驕傲的心情推薦陳水扁，民進黨執政，絕對會與國民黨不一樣！我呼籲黨內同志毋須自相猜疑，應該團結一致，共同打贏這場選戰。

雖然我已經在民進黨臨時全代會做了清楚表態，但是十一月宋楚瑜即將宣布副手時，爲了拉抬聲勢，再度意有所指地暗示他的副手人選將來自中南部，頓時，媒體又把矛頭指向我。十一月七日，我再次明確表示，外界一直把我視爲宋楚瑜適合的搭檔人選，是因爲宋楚瑜認爲我的政治背景、省籍與他有互補性。但是，我是民進黨黨員，理念不同，絕不可能出任宋楚瑜的副手。

當初這些傳聞，或許與某些人的推波助瀾有關，例如前縣府秘書周禮庭曾與宋楚瑜陣營見面，當時我並不知情。另外，有人認爲我與陳水扁有心結，這也不是事實。外界的質疑，我想應該是來自於我曾提出超越黨派的說法，我認爲政黨政治不是零和遊戲，沒有必要搞到你死我活，在美國，沒有人在意民主黨、共和黨的幹部是誰，台灣應該慢慢修正政黨對抗的態度。但當時我超越黨派的說法，指的是執政過程的合作，而非選舉時的相互搭檔，台灣媒體與部分政治人物的想像力，確實驚人。

OK與如擬

一九九三年十二月二十日，就任縣長第一天，我在縣政府民政局的公文批上「OK」字樣。一時媒體譁然，大幅報導，把我封爲「美國縣長」；縣府上下更議論紛紛，一陣錯愕，杞人憂天者，甚至視之爲縣政浩劫。但八年下來，我以連獲五次全國第一的施政滿意度來回應這些疑慮。

我認爲文字只是傳達意念的符號，「OK」一語，言簡意賅，書寫一次不到一秒；而「如擬」、「照准」則較爲艱澀，又嫌費時。因此，長年旅美擔任聯邦公務員的我，在西方國家高效率行政文化洗禮下，當然不假思索批寫「OK」這個用詞。姑且不論以「OK」代替「如擬」、「照准」是否合宜，但是這種顛覆傳統官僚作風的思維，確實爲當時台南縣的地方政治注入一股新的活力。

雖然「OK」無礙縣政運作，但仍不敵官場舊習，最後我還是從善如流，行禮如儀的在每張公文上簽上「如擬」、「可」、「照准」後，爭議才告平息。

歷經二十多年，行政革新呼聲不斷，如果二〇一六年柯文哲與我當年一樣，在台北市政府的公文上批上「OK」字樣，相信社會已不以爲怪，這就是政治文化的進步。

這紙在當時引發軒然大波，文號爲「八十二府民行字第192438號」的公文，現在仍然典藏於縣府（現爲市政府）檔案室，供日後研究地方自治者發掘討論。

唐山仔子——台灣第一筆老人年金

一九九四年一月，民進黨執政的六個縣市共同決定，於當年的七月一日起同步發放敬老年金。其中，澎湖縣長高植澎先行籌措到五千萬元基金，其他五個縣市則苦於缺少發放辦法及相關經費。

財政困窘是地方政府的普遍現象，爲了兌現承諾，我不能以財政困難爲擋箭牌，上任後就指示縣府編列預算時務必杜絕浪費，並請相關單位研擬籌措財源的辦法，要求財政局及主計室清查台南縣政府所有座落於外縣市的縣產，希望儘快索回，擴大財源。

除了財源問題，發放對象也是一大問題。我請當時財政局長黃肇熙和社會局長蔡文龍研究後，發現台南縣人口較爲老化，年滿六十五歲的縣民高達12%，如果全部發給老人年金，勢將成爲一筆沉重負擔，縣府考量財政能力與社會正義後，擬定排除已領取軍公教退休俸的發放標準，但卻遭到縣議會的強烈反對。

當時民進黨在台南縣議會只有謝錦川等三席議員，意見上又分成兩派，其餘四十七位議員都是國民黨和無黨籍，面對這種政治結構，我的阻力，不難想見。

一九九四年二月，我到議會說明敬老年金發放政策時，遭受強烈杯葛，還被副議長周五六[30]揪住領口拖出議會。當時民進黨支持者群情激憤，揚言到持反對立場的議員家門口辦演講討公道。雙方劍拔弩張，大有一發不可收拾的態勢。

我與議會的衝突來自發放對象範圍，縣府主張錢要花在刀口上，敬老年金應發放給最弱勢的勞工和農民；縣議會則主張一體適用，縣內達到年齡標準的縣民都應全面發放，我苦無化解之道。當時我常到縣府對面的公園散步，許多老人在那裡下棋、聊天，當我向他們說明縣府推動老人年金政策卻遭遇議會抵制時，這些老輩，蠻有正義感，紛紛為我打抱不平，表示願意做我的後盾，還有不少揚言要用拐杖修理那些抵制縣府的議員，當時縣議會著實承受不少來自這些長輩的壓力。

民意逐漸發酵，國民黨自知無法持續阻擋這項政策後，慢慢轉圜，接受我的發放計畫。我也理解政治不是贏者全拿，必須有所妥協。就在縣府與議會各退一步下，台南縣議會在一九九四年六月四日通過全面性發放版本，勞工和農民每月發給五千元，領有其他補助或津貼的老人，則每月發給二千元。

四個月後，縣府財力告罄，每位老人只領取二萬元後就停止發放；隔年改為每月發放三千元，也只撐了四個月。為了爭取奧援，我請副議長周五六、財政局長黃肇熙一起去找台灣省長宋楚瑜；宋楚瑜表示，如果補助台南縣老人年金，各縣市一定起而仿效，屆時省庫將不堪負荷，我轉而向連戰內閣求援，再度碰壁。

求助無門，我只好向縣內老人誠懇致歉，沒想到老輩們反而鼓勵我，還告訴我：「怨無沒怨少」，縣府有這份心意，他們相當感謝。這些純樸老人的話語，讓

30 周五六（一九五〇年八月八日—），時任台南縣議會副議長（第十三屆），曾任台南縣議員、台南縣議會議長及立法委員。

我感動在心。不僅如此，原來反對我的一些國民黨和無黨籍議員，也因我的堅持與眞誠，逐漸轉化爲我推動縣政的助力和好朋友。

一九九四年，我剛回台灣沒幾年，又是第一個入主台南縣政府的民進黨籍縣長，當我決定要發放老人年金的時候，很多政治對手都等著看笑話。但是，當這筆錢透過農會系統發放到老人手上的時候，除了政治對手啞然外，很多老人都覺得不可思議，甚至流出眼淚，因爲他們辛苦勞動一輩子，從沒想過政府會發錢來照顧他們的晚年，感覺這個縣長就像自己的兒子，所以喚我爲「唐山仔子」。

一九九七年競選縣長連任時，國民黨籍參選人洪玉欽推出「陳唐山欠咱老大人二十萬」的文宣。他說每人每月五千元，四年總計應發給老人二十四萬元，但實際發出三萬二千元，還差二十萬八千元，所以洪玉欽陣營指控我開支票換選票，選上就跳票。洪玉欽還發動數百名老人頭綁「還我錢」、「白賊縣長」的布條到縣議會陳情，要求議會主持公道。有趣的是，國民黨籍的周五六接下陳情書後表示，台南縣的財政實在無力負擔敬老津貼，除了地方自籌財源，亦應向中央爭取經費。因爲我的誠懇，洪玉欽的訴求還是無法撼動台南縣這些老輩們對我的支持。

平心而論，軍公教人員爲國家奉獻，當然應予保障，但因國家的資源有限，應該照顧的對象絕對不只軍公教。戰後以來，廣大的農民和勞工毫無保障，收入不豐的勞動者一旦失業，全家便陷入困頓；一個泥水匠或黑手年紀大了，沒有子女奉養，生活根本無以爲繼；社會底層的勞農階級扮演台灣經濟起飛的後盾，卻被摒除在社會安全體系之外，確實很不公平。

國會全面改選以後，民進黨持續在國會推動敬老年金相關法案，卻一直遭到國民黨阻礙；一九九四年縣市長大選，民進黨拿下六個百里侯，決定由執政縣市開始做起。但巧婦難爲無米之炊，民進黨再怎麼有心，沒有財源還是無法落實政策美意，當時我已盡力配合這項政策，但仍不敵現實環境的殘酷。所幸，民進黨推動敬老年金的理念已深植人心，進一步影響國民黨政治人物的想法，二〇〇二年立法院終於制定《敬老福利生活津貼暫行條例》，由中央政府編列預算來支應這筆支出。

二〇一二年李全教與我角逐台南市第五選區立委時，可能因選情不佳，發出「陳唐山與老人年金無關」的攻擊文宣，但選民卻嗤之以鼻，因爲陳唐山開風氣之先，推動老人年金的印象，已深植縣民心中。

台南縣的百年變革

一九九三年入主縣府，當時台南縣仍被認為是雲嘉南平原上重要的農業縣，如何讓台南縣脫胎換骨，成為我重要的施政主軸與理念。

五都升格前，台南縣全縣面積二〇一六平方公里，全國排名第九，耕地面積廣達九萬公頃，全國排名第一；當時台南縣人口約一一〇．四萬，名列全國第八。

台南縣的產業以水稻、芒果、蓮子、文旦、甘蔗、鳳梨、養殖漁業與沿海鹽業聞名，一九七一年因外銷政策導向，製造業產值開始凌駕農業。根據二〇〇八年的資料顯示，台南縣總就業人口僅9.8%從事農林漁牧業，從事工業（含製造業）與服務業的人口各約45%，顯示台南縣已轉型為工業縣。特別是一九九〇年代後期設立南部科學工業園區後，台南縣已成為電子、電機等高科技製造業的重鎮。

我的專業是科技，在美國政府服務時，負責高科技的衛星業務；擔任縣長後，我認為台南優良風土孕育而出的傳統農業，固然應予保存，但更應體察時代發展脈動，讓在地產業與尖端科技兼容並蓄。當時台南縣人口外流嚴重，許多年輕人無法靠農業糊口，只好遠適他鄉，另謀發展。我認為高科技產業有群聚效應及強大的擴散能量，南部科學園區是台南縣的發展契機，因而卯足全力向中央爭取落腳台南。

我認爲台南縣的產業應走向多元化，因爲每一種產業都會轉型，從傳統手工業、重工業到晶圓工業和網路服務業，每個階段都象徵著產業的轉型，但許多攸關民生的基礎行業只會改變經營型態，並不會隨著工業發展腳步而消失。

基於這種思維，我認爲科學園區與傳統產業可以並行不悖，就像荷蘭如此高度發展的國家，她的酪農業和園藝農業反而欣欣向榮，世界各國爭相仿效。台南的蘭花栽培相當成功，外銷產值屢創新高，以二〇一二年爲例，台灣的花卉及其種苗出口值爲一億七七一八萬美元，其中蘭花就占了一億六五六六萬美元，全世界每六株蘭花就有一株來自台南，成績傲人。

執政八年，我讓台南縣逐漸褪去傳統農業縣的樣貌，而漸具科技文化大縣的雛形。啓動台南縣的百年變革，我責無旁貸。

南科設立　獎落誰家

新竹科學工業園區的成功，讓中央政府有了推動第二科學園區的想法。一九九〇年十月，國科會向行政院建議設置新科學園區，十二月二十九日亞新工程顧問公司與台大城鄉所進行《設置第二科學園區可行性研究》，並於一九九一年一月一日將「擴建並新設科學工業園區」列入「國家建設六年計畫」，正式敲定設立南部科學園區的政策。

中央政策已定，地方政府無不期待獲得中央的青睞，極力爭取科學園區的設立。當時競逐南科設址的地方政府除了台南縣還有高雄縣，雖然同屬民進黨執政縣份，但我和高雄縣長余政憲卻因南科的爭取，萌生不少情緒。

一九九五年一月初，余政憲首先發難指控有人已先行在台南縣炒作土地，我在一月七日召開記者會強烈反駁，痛斥台南縣所規劃的地點大多數屬於台糖土地，如何炒作地皮？我不客氣地指出，高雄縣科學園區預定地在路竹鄉，當地高苑工商是誰家財產？誰能獲得利益？大家十分清楚。這是台南縣與高雄縣的第一回合交鋒。

一月九日，余政憲接續指控我在記者會中澄清與財團的關係是「此地無銀三百兩」；我認爲余政憲對我的攻擊已近抓狂，有失縣長格調。針對余政憲影射我和陳由豪弟弟陳由賢的關係，我已說得很清楚，那是因爲我和他剛好搭乘同一班飛機回台南，他順道載我一程，我只是搭個便車。如此單純的一件事，卻被無限上綱，抹黑成與財團掛勾，簡直無中生有！

我的人生哲學非常簡單，事情經過深思熟慮後，就會勇往直前。從海外從事政治運動到返台擔任公職，我秉持同樣的信念。我認爲立法委員、縣長或中央官員，這些頭銜僅是服務人民的平台，人民的福祉應該擺在最高位。如果替人民做事而受謗，縱然難以一笑置之，亦應平心靜氣，避免影響公務上的正確判斷。

南科動土。

前總統李登輝說過一段話：「權力只是我執行理想的工具，可以借來用，也可以隨時歸還。」李登輝是虔誠的基督徒，他豁達的人生觀來自宗教的驗證。我雖非基督徒，同樣深切了解自己的權力來源、並加以善用，毫無圖謀私利的念頭，當然不會因外界批評而退縮。

在南科設立的競爭過程中，除時任縣府機要秘書王幸男無眠無休全力投入外，我也曾拜託台南縣議會議長周五六，向他說明南科的設立攸關台南縣的發展，與黨派之爭無關，最後終於獲得國民黨議員的力挺。我也找過統一企業的高清愿，請他積極發揮影響力。

爲了確保公平競爭，我建議當時的國科會副主委薛香川，成立一個委員會來審查，以示公平，他接受我的建議，成立一個由九位學者專家組成的委員會。一九九四年九月二十一日，南科評選委員名單出爐，包括廠商代表、專家學者與大學校長等，這份名單並經台南縣與高雄縣同意後確立。

一九九五年一月十日，評審委員實地勘察台南新市和高雄路竹兩個預定地，台南縣民，沿途燃放鞭炮、舞龍舞獅、夾道歡迎，兩個地方政府無不卯足全力，在決選前頻頻造勢，來爭取評審委員的好感與青睞。

一九九五年一月十四日進行決選，評審委員首先進行重點項目的評比，針對自然條件、產銷環境、研發機構、生活環境、行政配合等十八個項目進行比較，再由各委員獨立評分後完成整體性評比。在最後的推薦投票，台南縣新市以八比一的懸殊比數大勝高雄縣路竹。

定案後，國科會於一九九五年二月依行政院決議設置南部科學工業園區，位於新市、善化與安定區之間。一九九五年五月核定籌設計畫，台南子弟戴謙擔任南部科學園區籌備處主任和管理局局長。

點石成金，南科從一片蔗田，蛻變成六萬名員工的科技重鎮，令所有台南縣民雀躍欣慰。

後來，評審委員之一的成大校長吳京告訴我，台南縣雀屏中選的最大原因在於我做簡報時的態度，我像參加博士論文口試一樣，準備充分，而且周詳嚴謹，讓評審委員深受感動。這與我在美國政府和參與社團的訓練有關，面對困境，我不會顯露懼色，而是設法分析、找出解決方法。我讓評審委員充分瞭解科學園區對台南縣發展的重要性，以及台南縣與中央政策的配合，最後終於贏得青睞，讓南科落腳台南縣。

南科招商，讓傳統農業縣蛻變為文化科技大縣。

政通人和　人和政通

許多政治人物，或許家中牆壁會有一塊匾額，上頭寫著「政通人和」，這四個字彷彿是政治人物從政的美麗境界。但對此我卻有不同的看法，我認為先有人和才能政通，人和是政通不可或缺的必要條件。

在南科決選當天，我找了議長周五六和工務局長蘇金安一同北上，當時台南、高雄兩個縣可各派兩名代表進入會場聽取評選結果，按理，縣長應該是其中一人，但我告訴周五六：「我的心臟不好，萬一宣布的結果是高雄縣，我怕自己會受不了。」

其實，從評選過程和兩地條件比較，我已約略可以感受台南縣勝券在握，但我思考這份榮耀應由縣民共享，而縣議會代表不同黨派的民意，所以撒了個善意的謊言，佯稱心臟不好，請周五六代表台南縣進入會場聽取結果，讓他能親炙這份屬於台南縣的榮譽。

周五六步出會議室時，興奮地告訴我評選結果，我從他的喜悅神情裡看到包容與分享的力量，它讓原本對立的政黨撤下藩籬，願意為縣民的福祉共同打拚。

有人說地方政治龍蛇雜處，不易推動改革；誠然，我們很難期待每個政治人物都具有聖人般的道德意識。不過，政治本來就是調和各種利益的折衝平台，需要的是維護公平正義的機制，就像德國社會學家韋伯（Max Weber）在「政治作爲一種志業」演講中所提到的領袖魅力一樣[31]，我認爲權力擁有者要把人民的利益放在最上位，運用自己的人格特質去完成使命。只要抱持這種信念，就能調和不同黨派及出身背景的人，讓他們能爲理想一起努力。

執政八年，就算無法做得盡善盡美，但我的處世原則還是讓百姓有所感受。所以不論在台北某街道或回台南出門散步時，我常聽到突來一聲「縣長好！」我不瞭解這些人的黨籍，更不清楚他們是否投票給我，但這聲「縣長好！」卻是我執政八年的最好回饋。

台灣的國土面積不大，但以台灣的經濟實力、人力素質，應該還有更大的發展空間。遺憾的是，長久以來政黨政治陷入零和困局，導致不同政黨間很難產生互信，殊不知受害的永遠是人民。我非常贊同李登輝所提出的「領導者的條件」，民主國家沒有非誰掌權不可的問題，但是領導人的卡力斯瑪（charisma，群眾魅力）相當重要，才能調和鼎鼐、化阻力爲助力，解決棘手難題。

每個國家都有難解的問題，解決方案也許來自完善的制度或政治人物的智慧。不過台灣的狀況較爲特殊，國族認同的歧異，進一步衍生諸多的尖銳對立。在我看來，許多情緒是可以化解的，像我早年在海外投入台獨運動，返國後還是可以與不同政黨或理念的人相互交往，我認爲只要是對人民有利，就應攜手合作。

31 我非指超凡之人或威權意涵的領袖，而是強調解決問題的特質。

至於政治認同問題，亦應理解對方的出身背景及知識信念，尊重彼此所堅持的立場，進一步揚棄汙名化不同政治主張的廉價作法。朝野間對憲法、國旗、國號的看法容或不同，但至少應體認台灣就是一個國家，它的有效統治範圍就是台灣、澎湖、金門和馬祖。這個已存在數十年的政治實體就是我們共同的國家；未來憲法和國號是否改變？則交給台灣人民共同決定。

台灣已經走上民主化的道路，民主原則更不斷實踐，我想只要每個人都能把「包容」和「體諒」納入自己的政治思考範疇，就算一時半刻無法解決國家認同的問題，但還是可以在相互尊重的政治環境中尋索出最適當的解決方案。

在台南縣執政八年，從第四年起，我連續拿下五年全國施政滿意度第一名。我認爲，透過傾聽與溝通才有人和，然後才能政通。這個準則適用於一鄉一鎭、一縣一市、甚至整個國家。

台20線與182線

台20線，俗稱玉南公路，顧名思義，它連接玉井山區與台南市區；這條公路從玉井往左鎮、新化、永康直達台南市區，是台南縣山區對外聯絡的重要孔道。

台20線本來是一條狹窄崎嶇的小路，人員與農產品進出並不方便，玉井是芒果的故鄉，每年收成的芒果質量俱佳，但運輸問題卻讓農民傷透腦筋，有人戲稱：「收成好的芒果堆上卡車後一路晃到台南，已全部變成芒果汁。」實情雖沒這麼誇張，但是道路窄且顛簸，確實對農產品運輸造成很大的困擾。

一九九三年首度參選縣長，爲了規劃政見的優先排序，我在台南縣跑了一圈，瞭解各地需求後，把亟待解決的問題列爲政見。台20線的拓寬並非由我首先提出，它是一條一到選舉就會自動變寬的道路，但最後都因當地人口稀少和財政困窘等考量而一再延宕。

我的想法和其他縣市首長不同，我從經濟和觀光效益的觀點來思考這個問題，我認爲只要能把道路拉直拓寬，不但農產品可以迅速運送各地，外地人也較有意願透過這條寬闊筆直的道路進入玉井和鄰近地區觀光。於是，我很篤定的告訴選民，陳唐山如當選縣長，台20線絕對會拓寬。

當選後，爲了兌現競選承諾，我拉著工務局長蘇金安到台北找交通部公路總局，我向局長分析台20線拓寬後，對產業的提升和促進觀光有極大的助益，請中央支持將台20線拓寬爲四線道；最後，終於獲得交通部的支持。

後來交通部一度以山區地形崎嶇、不易施工爲理由，希望縮減車道寬度，但我堅持必須開闢爲完整的四線道，才能協助地方發展。由於我的鍥而不捨，終於實踐了競選承諾，完成了台南縣山區鄉親的長久期待。這條寬敞的台20線，老一輩鄉親至今仍津津樂道。

縣長任內，我還爭取到182線公路的拓寬。182線原爲縣道182號，是台南地區與高雄內門、旗山往來的重要道路。

182線的情況和台20線類似，它在台南縣龍崎鄉境的長度達十九公里，既狹窄路況又差，加上龍崎鄉（二〇一〇年十二月二十五日改制爲台南市龍崎區）的人口數很少，根據二〇一五年十一月的統計資料，六十四平方公里的龍崎區只有四二〇九人，所以歷任縣長以選票爲考量，根本

拓寬台20線玉南公路，打通山區與市區任督二脈。

不會把建設目光投射在這個窮鄉僻壤。但我的想法不同，雖龍崎位於台南縣邊陲，但東臨高雄內門，南接高雄田寮，是台南縣對外的聯絡孔道，執政者不能因爲某個區域地處荒僻、選票少，就疏於照顧。

在我的堅持下，這條公路也升級爲四線道。高雄縣民進黨執政較早，以前，高雄縣民總會驕傲地說，從旗山、內門往台南只要感覺道路開始顛簸就知道台南縣到了。182線拓寬後，換成台南縣民虧說，從關廟、龍崎往旗山、內門，只要感覺路已變窄，就知道高雄縣到了。

台20線和182線都是我縣長任期內所完成的建設，當然八年任內我爭取的交通建設不僅於此。但我認爲，對選民所做的承諾，無論如何都應設法兌現。

道安大執法

您知道全台灣連續執行交通勤務最久的人是誰嗎？答案，陳唐山！

一九九八年四月起，台南縣政府將穿著交警制服的縣長人形立牌，豎立在各交通要道後，我持續三年六個月，風雨無阻的佇立全縣各角落，守護著縣民的人車安全。

滯美二十九年，我對美國人的守法精神很有感受。擔任台南縣長時，我認爲除了硬體建設的充實外，也應該讓縣民在交通法治的觀念上更爲提昇。這方面我很執著，幾近龜毛。除了要求警政單位認眞執法外，更不惜親自披掛上陣，對違規者，攔車規勸，或記下車牌告發開單。

我與違規駕駛人的對抗，最著名的一次戰役，發生於一九九九年六月一日，媒體稱之爲「中興號事件」。當日，一輛台汽中興號班車，忘記身處台南縣，行經縣政府前民治路口，紅燈未停，呼嘯而過。碰巧我路過，隨即將車攔下，一個箭步衝至車上，霎時，時空凝結，全車默默，乘客無法置信登車抄牌的竟然是台南縣長陳唐山。最後該駕駛除受罰外，還受到調離原行駛路線的處分。所以當時一些職業駕駛流傳，路過台南縣，除了躲避警察取締外，還得「小心！陳唐山就在你身邊。」

道安大執法，為了台南縣民的人車安全，
我在各重要路口，値勤了 3 年又 6 個月。

我認爲，一個連紅燈都不停的人，無法作爲法治社會中的中堅分子，這是我堅持的原則。有人認爲我很固執，但台南縣在我執政時期，在交通秩序的維護上，確實有很大的提昇。

打破藩籬　用人唯才

滯美二十九年，我和台南家鄉的地方政治其實很疏離，入主縣府，對我和縣政府的員工都是全新的嘗試。

剛當選，公務員以爲綠色執政加上新人新政，縣府人事一定會來個大搬風，全面撤換前朝人員；事實上，我非但沒這麼做，還重用許多前朝的優秀官員來穩定縣府人事，我的美式作風讓所有的縣府員工大爲折服。

當時民進黨初嚐執政滋味，支持者亟欲突破舊官僚體系，自然把事務官龍頭，主任秘書李國堂視爲前朝遺臣，一級戰犯，所以要求撤換聲浪不絕於耳。而李國堂則自認敗軍之師，豈可言勇？陳唐山新人新政，重用親信出任主秘要職，也是人之常情，所以選舉後即自行請調省府，準備走人。但我認爲李國堂他能獲得兩位縣長重用，擔任主任秘書長達十二年，必然有其長才。

就職當天，我只帶一位機要秘書上任，我跟李國堂表明，希望他留下來爲縣民服務。他一聽大爲訝異，心想一個民進黨籍縣長怎會留用一個國民黨籍的公務員來擔任主秘要職。

縣長簽核章有甲、乙二章，甲章是縣長核示所用，我先把乙章交給李國堂，公

不分黨派，用人唯才。

（左起：新聞室謝宗霖、副縣長林文定、主秘李國堂、機要秘書沈春輝、新聞室盧慶榮）

文由主秘看過後再呈到縣長室。過了一個禮拜，我要李國堂把乙章還給我，他當下認爲可能試用期已過，我要請他走路，便把乙章交還，沒想到我轉而把甲章交給他，讓他更爲驚訝。

因爲觀察一個禮拜後，我發覺李國堂的工作態度細心嚴謹，值得託付重責大任。最後，李國堂跟隨我在縣府服務了八年，與我合力創下台南縣政史上最耀眼的「陳李體制」時代。

這份政績，究其原因，是因爲我尊重文官體制，視公務人員爲國家資產。當年我獨排眾議，留任李國堂，建立行政中立的風範，反而得到縣府上下的信任，願意傾全力來輔佐縣政。這幾年，李國堂的身體狀況變差，二〇一五年我曾到台中他女兒的家中去探視他，當時他已進行插管治療、無法言語，但仍以眼神向我示意。

我與李國堂，一個是曾與威權折衝，突破黑名單禁錮，返鄉服務的民進黨籍縣長；一個則是國民黨全力培植，仕途順遂的文官菁英。我們兩人際遇不同，背景迥異，但政黨輪替下，讓我們相遇相知，我很珍惜這段機緣與情誼。

另外，當時縣府每年會編列出國考察經費，但每次出國總是固定幾位一級單位主管，我認爲應讓更多單位有機會去學習外國政府的運作方式，其中之一就是政風室。這個單位就是過去負責偵伺機關內部有無「思想問題」的人二室，民主化之後，本應走入歷史，但是國民黨主導的立法院卻通過《政風機構人員設置條例》，把這個飽受抨擊的準情蒐單位轉換爲維護風紀的部門。

我認爲應讓政風人員瞭解國外風紀與人權兼顧的作法，所以指派政風室主任薛文俊前往美國考察，但薛文俊卻說他雖想出國走走，但因妻兒都在美國，美國政府擔心他前往會合後滯留不歸，所以拒發簽證。我一聽，基於信任部屬的立場，主動告訴薛文俊，我曾在美國政府工作，美國在台協會（AIT）多少還知道我這個人，我願意替他向AIT說明。

我主動找上AIT官員，並以個人信譽向美方保證，最後AIT核發簽證給薛文俊。薛文俊除了感受到縣長協助部屬的用心外，更確認我對人二室這個系統沒有芥蒂，還積極協助他們轉型，對我非常感謝。薛文俊後來升任法務部政風處專門委員，我擔任外交部長時，外交部政風處長曾告訴我，薛文俊常對人說陳唐山是一位好長官，聽來頗感欣慰。

「政黨歸政黨，行政歸行政」，用人不疑，不問背景，只看能力，是我的用人哲學。所以，我在台南縣所任用的第一位女性主管，秘書室主任沈倩如，她的家族是國民黨傳統樁腳；另外國民黨黨工出身的蔡文龍，也被我延攬爲社會局局長。

對我而言，出身背景和黨籍都不是問題，我在乎的是，是否具備爲人民謀福利的熱忱；只要是人才，都應爲國所用。因此，這些國民黨籍的一級主管會告訴親朋好友：「既然陳唐山都已不分黨派，我們也應該支持他！」我不分藍綠的作風，反而讓民進黨在台南縣的基礎更加穩固。

安內與攘外

縣府內部人事穩定後，眞正棘手的是縣議會、鄉鎮市民代表會這些涉及利益分配的民意機構。我從美國回來，對台灣地方政治的生態確實很生疏，但也因此，能更沒有包袱的推動改革。

我縣政改革的第一步，就是公共工程的公開透明。以前只要是五百萬元以內的公共工程，縣長可以指定給議員或樁腳承包，有些超過五百萬元的工程則被拆成好幾份，以便用來綁樁。一九九四年一月十一日，我宣布十五萬元以上的公共工程全部公開發包，這突如其來的變革，對台南縣的地方政治生態造成很大的衝擊。

依我的看法，地方政府把利益直接分配給民意代表，並非民主法治國家的常態。我雖首開先例，但如此一來，卻讓縣議員大爲跳腳，他們摩拳擦掌，在議會質詢時輪番上陣，左批右砍，更徹底杯葛縣府預算，讓台南縣出現預算未獲縣議會通過的首例。

剛當上縣長，我就創下十五萬元以上工程公開發包與縣府預算未獲通過這兩項第一。所幸，議會只能抵制新興計畫，對於經常性支出，依法還是可以執行。我心想，改革既已上路，不妨且戰且走，當老百姓有所感受時，我有信心扳回一城。

除了政策上的對立，我與個別議員間的互動，也有頗具戲劇性的發展。譬如，佳里出身的縣議員陳寶珍，與我水火不容，有一回來到縣長室，一開口就要五百萬的建設經費，我頗爲詫異，對他說：「公帑都是人民的納稅錢，哪能說給就給！」一般來說，行政首長會以較委婉的說法來回絕議員的需求，陳寶珍沒想到我會斷然拒絕，對我更加不滿。有趣的是，陳寶珍後來慢慢瞭解我的爲人，認爲我在推動縣政的過程中不會徇私牟利，對所有的議員更不分黨派，態度一致，所以慢慢轉變，最後變成我的好友。

在推動地方建設時，我更不忌諱得罪選民，某些公共建設是一般政治人物所不敢碰觸，例如焚化爐和火葬場，不論設在哪裡，抗爭就到哪裡。過去台南縣執政者害怕得罪選民，所以遲遲不敢興建火葬場，縣民如有治喪需求，得遠赴鄰近縣市辦理，十分不便。我明知興建火葬場難度極高，但還是請求議長周五六支持。我告訴他：「縣長可以不做，但台南縣的基礎設施一定要完成！」我的堅定態度終於軟化了原來反對我的人，讓台南縣的火葬場、焚化爐這些公共建設次第完成。

善意的缺席——從未赴任的國科會主委

二〇〇〇年四月七日，正副總統當選人陳水扁與呂秀蓮返回陳水扁故鄉謝票，陳水扁向台南鄉親表示，陳唐山不會在新政府中缺席，將扮演重要的角色。

隨後，我將出任國科會主委的聲音甚囂塵上，正反意見也不斷出現；四月二十六日，立法院科技委員會召集委員許榮淑和簡錫堦等人聲援我出任國科會主委，許榮淑認爲我是具備專業學養的管理專才；簡錫堦也認爲，我在美國聯邦政府工作近二十年，參與過太空計畫等科學研究，加上台南縣長的行政經驗，確實有資格成爲稱職的國科會領導者。但當時澄社部分領導人則持反對意見，認爲我利用學術光環進行人事鬥爭。

這些紛紛擾擾，我並未放在心上，因爲我對自己的行政能力與專業知識，深具信心。眞正讓我陷入長考的是，我的縣長任期尚未屆滿。當時黨內派系預料我可能轉任新職，所以中央人事還未公布，派系卻早已介入代理縣長之爭，導致我接任國科會主委一事漸趨複雜。

我原先的規劃是由副縣長林文定代理到任期屆滿，至於下屆縣長由誰出線，則透過黨內民主程序公平競爭。我的想法很簡單，首先不能傷害陳總統的期待；再者，我不能一走了之，放任台南縣淪爲派系鬥爭的場域。

代理縣長議題爭執將近一個月後，由陳總統親自出面協調，並依照我的建議，由副縣長林文定代理，但得放棄參選下屆縣長，這個結果林文定雖感委屈，但仍接受。當時代表蘇煥智參與協調的人，也同意這樣的建議。後來卻出現轉折，傳出總統夫人吳淑珍希望由蘇煥智代理，這個訊息雖不知眞僞，但面對這個轉變，林文定表態，要他不參選下屆縣長，可以接受，但是突然變成蘇煥智的副手，令他錯愕，因爲蘇煥智和陳唐山的理念南轅北轍，擔任蘇煥智的副手，他很快就會精神分裂。

蘇煥智隨之表示：「陳唐山如果不接任，在行政倫理上是抗命的行爲」、「只因不滿意代理縣長人選就不接任國科會主委，有如將政府的公器當做私產」，蘇煥智的態度意在逼我接受國科會主委一職，既無禮又違背黨內倫理。我心想，如果照著他的意思走，豈非臣服於順昌逆亡，有違政治邏輯。加上當時桃園縣的呂秀蓮與嘉義市的張博雅，一位是副總統，一位將出任內政部長，她們的縣長遺缺，都由副縣長代理；而我的施政滿意度，已連續多年全國第一，縣長遺缺卻無法由副縣長代理，這個結果我很難向縣民交代。所以在五月十九日，我正式對外宣布婉拒國科會主委新職，留任台南縣長。

不過當時林文定仍氣憤難平，展開反擊，公開批抨總統夫人介入代理縣長之爭，引發黨內不滿。回顧這段歷史，不論蘇煥智、林文定或是我自己，三人都不是這場卡位戰的贏家；更嚴重的是，讓民進黨派系運作的鑿痕赤裸裸地浮現在國人面前。

不可否認，代理縣長之爭，確實讓黨內產生心結及裂縫，權力角逐雖是政治運作的常態，但仍應有最起碼的做人道理，否則一味認定非我莫屬，甚至橫柴入灶，絕不是雙贏的好方法。

行政中立　知易行難

二〇〇〇年陳水扁搭配呂秀蓮競選第十屆總統，三月十二日陳呂競選總部在高雄市舉辦「百萬人挺扁」造勢晚會，當時中央研究院院長李遠哲已加入陳水扁的國政顧問團隊，民進黨陣營士氣大振。

當晚高雄市立美術館廣場一片旗海，高分貝喇叭聲聞數里，鐳射燈光照亮半個高雄夜空，人潮不斷湧入，司儀宣布現場人數超過四十萬人，將整個晚會帶進高潮。

七點半開始，司儀宣布民進黨執政的南部五縣市首長輪流上台，發表演說。高雄市長謝長廷、高雄縣長余政憲、台南市長張燦鍙、屏東縣長蘇嘉全先後站上演講台，他們身後站滿一級主管，場面浩大。但輪到台南縣時，卻只有我隻身上台，霎時，全場譁然。我知道爲了「行政中立」理念，我再次傷了民進黨支持者的心。南部地方首長率一級主管上台是這場晚會事前的規劃，但我爲何甘冒「護黨不力」的大不韙？

我的認知，每個人的政黨認同都應受到尊重，「行政中立」不應只是口號，而是公務人員應具備的基本信念，這是我的縣政革新工作，我在這個議題上著力甚深；甚至在自己競選連任時，我強力要求部屬嚴守分際，維持中立，我的做法令縣府上下相當有感。

我有一個觀點，我認為最佳的輔選，不在於選戰期間的聲嘶力竭，而是做好平時的執政工作，嚴守「行政中立」原則，來贏得選民認同。多年來，民進黨在台南縣各項選舉得票數，多少可以印證我的看法。遺憾的是，當時的政治氛圍，我的理念還是無法見容於部分民進黨支持者。

「行政中立」，許多政治人物都能朗朗上口，卻是知易行難。事隔多年，民眾仍會記得二〇〇〇年三月十二日當晚，我以柏林圍牆倒塌為喻，鼓勵他們眾志成城，完成政黨輪替嗎？或是只記得，我隻身上台的身影？看來，台灣在「行政中立」這個理念的實踐上，還有一段漫長的路要走。

台南縣的綠色革命

我很愛樹，認爲樹木有其生命，應受尊重，他們的軀幹枝枒更應能自由舒展。我擔任縣長期間，到過縣府的人會發現，附近榕樹的鬍鬚特別長。因爲，除非妨害人車或住屋安全，否則我不讓人去修剪。我更無法忍受行道樹遭到光頭式、截肢式的非人道修剪。爲了這件事，我曾多次到公路養工單位興師問罪。

執政八年，我在台南縣共計植樹一百六十萬棵，宛如爲台南縣撐起一把綠色大傘。剛上任時，爲了許給縣內學子一個綠樹蟬聲相伴的童年，我在台南縣展開一場寧靜的「綠色革

廣植樹木，我在台南縣掀起了一場「綠色革命」。

命」，將校園綠化列爲施政重點和中小學校長的考績項目。在探訪基層時，遇有行道樹枯死或綠地草皮光禿，我會交代相關單位立即整補。每次出國考察，也會拍下國外漂亮的花木照片，供農業局研究，評估是否適合在台南縣種植。新營市環保公園內整排亮麗的藍花楹就是最佳代表作。

另外，我會要求相關單位研究地景與林相、土壤與植物特性的關聯，選擇適合栽培的樹種。所以關子嶺遍植聖誕紅，讓冬天溫泉鄉的氤氳氣氛，增添一份冷洌紅豔，也豐富了關子嶺的山色。

所有樹種中，我特別鍾愛台灣苦楝樹，因爲她歲末枯盡、春來抽枒，時序分明。紫色小巧的苦楝花，有份台灣的在地婉約，尤其白頭翁喜食苦楝籽，樹枝又易招蜂引蝶，讓夏蟬駐足，一棵苦楝宛如一個生態系。所以，在新市往新化的177線縣道，台南縣政府就選擇苦楝做爲行道樹。

台南鹽分地帶詩人莊柏林有首歌叫〈苦楝若開花〉，歌詞中道盡了苦楝樹的鄉土情懷。五月苦楝花開，若行經177縣道，您可以輕輕吟唱，如有所感動，不妨回家插種一株，讓台南的「綠色革命」永續發展。

8 年縣長任期，我共植樹 160 萬顆，為台南縣撐起一把綠色大傘。

陳唐山語錄

擔任縣長，有較多機會到中小學去演講，我都講些甚麼？我說的既不是堯、舜、禹、湯、文、武、周公這些中國道統，更不是華盛頓砍倒櫻桃樹的故事，這些我不感興趣。我對小朋友的談話很平實，其中之一就是勉勵他們每天按時大便。

我的這番話，乍聽粗俗平淡，卻隱含深意。我認爲正確生活習慣的培養，可以磨練兒童的恆心與毅力，進一步形塑出完整的獨立人格。現代人喜歡捨近求遠，其實教育素材除了齊家、治國、平天下這些大道理外，日常生活裡垂手可得，一般人卻往往忽略基本生活習慣的養成。

我在中學演講時，經常勉勵年輕學子，他們成長在令人艷羨的高科技年代，資訊網路發達，只要移動滑鼠幾公分，即可徜徉千里之外，與我年輕求學時期，學習與遊戲僅能侷限於鄉里一隅，不可同日而語。不過，我覺得我們那個時代的青年，多了份與鄉土的親近。而現代的年輕人，視野雖更加寬廣，但對里鄰卻愈發的疏離。

所以我常提出兩個觀點來勉勵這些青年朋友：我認爲國際視野的培養，無法只依靠電腦、網際網路來速成，應以鄉土關懷爲基礎；深刻認識自己的社區後，才能從社區出發，擴大爲對台灣的熱愛，立足於未來世界。

台南縣已慢慢褪去傳統農業縣的風貌，漸具科技文化大縣的雛形，會是二十一世紀亮眼的科技人文新版圖。所以我告訴這些青年學子，台南縣需要大量具備科技智能及關懷本土的人才。他們是台南縣的活力源頭，我鼓勵他們抓好節奏，做好準備。

連任的挑戰

第一任縣長屆滿前，我在縣政上已交出一些成績，所以有信心可以獲得連任。但殊不知連任路上，我最大的對手不是來自國民黨，而是同黨同志蘇煥智。

初選時我受到蘇煥智的強力挑戰。我在縣長任內，除了爭取到台南科學園區外，縣府團隊也做了興建濱南工業區[32]的相關評估規劃。這項政策的最大考量在於台南縣是農業縣，財政比較困窘，縣府規劃引進高科技科學園區後，如果有一個傳統工業區相互搭配，就能增加濱海地區、鹽分地帶民眾的就業機會。

設置傳統工業區，當然會衍生環保問題，這部分本就在縣府政策研擬的範疇，除了確保土地取得和水電穩定供應外，重要的是，縣府會以最嚴苛的標準來進行環境影響評估，做好自然生態與環境的把關與維護。一旦無法通過評估，濱南工業區當然就不會動工。這是具體且清楚的政策前提，但時任立委的蘇煥智卻突然剃了一個大光頭，發誓阻止濱南工業區的設立。

我曾經歷日治時期，當然清楚剃光頭的意涵，蘇煥智以此展現豁出去的決心。我無法理解的是，同是民進黨同志，而我也把環評列爲優先考量，如果環評未通過，縣府卻反其道而行，屆時他再來反對我也不遲，然而他卻擺出一副開幹到底的

32 濱南工業區是原台南縣於一九九〇年代的工業區開發計畫，準備在七股潟湖與沿海地區填海造陸，開發七輕石化煉油廠、大煉鋼廠與工業港。二〇〇六年一月十九日，環保署將本案轉入內政部區域計畫委員會。二〇〇六年十一月九日內政部區域計畫委員會，決議退回濱南案。二〇〇九年成立台江國家公園保育濕地生態。

態勢。

蘇煥智可能不瞭解我的性格，我對任何政策都抱持著開放態度，願意傾聽和討論，但硬要橫柴入灶，把事態引導到針鋒相對的尖銳狀態，我會奉陪到底。

這段對立過程，埋下日後台南縣政壇的恩恩怨怨，甚至影響到二〇〇〇年我的入閣與代理縣長之爭。

另外我尋求縣長連任時，曾邀請蘇煥智到縣長官邸就縣長選舉相關議題進行溝通，但他被一些旅居台北的鄉親質疑爲何一定要與政績不惡、民調第一的陳唐山爭搶縣長位置時，卻反過頭來指摘我從未找過他溝通。蘇煥智爲何扭曲事實？他的行事風格，令我無法理解。

話說回來，蘇煥智的突兀舉措，我很不以爲然。既當上縣長，我就得承擔讓台南縣永續發展的責任。我在美國研究太空環境的保護，本就很關注環保議題，我不認爲工業區的設置與環境的保護必然產生衝突。我向蘇煥智表示，工業區的開發，結果好壞都要由縣長負責，環境影響評估會以最嚴謹的態度進行，我當縣長思考的是縣民的生計問題，不能像民意代表一樣，只顧批評，不負成敗。

當時民進黨的縣長初選，以黨員票數多寡決勝負。蘇煥智自信擁有較多黨員票，信誓旦旦要拉我下馬，但他沒料到當初也有意參選的省議員謝三升，因健康因素轉而支持我，讓我贏得那次的初選。對謝三升的恢宏大度，至今我仍深深感念。

試想，當年全國縣市長民調第一名的陳唐山，如果在黨內初選制度下不敵蘇煥智而無法連任，對認眞的執政者與選民都是莫大的傷害。而當年蘇煥智的反濱南行動，到底爭的是環保，還是縣長權位，台南縣民自有公斷。

第十三屆台南縣長

贏得民進黨黨內初選後，我所能做的就是靜待國民黨推出對手。當時我已拿下全國縣市長民調第一名，而且也做出許多政績，國民黨大老吳修齊告訴我，他曾跟李登輝總統說：「陳唐山做這麼好，國民黨不用再提名，讓他一個人參選就可以。」讓我更具信心。

吳修齊的建議，李登輝當然沒有接受，爭取執政權是政黨政治運作的常態，國民黨當然不會拱手讓人。最後，國民黨推出下營出身的老將洪玉欽[33]，與我競逐第十三屆台南縣長。

就縣民的眼光，那次的選舉，勝負已分。但國民黨誓言奪回失去四年的台南縣江山，所以那次的選舉廝殺激烈、火藥味十足。

一九九七年十一月十四日，選戰方酣，戰鼓頻催。但我競選總部的會議室內卻氣氛肅殺，幕僚、策士們一個個像鬥敗公雞，癱坐椅上。原因無他，我不讓他們隨對手起舞，在社福政策上加碼。當時洪玉欽陣營一波波黑函攻勢，已讓他們疲於奔命，忙著消毒。更重要的是，對手陣營各式各樣「津貼」、「補助」加碼的布條，遍佈全縣。幕僚們憂心選情生變、民心動搖，所以建議我在社福政策上加碼回應，

33 洪玉欽（一九四三年七月十一日－），台南下營人。曾任立法委員、中國國民黨中常委等。

來安撫軍心、化解危機。但我認爲以沒把握兌現的政策來騙取選票是不道德的，所以我堅不妥協，並回絕這些建議，讓幕僚們感到挫折。

最後，我的幕僚們只好發動「黑函返鄉」、「保山防洪」等活動，外加期待選民做出睿智的選擇，來渡過難熬的選前十五天。

一九九七年十一月二十九日開票結果，我以得票率65.73%，328,641票比171,357票勝出，讓對手啞然。我除了得到縣民的信賴之外，更紮紮實實給那些喜愛短線操作的政客上了一課。

八年經營，台南縣從藍天變綠地。立委葉宜津說過：「陳唐山擔任台南縣長後，民進黨在台南縣各項選舉都變得容易許多。」這些是我堅持行政中立、用人唯才所打下來的基礎。直到二〇一六年，大台南地區還是一片綠油油，立法委員席次不但全壘打，選票更遠遠超過對手。

從政經驗告訴我，政黨在提名候選人時，除了要依循民主程序外，提出的人選更要具備「卡力斯瑪」（Charisma，群眾魅力）這個特色，就是要有號召力和魅力，讓選民気持ち（心情）會「爽」的人。

柳營奇美醫院與工研院南科分院

基層醫療建設是社會進步與否的重要指標。我甫任台南縣長時，台南縣曾文溪以北，廣大的溪北地區欠缺大型醫院，除民眾就醫不便外，在急重症病患的處置上更造成不少人命的損傷。

擔任縣長後，我對溪北地區大型醫院的設置念茲在茲，我曾與慈濟、長庚等醫療機構進行洽商，但最後都因地點及土地取得問題而無疾而終。

最後，我找上奇美集團許文龍董事長，許文龍應允協助，隨即交辦奇美醫院詹啓賢院長進行評估；縣府方面，我授權原地政局長，後轉任參議的楊瑞徵全權處理。從第一步擇址，在新營長勝營區、鹽水岸內糖廠、柳營台糖土地中，選出設院場址開始，到將土地改編為醫療用地，這些繁複過程，在楊瑞徵參議整合縣府各局處統籌運作下，於半年內順利完成，創下民眾醫療權益、奇美醫院與台糖公司三贏的局面。

二〇〇一年七月柳營奇美醫院開始服務曾文溪以北民眾。二〇〇六年十一月十八日台中市長胡志強、邵曉鈴夫婦南下高雄為國民黨籍市長候選人黃俊英站台，在返回台中途中，於國道三號柳營段發生重大車禍，邵曉鈴傷勢嚴重，送往奇美柳營醫院進行截肢、切除脾臟等手術，最後在柯文哲建議的葉克膜療法下挽回一命，柳營奇美分院也因而聲名大噪。

除了柳營奇美醫院外，另外就是工研院南部分院的設立，它的場址座落在六甲鄉，土地由台南縣二十六個鄉鎮市共有，土地取得過程也相當繁複，但在縣政府相關單位的努力下，工研院南分院六甲院區，終於在二〇一五年十月二十四日竣工完成。爲台南縣的科技研發注入一股新的活力。

我的「另類座車」

我在台南縣長任內，有兩部座車。一部是九三年份黑色「美英仔」730。我依稀記得，車牌號碼「J3-0001」，有人說像三張口加上一支喇叭，全年無休的宣告著「縣長到」。另外一部則是一輛長一米六、高一米二，紅色烤漆，前設有置物籃、手動式鈴噹，後有閃光警示燈，廠牌與年份不詳的腳踏車，我用它來健身兼探訪民情。

腳踏車屬人力驅動，活動範圍自然不廣，但用途與功能卻很多元。我騎著它上下班；到鹽水老家訪視親友；上街買豆漿、喝杏仁茶；或在手

把上掛著肉粽、水果分送給各地老人分享，偶而我還把它當偵防車使用。我會騎著它利用月色掩護，到綜合體育場埋伏，緝拿盜取花木、破壞園圃的採花盜，甚至到商店或縣民住家門口按鈴，提醒他們清潔周圍環境，維護市容。

常常我會忘記自己騎車出門，步行回到公館後，再慌張的循原路四處找車。我的腳踏車也曾遭竊而驚動警方，後來，偷車賊可能是在眼尖人士「夭壽！縣長的車，汝也敢牽」的龐大壓力下，最後乖乖將鐵馬原地奉還，結束這場「縣長失車記」。

我的「單車哲學」就是簡單無華。後來吹起環保風，有些官員總喜歡騎著單車，秀上兩下；但我是眞的八年騎來，始終如一。在那個年代，「鐵馬縣長」的名號版權，自非本人莫屬。

現在許多縣市首長，頗具有環保意識，努力的在城市中營造自行車的友善空間，但柯文哲的一日雙塔，則更爲另類，他的毅力恐非一般政治人物所能企及。

第五屆立法委員

二〇〇〇年，民進黨雖拿下中央執政權，但立法院還是由國民黨主導。核四停建案引發朝野對立，國民黨、親民黨及新黨組成在野聯盟，民進黨的施政更處處受阻。囿於國會困境，二〇〇一年的第五屆立委選舉，民進黨以國會過半爲主要訴求，希望一舉扭轉國會弱勢的局面。當時，我縣長卸任，所以決定投入第五屆立委選舉。那一屆台南縣的立委選舉很另類，因爲我的聲勢較高，配票、不要讓陳唐山的票拉太高，成爲當年台南縣民進黨的唯一選舉主軸。

二〇〇一年十二月一日選舉結果揭曉，我順利當選，民進黨獲得八十七席，一舉躍居爲國會第一大黨，首度成軍的台聯則拿下十三席，泛綠陣營合計一百席，但仍不敵國、親、新合計的一百一十五席。

一九九三年我以僑選立委的身分第一次進入立法院，但時間非常短暫。八年後我重返立法院，爲了台南科學園區的永續發展，我選擇加入科技委員會。

當時，任職台南縣長的蘇煥智正積極爭取興建七股國際機場。爲了突顯當年他以保護黑面琵鷺爲由反對濱南案，如今卻爲了機場棄黑面琵鷺於不顧的荒謬。二〇〇二年三月十三日，我在立法院科技委員會質詢經建會副主委何美玥，我故意用戲謔語氣詢問她：「如果我以台南縣長的身分建議，爲黑面琵鷺建條跑道，讓牠們可以平安降落在七股潟湖，你們給不給補助？」沒想到何美玥竟然一本正經的答覆：「我們就常理判斷，黑面琵鷺不需要降落跑道。」聽到詢答內容，在場的立委和官員無不捧腹大笑。這段質詢雖屬笑談，但卻讓我想起一段陳年往事。

我在擔任縣長時期，台南縣爲黑面琵鷺劃設棲息地與覓食區，爲了方便賞鳥，縣府拓寬前往棲息地的道路。但一些自稱愛鳥的人士，卻跑到縣政府來向我抗議，他們認爲道路拓寬後會改變地貌，黑面琵鷺會認不得回家的路。我一聽，大爲光火，當時我回應，海洋上沒有任何標誌，但黑面琵鷺卻能從東北亞飛翔幾千公里到達台灣七股，這些愛鳥人士未免小題大作、不近情理。

擔任第五屆立委期間，正逢陳水扁總統尋求連任。當時陳總統針對中國的武力威脅，根據《公民投票法》第17條「防禦性公投」條款提出「強化國防」和「對等談判」兩項公民投票的提案。然而，泛藍陣營強烈質疑民進黨「公投綁大選」，意圖藉政治動員達到勝選目的，呼籲選民拒領公投票。同時，美方也出現質疑的聲音。

我認爲公民投票本來就是民主社群所應彰顯的價值，美國既然是講求民主的國家，就不該反對不涉及改變台灣現狀的公投，否則美國以民主爲由派兵伊拉克如何自圓其說？而且，陳總統的公投案可以用來凝聚國民的意志，讓中國意識到台灣人自我保護的決心。

二〇〇四年總統大選前，剛好有機會和一些立法院同仁到美國參加祈禱早餐會，當時的台灣代表團由總統府資政彭明敏領軍，成員包括外交部次長高英茂、中研院研究員裘兆琳。結束華府祈禱早餐會後，二月七日台灣代表團在雙橡園召開記者會。針對美方質疑，在台灣已取得多數共識的議題，何必舉辦公投？我從立法院的角度指出，透過公投程序，政府可取得多數民意的授權，其意義與政府單方面的意思表示有很大差異。

我說，很多法案卡在立法院，遲遲無法通過，包括美國不斷抱怨台灣審議武器採購案的進度過於緩慢，都是國會與民意產生落差所致。如果公投結果顯示多數人民支持購買防衛性武器，那任何黨派就無法在立法院阻擋軍事採購案。

令人遺憾的是，雖然我們全力向美方釋疑，但在國親二黨的聯手杯葛下，兩件公投案的有效票均未達有投票權人數的一半門檻，因而雙雙出局。職是之故，國親猶如拿到護身符，一路杯葛軍購案到底。殊不知，兩項公投案的贊成票都高達92%，泛藍陣營誘導選民拒領公投票，導致「不成案」，但其意義與「不通過」仍有所差異。

和第一次擔任立委一樣，我在第五屆任期未滿就被任命爲外交部長，轉換跑道繼續爲台灣的民主打拚。

我與何智輝[34]

南科是我在台南縣長任內集合所有民意所爭取，更是台南縣發展的重大契機。南科雖已落腳台南新市，但後續的發展與政策落實，仍需法令上的配套。

當初政府規劃南科時，建制上仍隸屬竹科，形成不對等現象。這種從屬關係更呈現在員額的控管上；竹科管理局可聘用三百多位雇員，南科卻只有五十幾位員額。基於南科的永續經營，我極力主張南科管理局應獨立於竹科管理局之外，兩者平行共同隸屬於國科會。

二〇〇三年五月一日，立法院法制、科技聯席會審查《南台灣科學工業園區管理局組織條例草案》，爲了促使該案通過，我拜託台南縣、市籍的委員到場支持，包括國民黨委員李全教，希望法案儘速通過，以免節外生枝。

審查會當天，議事人員逐條朗讀條文，但是兩位國民黨籍委員有意見，一位是高雄縣的黃昭順，她希望把「台南」改成「南台灣」，納入高雄縣的路竹科學園區，這部分爭執不大，我可以接受。但曾任苗栗縣長的何智輝很蠻橫，從頭到尾所有的條文全部反對，當時盛傳何智輝對竹科索討利益不成，心生不滿，我擔心殃及池魚、影響南科發展，忍不住出言痛斥：「台南科學園區跟你有什麼關係？你憑什

34 何智輝（一九五〇年四月十七日—），曾爲中國國民黨籍苗栗縣長、立法委員、苗栗縣議會副議長、苗栗縣議員等。涉嫌新竹科學園區銅鑼基地弊案貪汙，一審獲判十九年有期徒刑，二審改判十四年有期徒刑，更一審爆發行賄二審四名法官千萬以獲判無罪醜聞，於檢調調查前潛逃中國。

麼反對？」他被我突如其來的暴怒震懾，不敢繼續杯葛。當時，曾擔任台南縣機要秘書，爲南科設址台南縣竭盡心力的王幸男委員也趕來聲援。

三讀通過的時候，本應由我在院會發表感言，但我認爲南科是台南人的喜事，沒理由獨攬全功，於是邀請國民黨籍李全教一起上台，讓他代表國民黨來分享這份喜悅。

6573行動聯盟

二〇〇〇年總統大選藍營分裂，陳水扁、連戰、宋楚瑜三強鼎立，最後台南子弟陳水扁勝出，民進黨首度取得中央執政權。二〇〇四年情勢丕變，宋楚瑜自甘為小與連戰合組「連宋配」，聲勢凌駕民進黨的「陳呂配」。

二〇〇三年底，台南縣籌組陳呂競選總部，主任委員由縣長蘇煥智擔任，各鄉鎮也紛紛成立後援會。當時，我思索台南縣是陳水扁的故鄉，如與其他地區一樣打傳統的組織佈建與樁腳戰，能拉抬多少選情？我認為台南縣在這場選戰中要有其歷史承載，台南縣民應效法韓國光州市民對金大中的支持，全力支持家鄉子弟陳水扁。

二〇〇三年十二月十一日，我召開「6573行動聯盟」記者會，呼籲台南縣鄉親效法光州精神，全力支持家鄉子弟陳水扁。我進一步懇請鄉親，讓陳水扁在台南縣的得票率超越我縣長連任時所獲得的65.73%，讓這個數字更具歷史意義，讓台南縣成為守護台灣主體意識的精神堡壘。

同月份，我發起「挑戰1234、超越6573」行動，號召鄉親攀登台南縣最高峰大凍山。大凍山標高1234公尺，高低落差大，極難攀登；65.73%的得票率，在當時更被視爲是一道難以超越的天險。我以這個活動爲起始點，來激勵縣民勇敢承擔、再寫歷史。

二〇〇四年三月初，我進一步籌組6573嗆聲樂團、宣傳車隊，以「熱情愛台灣、用選票寫歷史」爲主軸，呼籲鄉親共同參與這場歷史聖戰。選前二十天，6573的聲浪傳遍全縣各角落。三月二十日投票結果出爐，陳水扁在台南縣的得票率爲64.79%，拿到421,927張選票，雖未能突破65.73%的門檻，但已相當接近。回顧二〇〇四年緊繃的選情，台南縣所贏得的票數，剛好得以補足陳呂配在台北市輸掉的選票缺口。台南縣民再次用選票寫下台灣歷史新頁。

二〇〇四年的那場選舉，有一個有趣現象，就是開票後，不分藍綠選民，最先關注的是陳水扁在台南縣的得票率，而非得票數。而開票結果，也賞給了視65.73%爲天方夜譚的藍營政治人物，狠狠地一記耳光。

務實的理想主義者

有人說，我出生日治時代，滯美二十九年的背景，是台日美關係的最佳寫照。從名列黑名單到擔任外交部長，更是台灣民主化的縮影。

二〇〇四年四月十三日，行政院長游錫堃的幕僚問我：游院長將任命你為外交部長，屆時要如何介紹你？我思考半刻，回答他：請轉告游院長，就請他稱我為務實的理想主義者吧！

我認為，行政工作講求「stability」和「continuity」，從體制外進入體制內，唯有務實與理想兼具，我才能帶領台灣的外交繼續前進。

四月二十六日我在外交部大禮堂發表就職演說，講稿中，中華民國、台灣這兩個名稱，我各提了十三次。

講稿最後一句是：我要讓世人知道，有一個國家，兀自堅強的挺立在西太平洋，抗衡共產極權數十年，她的名字叫中華民國，你也可以稱她為台灣！

接任外交部長

第五屆立委期間，外交部長簡又新宴請外賓時，常邀請我到外交部當陪賓。他在宴會中常提醒外賓「Watch out for this guy!」「留心陳唐山！」。他說，陳唐山在台南縣長任內頗有政績，未來可能在中央政府擔任重要職務，所以要「Watch out for this guy」。

二〇〇四年四月十六日，我被行政院長游錫堃任命為外交部長，「Watch out for this guy」的日子終於來臨。我的第一份行政工作是一九九二年返台後擔任台南縣長，外交部長則是第二份行政工作。與縣政不同的是，外交部的執掌涉及國家主權與複雜的國際政治，所以，國民黨、甚或中國和國際社會無不關注我的到任。

陳水扁上任後的外交部長，田弘茂與簡又新兩人皆非綠營政治人物。我的情況則截然不同，我曾在海外參加台灣同鄉會、FAPA、台獨聯盟等組織，被政府列入黑名單長達二十九年，申請返台時，更一再被當時中華民國駐美大使館拒絕。這種背景出任部長，對外交部確實是很大的衝擊。

當時各界對我的到任有許多解讀，獨派團體認為陳水扁用陳唐山當外交部長，大家不應再懷疑他推動正名制憲的決心。中國方面也另有解讀，北京智庫社科院就一路從我在海外「如何分裂祖國」進行分析，認定陳水扁任命我爲外交部長，意在推動台灣獨立。我自己則很篤定，外交工作講求「stability」（穩定）和「continuity」（持續），我必須承先啟後讓台灣的外交工作維持穩定。

就職典禮當天，我在外交部大禮堂的就職演說，提到游錫堃院長稱我爲「務實的理想主義者」；確實如此，短短幾個字就足以說明我的行事風格。一九六四年我赴美留學，思考的是，如何讓台灣與美國一樣同享自由民主。出任外交部長後，我非常瞭解國人期待台灣能以主權獨立國家的身分，本著平等、尊嚴、互惠的精神與

2004 年 5 月 19 日「中華民國第 11 任總統副總統就職慶祝酒會」貴賓合影（相片來源：外交部 93 年外交年鑑）

2004 年 6 月 14 日陳唐山出席台灣民主基金會成立一週年慶祝茶會暨新會所啟用揭牌典禮（相片來源：外交部 94 年外交年鑑）

世界各國交往，融入國際社會。

現實上，在中國的打壓與圍堵下，台灣必須以獨特的創意推動外交，形塑日益完整的國家主體意識，立足國際社群。對我來說，現實與理想兼具，建構出更具彈性的外交策略，就是我擔任外交部長必須努力的重點。

在就職典禮上，我提出三大堅持：

第一、堅持維護主權完整的國家地位。台灣在歷經前後三次總統直接民選及二〇〇〇年的政權和平轉移後，已經是一個百分之百、不折不扣的民主國家。民主深化的結果確立了台灣的主體地位以及台灣優先的共識，這是毫無疑問的。我將全力增進國際社會瞭解及支持台灣深化民主的決心，繼續推動參與聯合國、世界衛生組織及NGO等工作，爲台灣參與國際組織的權利來奮鬥。

第二、堅持維護台海的和平穩定。台海和平不但是台灣的堅持，也是國際上大家共同同意的政策。台灣位居國際重要戰略通道，台海的和平穩定事關亞太的整體安全情勢，維護台海的和平穩定不但是台灣的利益，也是國際社會共同的利益。台灣將加強與美、日及東南亞相關國家的安全對話與合作，共同致力維護區域的安全。

第三、堅持參與國際合作，善盡國際責任。台灣民主化的成就及經驗，是我國加強與世界各國民主合作的基礎，台灣民主基金會的成立，更爲國際民主合作提供良好的管道。其次，我國在世界貿易組織及亞太經濟合作等國際經貿組織的積極參與，已經大幅提升台灣的國際地位，我國推動的國際合作計畫，也獲得友邦的肯定與感謝。此外，我國在國際反恐合作上的參與及貢獻，以及提供眾多的人道援助，也廣爲國際稱譽及敬佩。未來，台灣將擴大參與國際民主、經貿及安全合作，展現台灣對國際社會的積極貢獻。

我從黑名單人士變成外交部長，或許是第一位進入外交系統的前異議人士，做起事來反而海闊天空。我沒有刻意進行大幅度的改造，但卻把許多新思維帶進外交部，例如在一樓開闢「外交部咖啡廳」來解構外交部森嚴的氣氛。咖啡廳的空間雖不大，卻很溫馨。我認爲，外賓來訪未必要在會客室裡正襟危坐，我曾邀請他們到咖啡廳品嚐平價咖啡，氣氛頓時熱絡，彼此敞開胸襟、賓主盡歡。

我是威權時代外交部所註記的「海外叛亂分子」，二〇〇四年進入外交部後，我和同仁非但沒有隔閡，更建立了良好情誼。透過我，他們更加理解黑名單是特殊政治時空下的時代悲劇；透過他們，我則更加瞭解這些外交官都是台灣尊嚴的守護者。

民主可貴之處，在於它讓政治流動，讓原本沒有交集的人相互理解，進而交融爲命運共同體。即便彼此仍有歧異，但民主告訴我們，尊重歧異，才是國家進步的核心價值所在。

汪傳浦事件

接任外交部長不久後，駐英代表處在進行文書認證業務交接時，赫然發現誤發護照給汪傳浦的配偶葉秀貞。雖事件在我未到任前即已發生，但我認為行政部門應有勇於承擔及反省的能力，我立即責成相關司處，主動向國人披露這項訊息。

當時涉及拉法葉艦弊案及尹清楓命案的前湯姆笙公司駐台代表汪傳浦遭檢方以殺人罪通緝，但他的家屬卻在駐英代表處順利取得文書認證，而且前後兩次都由駐英代表處駐外人員承辦。面對隨之而來的指責，身為部長我責無旁貸，立刻向國人道歉。

經過調查後，在某些細節上外交部難辭其咎。汪傳浦早已被我國通緝，相關資訊也顯示他滯留在英國，駐外人員就應有所警覺。不料二〇〇四年三月間，駐英代表處還是因行政疏失核發汪傳浦配偶葉秀貞護照，五月又驗發六筆不動產授權書，讓葉秀貞取得護照及文件驗證後，順利出脫兩筆不動產。

早在一年前二〇〇三年二月份，汪傳浦就曾前往駐英代表處辦理文書認證，準備針對被扣押在瑞士銀行的高額佣金存款帳戶申請解凍。令人不解的是，汪傳浦在申請文書驗證的過程中，提示作為身分證明的證件，可能只是一本遭到註銷的護照，但駐英代表處仍依行政程序驗發文書認證。這項消息傳回國內，引起各界質疑，懷疑有政府高層涉入。該事件讓當時的外交部長簡又新飽受抨擊。相同案件竟然發生兩次疏失，確實令人不解。

本案發生後，外交部主秘鄧備殷組成調查小組，並約談駐英代表處前後任領務組長與承辦秘書張家華，當時張家華被停職接受調查，但因壓力過大住院治療。除了承辦人員的責任，當時駐英代表田弘茂展現政務官勇於負責的作爲，主動辭職，但我並未批准。

本案發生在前任部長簡又新任內，當時媒體質疑簡又新的政治責任和是否適任駐歐盟代表，經過一連串紛擾後，簡又新仍與駐歐盟代表一職擦身而過。

程建人的新職

二〇〇〇年政黨輪替，陳水扁出任中華民國第十屆總統，當時國民黨政府的外交部長是程建人，陳水扁新人新政，雖可挑選自己屬意的人選，但陳水扁還是留用程建人，而且把他放在駐美代表處的重要職位上。

以民主政治上軌道的國家來說，民進黨任用國民黨員，並無不妥，但當時國民黨主席連戰竟以「疾風知勁草」這句話來嘲諷程建人，雖然讓程建人有些難堪，卻也突顯出連戰胸襟與氣度的狹隘。

程建人駐美期間，適逢總統夫人吳淑珍訪美，二〇〇二年九月，吳淑珍在華盛頓杜勒斯（Dullas）機場遭到搜身，當時吳淑珍頗爲不悅。立法委員更痛批駐美代表處未善盡溝通協調之責，讓總統夫人在美國遭受羞辱，紛紛指責程建人失職，並要求他下台。不過陳總統並未責怪程建人，依然保住他的職位。

二〇〇四年陳水扁連任成功，四月份我就任外交部長。程建人表示無意續任，當時陳總統或許考量程建人已駐美四年，也可能是吳淑珍訪美事件陰影猶在，於是同意他去職。不過，陳總統對程建人的友善，令人印象深刻，他仍非常關心程建人的去處，指示我找出幾個適當的職位來安排程建人。最後程建人出任駐歐盟代表，出使歐洲直到二〇〇六年八月。

前後算起來，程建人服務民進黨政府的時間超過六年。陳水扁的惜才與寬厚，恰與尖酸刻薄的連戰形成強烈對比。

南亞賑災

二〇〇四年十二月二十六日印尼發生芮氏規模9.1大地震，隨後引發強烈海嘯，波及範圍遠至波斯灣的阿曼、非洲東岸索馬利亞及模里西斯、留尼旺等地，地震及海嘯對東南亞及南亞地區造成巨大傷亡，死亡和失蹤人數超過二十九萬人。

面對跨國巨災，聯合國啓動有史以來最大的救災行動，各國政府和非官方組織紛紛發起賑災募款，並提供各種協助，來避免傷亡數字的擴大。其中，台灣由政府捐贈五千萬美金，加上人民的自發性捐款，計約一億七千四百萬美元（約合新台幣五十億）。相較於美國捐助三億五千萬美元、中國提供價值五億二一六三萬人民幣的救援物資，以國家規模來看，台灣堪稱人道大國。

做爲一個小國，台灣面對國際災難的捐輸總是不落人後；在後來的二〇一一年，日本東北大地震和海嘯，台灣也是全世界捐款最多的國家。從這一點看來，台灣人不僅好客，更是一個熱情洋溢的愛心大國。光憑這一點，台灣在國際社會更有立足之地。

南亞海嘯剛好發生在我擔任外交部長任內，我認爲，身爲地球村一員，台灣不能置身事外，隨即召開跨部會會議，討論如何協助災區；台灣不但捐助大筆善款，還向民間籌募大量物資，透過空運，將這些物資送往印尼賑災。

然而，就在台灣舉國上下全力協助賑災時，媒體卻錯誤報導部分援助物資囤積倉庫；事實上，外交部啓動聯合勸募物資的活動後，就已協調華航班機運送二十多噸的救濟物資前往印尼，交由當地慈濟功德會、台商協會、台灣同學會與美慈組織等團體進行規劃，逐一分送，根本沒有囤積大批物資的情況。

令人遺憾的是，受限於政治現實，儘管政府和民間合力出了那麼大的力量，但台灣仍被拒於「南亞賑災高峰會」門外。二〇〇五年一月六日，我以外長身分對此表達強烈遺憾，我說台灣竭盡心力，全力賑災，竟連參與討論的機會都被剝奪，對台灣非常不公平。

做爲一個國家，台灣不求特別待遇，只希望和其他國家一樣能獲得基本的尊重。爲了「南亞賑災高峰會」的參與，我們耗費許多心力，透過各種管道與印尼總統、副總統及外長聯繫，但仍被拒絕於門外。印尼表示，這個會議是東南亞國協的會議，只有東協國家及受邀的中國、日本等國能出席，台灣不是東協會議的參與國，因此無法參加。

我認爲如非中國掣肘，印尼不會如此不通情理，把恩人擋於門外。

LP事件

二〇〇四年九月二十七日，我在外交部接見「台灣外館正名運動聯盟」[35]。當時本土社團非常期待政府推動正名，他們帶來一幅台灣長著兩隻腳的圖畫來找我，期待外交部能讓台灣走出去。

我理解這些社團長年來追求的理想，但也有義務向他們說明台灣遭遇的阻力。因美國與日本對我國駐外機構更名為「台灣」已有意見，台灣和這些國家雖無正式邦交，仍須尊重既有的交往模式，來取得對方信任，否則強推正名運動，恐將適得其反。更何況，台灣既然想透過國際政治的場域來維護主權與安全，亦應循序漸進，才能化阻力為助力。

這場會議，談論的雖是嚴肅的正名議題，不過當天是鄉親拜會的場合，而非宣示政府立場的記者會，談話過程較為輕鬆。當中，正好提及九月新加坡外交部長楊榮文在聯合國大會發言支持「一個中國」、反對台灣獨立這種羞辱台灣的言論，我說：「新加坡不過是一個鼻屎大的國家，竟耀武揚威在聯合國批評台灣，根本是『捧中國的卵葩』」。

這場會議，照原本計畫開放媒體採訪五分鐘後，改採閉門座談；但清場後卻不

35 台灣正名運動於二〇〇二年五月十一日啓動，又名五一一台灣正名運動，目的在區別台灣與中國的關係，去除表示本國的「中國」名稱，以「台灣」稱呼現今的中華民國為主要訴求。

知仍有媒體留在現場，這些談話內容經媒體披露後，引發軒然大波。

當時立法院泛藍立委如獲至寶，與媒體一樣把焦點鎖定在「捧卵葩」這三個字，不斷抨擊外交部長口出髒字，破壞台新關係，要求我下台。反而對新加坡外長把台灣拿來向中國獻祭的阿諛作爲，輕描淡寫，顯露出嚴重的不對稱。

面對藍營的要求，我在隔天召開記者會，指出台灣的國際處境艱難，難道是民主進步黨應單獨背負的責任？誰讓中華民國退出聯合國？當時誰敢要求蔣介石下台？新加坡外長無視中國瞄準台灣的六百多枚飛彈，還指稱一旦台海發生戰事，台灣必須負責；身爲外交部長，我有義務維護國家主權，不能任由其他國家欺凌台灣。

更何況，外界把批評焦點集中在用語問題，其實是本末倒置。「捧卵葩」一詞是否粗俗，在於受聽者的感受。不能

PLP AWARD

(Purdue Leadership & Pacemaker Award)

Presented to

台灣外交部長陳唐山校友

新加坡呀 寡情義　諂媚中國 拍馬屁
鼻屎小國 PLP　唐山部長 傳神批
中華民國 去勢矣　國際社會 遭壓欺
台灣建國 長LP　自由繁榮 新世紀

美國普渡大學台灣校友敬贈

October 2004

新加坡 PLP 事件，美國普渡大學台灣校友會贈言。

否認的是，它是一句台灣人耳熟能詳的常民俚語，與北京話「拍馬屁」同意。意思是形容一個人對有權者阿諛奉承的醜態，如要從中文裡去找一個意義相近的成語，就是《莊子》的「吮癰舐痔」了，意思是用嘴巴去吸膿瘡、用舌頭去舔痔瘡，形容群臣對秦王的媚態。

這句話的情境和「捧卵葩」比較起來，哪種情境比較不堪入目，其實不必多言，但是泛藍陣營卻集體歇斯底里，顯露台灣仍未走出文化歧視的後殖民意識。因爲一樣是用來描繪相同情境的語辭，用中文說「吮癰舐痔」，會被稱讚國學造詣深厚，台語「捧卵葩」，卻變成低俗的髒話，大家是否認眞反省過自己潛意識裡的歧視心態和自卑情結？

「放大鏡下的新加坡」（台灣北社理事彭錦陽繪）

話說回來，新加坡雖小，卻是一個經濟表現亮眼、深受國際矚目的國家，爲何需要失禮到在聯合國傷害沒有發言權的台灣？其目的當然是向中國表態。根據當時的情況，可能是二〇〇四年七月十日李顯龍副總理訪台，引起中國強烈不滿，要求新加坡政府對所產生的後果承擔全部責任，李顯龍返國後雖作解釋，但中國仍無法接受，只好透過外交部長楊榮文在聯合國的突兀發言，來換取中國的諒解。

由於泛藍政治人物和媒體緊咬不放，爲了化解民進黨政府的困擾，我在十月六日再度召開記者會，我還是很誠實的說，這種話我從小就聽很多，不認爲有什麼不文雅，如果有人聽不懂，不了解這種形容詞的意義，我願意道歉，爲「ＬＰ事件」畫下休止符。

但是，新加坡在中國的「一中」壓力下，只敢指著台灣罵，令人憤慨。試想，如果換成台灣外長在國際場合對新加坡的主權說三道四，新加坡政府會有何反應？

身爲外長，我無法坐視別人踐踏自己的國家。擔任外交部長期間，我曾前往歐洲主持工作會報，進入捷克、義大利都沒問題，但卻一直拿不到奧地利的簽證，幾經交涉仍無結果。回國後我要求歐洲司電召奧地利駐台代表到外交部說明，幕僚擔心損壞兩國關係，認爲不妥，但我仍堅持到底。

我告訴奧地利駐台代表：「奧地利是文化大國，和台灣一樣，尊重民主人權、自由民主，但我過境時卻連visa（簽證）都不發，配稱爲一個民主國家嗎？」這位代表雖不置可否，但他承諾會把我的意見回報給奧地利政府，經過那次事件後，外交部申請奧地利的簽證就順利了許多。

另外，澳洲外長唐納（Alexander Downer）到北京訪問，當面向中國表達不希望台灣進行軍購與正名運動，以避免引起兩岸緊張。媒體問到此事，我毫不客氣回擊，批評這種行爲無疑就是對北京的朝貢。

台灣的處境艱難，我們也理解國際社會在面對中國時的壓力，但再偏頗也不能把台灣當祭品。就像美國至少會向中國表達台海問題必須和平解決的立場，這種說法我們尚可接受，但一面倒的批評台灣，我們無法容忍。

格瑞那達與塞內加爾(Grenada & Senegal)

台灣的邦交國本來就不多，加上中國不時挖牆角，某些國家利用台灣與中國的矛盾來攫取利益，更讓台灣的外交處境雪上加霜。

外交部長任內，我也經歷過幾次外交攻防戰。第一件就是格瑞那達的斷交案。二〇〇四年九月，伊萬颶風（Hurricane Ivan）侵襲小安地列斯群島和南美洲，其中以格瑞那達最為嚴重，格國幾近一半的房屋屋頂被掀翻，是近半世紀以來最大的颶風災害。格瑞那達損失高達十一億美元，相當該國兩年的GDP。

風災後我代表政府前往格瑞那達慰問，表達台灣伸出援手的善意，抵達格瑞那達後，我即刻去拜會總理米契爾（Keith Mitchell），米契爾擁有美國霍華德大學數學碩士和美利堅大學數學博士的學位，與我同樣有美國經驗，然而他的反應卻令我頗為詫異。對談時他的態度冷漠倨傲，非但沒有正面對著我，還擺出一副高高在上的姿態，完全不把來自台灣的外交部長放在眼裡，當下讓我感覺事有蹊蹺。

到了十二月，米契爾總理果然飛往北京與中國洽談建交，且於返國後表示將與台灣斷交。他的舉動不令人意外，我很明確地指出，這根本是敲詐，他的行為是要撈更多的錢，基於台灣國格，我故意以調侃的語氣說：「米契爾去中國吃北京烤鴨，不知道有沒有吃飽？」

我很清楚，格瑞那達遭遇風災，需錢孔急，格國政府向台灣提出經費需求，無可厚非，但台灣也必須考量財力負擔。米契爾總理遊走兩岸的行爲形同敲詐，身爲外交部長，我必須考慮台灣的國家尊嚴。所以我以外交部長身分，建議陳總統與格瑞那達斷交。面對媒體時，我很堅定的表示：「我們要爲年輕的一代負責，不能屈服於金錢威脅」。

格瑞那達的斷交事件，彰顯出陳水扁時代的台灣外交，絕非建構在與中國的金錢競逐上，面對無理的需索，基於國家尊嚴，我們選擇拒絕。

格瑞那達的邦誼生變早有警訊，但西非大國塞內加爾與台灣的斷交就顯得突兀。

二〇〇五年十月二十五日，塞內加爾突然宣布與中國建交，由於事前毫無警訊，當天上午，我在立法院外交委員會飽受抨擊，我向立法委員坦承，台塞斷交外交部確實有被突襲的感覺。

回想當時，外交部雖已掌握相關情資，發現塞內加爾與中國有所互動，但卻未能掌握雙方建交的情報。斷交前，外交部一直保持密切關注，但塞內加爾再三重申與中國進行的是經濟交流，對台關係不會生變。

事後檢討，外館既已發現塞、中有往來的跡象，加上一直見不到塞內加爾的政府高層，這些訊息在在顯示事態非比尋常，但爲何仍無法掌握塞中建交的動態？後來駐塞國大使黃允哲返國向我說明，外館之所以未能及時掌握訊息，是因爲塞國總統瓦德（Abdoulaye Wade）刻意隱瞞，對內、對外保密到家，包括與我國友好的塞國合作部長也被蒙在鼓裡。

回顧格瑞那達和塞內加爾的斷交事件，原因和過程雖有不同，但仔細檢討，都有其脈絡可循；先是中國的介入，再則是邦交國利用兩岸外交矛盾撈取利益。

萬那杜與諾魯（Vanuatu & Nauru）

二〇〇四年十一月四日，南太平洋島國萬那杜共和國總理渥荷（H. E. Serge Vohor）飛抵台灣與我國簽署建交備忘錄，但同一時間，萬那杜政府發言人卻表示，這項會談與承認台灣無關。十一月十一日，萬那杜有消息傳出，該國國會與內閣對建交備忘錄一事並不知情；我方掌握的訊息則是建交進度不會改變。但是各種荒誕不經的傳聞卻開始出現，例如：台灣將提供六十億美元，每位萬那杜人可分到一百萬台幣云云。

十一月十五日，渥荷總理在萬那杜的媒體發表聲明，堅定維持台萬外交關係。隨後，澳洲政府在中國壓力下對萬那杜縮減經濟援助，讓萬那杜產生猶豫。爲了排除外力干預，當時我還約見澳洲駐台代表孫芳安（Frances Adamson），希望澳洲尊重台灣與萬那杜的關係；然而歷經二十多天的折衝，並已派員到萬那杜洽談設館事宜，但最後台萬建交還是無疾而終。

台萬建交案過程曲折，更涉及台灣的國家定位，渥荷總理希望採行「一中一台」政策，與兩岸同時維持邦交。站在台灣的立場，如果萬那杜的雙重承認可行，台灣就有機會走出外交新路，而最擔心雙重承認的反而是中國。由此可見，台灣主權獨立的訴求雖在國際法上站得住腳，但風雲詭譎的國際政治仍是台灣必須審慎因應之處，如果欠缺靈活的國際折衝手腕，台灣仍得面臨層層關卡。

我的任內還有一件復交案，就是二〇〇五年五月十四日我國與南太平洋島國諾魯復交，當時諾魯總統史科帝來台與我簽署「中華民國（台灣）與諾魯共和國恢復外交關係聯合公報」，諾魯曾於一九八〇年與我國建交，二〇〇二年則轉向與中華人民共和國建交，二〇〇五年再度重回台灣邦交國行列。

這兩件建交案，諾魯的部分比較單純，萬那杜則是新的嘗試，當時外交部發言人呂慶龍指出：「我們樂見萬那杜一方面對我們執行一個台灣政策，同時執行它的一個中國政策」。這是外交部首度公開表達「一中一台」政策，從政治意義上來說，這種官方聲明是破天荒的創舉，尤其是在僵固的憲政體制和中國封鎖的嚴峻情勢下，只有陳水扁執政下的外交部有勇氣突圍！

在我任內，外交工作有得有失，但是能夠參與維護國格的戰鬥序列，於今想來與有榮焉。

ROC（Taiwan）

國號問題一直困擾著台灣人，尤其出國旅行的時候。許多外國人看到ROC護照，滿頭霧水，不少人通關時被誤認來自中國。民進黨政府上台後，開始思考如何解決這個問題。二〇〇四年，本土社團如火如荼推動正名制憲運動，正名與制憲其實一體兩面，憲法這個源頭如果能夠處理，名稱問題自然迎刃而解。

但回顧當時，國會還是由國民黨與親民黨主導。二〇〇五年的修憲國大，民進黨加上台聯的席次也無法達成憲法改造，所以用行政權推動正名困難重重，只能退而求其次，從不涉及憲政架構的地方著眼，例如國營事業，「中華郵政」改為「台灣郵政」，「中油」則變成「台灣中油」。

為了落實理想，並讓台灣與中國在國際間有所區隔，我們開始討論英文國號的問題。行政院長游錫堃出訪時曾提出英文國號簡稱「Taiwan, ROC」的用法；外交部進行研究後，在二〇〇四年八月二十一日公布採用ROC（Taiwan）的英文名稱，讓國際社會不會把兩岸混為一談。當初的想法是，如果各界認可ROC（Taiwan）的用法，相沿承襲後即可成為通例。

事實證明，這個做法相當正確。馬英九上台後，陳水扁的政策多數遭到封鎖而無法延續，但是外交部和駐外館處迄今仍然加註TAIWAN的英文名稱，顯示在國際間強調TAIWAN已成爲台灣內部共識，不受政黨輪替影響。尤其，台灣雖然受到憲法制約必須使用ROC爲國號，但是台灣與中國不論政治體制、自由民主、人權保障各方面都截然不同，爲了不讓世人把台灣與恣意侵犯人權的中國混爲一談，當然要有所區隔。

過境與國家尊嚴

外交是主權的延伸，外交部長代表國家出訪，一般而言，只要不是雙方關係交惡，原則上都會受到相當程度的禮遇。

二〇〇五年五月十五日，我率團經紐約前往邦交國聖文森與聖克里斯多福訪問，過境紐約機場時卻被當成一般旅客處理，海關安全人員要求我通過金屬探測門，讓我相當不悅，聯想起二〇〇二年總統夫人吳淑珍女士過境美國時被請到小房間進行安檢的遭遇。

依照台美外交慣例及雙方默契，台灣總統、副總統、閣揆、外長等重要官銜，在美國享有不必按捺指紋、接受金屬探測檢查、及公務門快速通關等禮遇；美方對我實施安檢，已經違反雙方默契。

外長身分特殊，通關時受到非慣例的不公平對待，涉及國家尊嚴。當時美國正如火如荼遂行反恐戰爭，全面提升安全等級，我方駐外人員自應深入瞭解美國的安全作業模式，避免禮遇通關時發生阻礙。尤其，美國運輸安全局（ＴＳＡ）在九一一事件後重組機場安全管理模式，安檢工作採外包民營，安檢人員有時會忽略政府部門的禮遇通知，才會發生這種不愉快。

事後瞭解，這次事件是美方禮賓官遲到所致，雖然美方立刻向我致歉，但畢竟國家尊嚴已有缺損。事件發生後，我隨即訓令外交部駐外人員，台灣相關政府要員過境時，應事先溝通，主動確認每個環節，才能萬無一失。

另一件不愉快的過境事件發生在法國。當時我率團出訪，在巴黎過境，雖然是轉機，但仍須等候數小時之久。隨團訪問成員都能短暫入境，但我卻遭到法國海關人員的阻擋，形成外交部長無法入境的尷尬場景。

任何國家的外長遭受這種失禮對待，必然引發軒然大波，甚至挑起兩國關係的緊張；而台灣卻因國格問題，必須承受這種缺憾，未來如何裨補闕漏，是台灣人的共同課題。

包道格[36]與夏馨[37]

台灣與美國雖無邦交關係，但不可否認，美國仍是台灣最倚重的戰略夥伴。不論是二次戰後的協防關係，或是斷交後以《台灣關係法》對台灣提供安全與保護的承諾。不論我們喜歡與否，都不得不承認美國對台灣的影響力，台美關係是台灣涉外的重中之重。

我擔任外交部長期間，台美關係正產生微妙變化。九一一事件後，美國亟需中國支持它的反恐政策，自然不希望兩岸關係緊張，讓美國爲難；所以，陳總統連任時提出「強化國防」和「對等談判」兩件防禦性公投，立場上雖站得住腳，但在交涉過程中美方卻已顯露難爲之處。

當時，美國在台協會台北辦事處處長是包道格（Douglas H. Paal）。包道格在華府是紅隊（Red Team）十二人幫之一，向來對美國軍售台灣持反對意見，並希望台北與北京進行統一談判。台灣當時正推動修憲，美國在中國的壓力之下，透過包道格頻頻和台灣交涉。

二〇〇四年四月二十六日，外交部舉辦「台灣關係法立法二十五週年」茶會，包道格臨時缺席，代表出席的副處長葛天豪（David J. Keegan）表示，美國對台灣

36 包道格（Douglas H. Paal），美國外交官員，曾任美國在臺協會台北辦事處處長、亞洲基金會理事。現爲卡內基國際和平基金會研究副總裁。

37 夏馨（Therese Shaheen），美國外交官，畢業於喬治城大學外交學院，獲有約翰霍普金斯大學高級國際研究所國際公共政策碩士學位。二〇〇二至二〇〇四年曾任美國在台協會理事主席，現任 Asia International Inc. 主席。

考慮改變憲法的支持是有限度的，如果台灣有所誤解，憲法改變範圍超出美方預期，美國將不會支持，葛天豪放話用意非常明顯。

二〇〇四年六月，針對包道格反對公投的說法，民進黨立委林重謨終於按捺不住，痛罵包道格是美國派來的一條惡狗。針對林重謨的發言，我感到不妥。包道格許多言論，或許不爲民進黨政府所喜，但他是美國的使節，仍應待之以禮。

黨內要求林重謨道歉，但他在六月十日依然強硬地表示：「要我向包道格道歉，一個英文字叫NEVER（絕不），哪裡有這回事？我們在推動公投的時候，他說一句美國的《台灣關係法》，我們推動公投會妨礙區域安全。拜託！我們內部的公投法，會危害區域安全，包道格你算老幾，包道格如果不調回去，我林重謨跟他沒完沒了。」這種回應更讓事態雪上加霜。

陳總統極爲重視此事，隔天，林重謨終於在黨團總召柯建銘的要求下召開記者會，他說：「造成美國政府誤解的地方、困擾的地方，本人基於國家的利益在此深表歉意，基於國家利益，記者會到此爲止。」本來以爲事件可以落幕，沒想到林重謨隨之補上一句：「向美國政府道歉，不是向包道格道歉。」只能算是勉爲其難的道歉。

雖然我以外長身分向包道格致意，包道格也理解這是林重謨個人的情緒宣洩。然而，回顧當時台美間因公投案所形塑的政治氛圍，如果可以減少類似意外，或可緩和台美間流失的互信。

包道格對兩岸關係和台灣朝野的態度，我了然於胸，但身爲外交部長，我仍得設法與他交涉，來爲台灣爭取最大利益。二〇〇五年九月，媒體披露美國國務院對ＡＩＴ台北辦事處長包道格的內部評鑑報告。內容指出包道格表現欠佳，雖有效傳達華府與台北間的觀點，但是領導風格有所欠缺，造成ＡＩＴ台北辦事處士氣低落。媒體得知消息後來問我，但基於外交分際，我告訴記者，只與包道格打過幾次球，不便評論美國的內部事務。

談到打球，包道格與民進黨間的疏離，其實有跡可循。我曾與包道格一起打過高爾夫球，知道他愛抽雪茄，所以每次出訪中南美，我就會帶回一些來轉送給他。球敘時，包道格總是叼著雪茄，輪到他揮桿時，便把雪茄置放在草地上。有一回，他一樣把嘴裡的雪茄放下，邊舉起球桿邊對著我說：「行政工作，ＡＩＴ的職員都已處理得很好，我來台灣的工作就是打球；透過球敘，可以讓我瞭解台灣的政經情勢，但是民進黨人士較少打高爾夫，我只能找國民黨的人來打，所以訊息都來自國民黨，難免會有國民黨的觀點。」我一聽大爲心驚，原來包道格對派駐地點的政情收集，來自於球場，他的外交思維，令人匪夷所思。

陳水扁政府與包道格間的關係雖然不太順遂，但熱情洋溢、個性直率的前在台協會理事主席夏馨（Therese Shaheen）則對台灣十分友好。雖然她在二〇〇四年四月八日我擔任外交部長前離開ＡＩＴ主席的職位，但我們仍有非常良好的互動。

我能當上外交部長，似乎與夏馨有某種程度的關連。二〇〇四年陳水扁以些微差距擊敗連戰，引來泛藍支持者的抗議，陳總統一直期待得到美國政府的賀電，來壓制泛藍陣營的氣燄，但國務院卻遲遲沒有消息。當時夏馨以美國在台協會理事主席的名義對陳總統發出賀電，美方認爲夏馨此舉已凌駕國務院職權，引起高層不悅。另方面，陳水扁認爲簡又新部長無法在短時間促請美國政府發表賀詞而心有疙瘩，埋下簡又新去職之因。

雖然我擔任外交部長時，夏馨已離開ＡＩＴ，但無礙於我們的友誼，夏馨也未曾減少她對台灣的熱愛。

二〇〇五年一月九日，夏馨抵台到外交部來找我，我陪同她去拜會陳總統與呂副總統。夏馨在午宴中表示，她希望能帶更多外國朋友到台灣、親身經歷台灣，來加強國際間對台灣的支持。我也分享一段小故事，多年前兒子首度回台探親，本來以爲台灣比較落後，特別在行李中塞了幾瓶飲用水，回到台灣才發現，台灣繁榮進步，這就是不了解而產生的誤解。

夏馨也認爲，沒有直接接觸就容易產生誤解。她認爲美國領導高層很少造訪台灣，對台灣的印象並不直接，這些美國高層應該親自走一趟，才能眞正理解民主台灣。她許下一個心願，希望能帶更多的台灣生意人到美國，讓他們能認識美國，也讓美國更加了解台灣。

光從這一點，就可看出夏馨的用心，她認眞的把台灣當成朋友，而非虛應故事。早在二〇〇三年六月十五日，夏馨在她上任的首場記者會中表示，美國不支持台獨，不等於反對台獨。夏馨雖指出事實，卻引發中國不滿，後來她又發表對陳水扁友善的談話，更讓中國跳腳。

站在美國政府的立場，快人快語的夏馨透露出許多美方不宜明言的話語，所以她的任期只有短暫的十六個月，然而這都無礙於她對台灣的熱愛，台灣人會永遠記住這位美國友人。

2005年1月9日外交部長任內，陪同夏馨（上圖左一）拜會陳水扁總統。

台灣不是主權國家？

二〇〇四年十月二十五日，美國國務卿鮑爾（Colin Powell）訪問北京接受媒體專訪時表示：「台灣不是主權國家，美國也不會支持台灣獨立，美國的一中政策立場非常堅定。」他還補上一句：「美國希望未來兩岸能夠和平統一」。鮑爾語出驚人，隨即引起台灣震盪。

台灣對鮑爾的說法有各種解讀，有人認爲他的說法沒錯，因爲「台灣」不曾宣布獨立建國，事實上統治台灣的「中華民國」則是已喪失中國代表權的政府，所以他的觀點在國際法上說得通。

英國劍橋大學的國際法學者克洛福（James Crawford）教授在《國際法下國家的成立》（*The Creation of States in International Law*）一書曾針對「台灣的國際法地位」進行深度探討。他明確指出：「雖然台灣在事實上已經滿足除了國家承認外的其他一切國家成立要件，但因爲台灣的政府從來沒有對外明確表示，台灣是一個有別於中華人民共和國的獨立國家，造成世界各國普遍不承認台灣是一個主權獨立的國家，所以台灣並不是一個國家」。

由此可見，純粹從國際法的觀點來分析台灣的國家屬性，確實會產生許多爭論與疑義；但站在維護台灣自主與安全的角度，我們無論如何都無法接受現在的台灣必須從另一個國家脫離出來的論點，而是應該思考如何讓中華民國這個體制在國際社會脫胎換骨。

針對鮑爾的發言，姑不論第一句話的論述方式是否正確，比較嚴重的反而是後面的「美國也不會支持台灣獨立」和「美國希望未來兩岸能夠和平統一」。這兩句話顯示出鮑爾的態度，就算台灣人要獨立建國，美國人也不會支持。

從尊重自決權的普世價值來看，鮑爾的言論其實是退縮的邏輯，國際法院（International Court of Justice）迪特拉法官在「西撒哈拉事件」一案曾說過：「是人民決定領土的命運，而不是領土決定人民的命運。」誠然，一個國家有沒有主權？是否獨立建國？本應取決於土地上的人民，其他國家是否支持或承認則是外部的法律效果，如果人民沒意願，其他國家怎麼可能支持？不過，鮑爾的說法已阻卻了台灣人民追求獨立自主的權利，台灣政府當然應該回應。

我的立場很明確，台灣的主權歸屬台灣人民，根本無庸置疑。當時，媒體來問我這個問題，我斬釘截鐵地表示：「台灣主權屬於兩千三百萬台灣人民所有」。我根據所閱讀過的眾多文獻，與當時的教育部長杜正勝持同樣觀點。我認爲《開羅宣言》雖然提及台灣主權應歸還中國，後來的《波茨坦宣言》和《日本降伏文書》也接受《開羅宣言》，但是這些文件只是新聞公報，不是正式的國際條約。新聞公報和條約不同，新聞公報不具法律效力，條約才是國際法上正式的法律文件。

由此可見，《開羅宣言》和《波茨坦宣言》只是普通的陳述（statement），是戰時單方面的意思表示，就像一個人宣稱他人房屋是自己的財產，也要雙方合意簽訂契約才算數。

所以，一九五二年簽署的《舊金山和約》和《台北和約》（中華民國與日本國間和平條約）僅明定日本放棄台灣，並未明言台灣主權的歸屬，這是歷史事實，無庸爭辯！如果戰後的和平條約明定台灣的主權歸屬中國，何來杜魯門總統提出台灣主權未定的見解？我認爲，國際法文件有層次上的區別，就戰後和平秩序的處理來說，《舊金山和約》的位階最高，雖然國民黨政府有不同表述，但歷史眞相一直存在。

總之，不論台灣的名稱是什麼，它的主權是兩千三百萬人民所共有，任何國家都無權聲稱擁有台灣，這就是我的一貫立場。因此，身爲外交部長，對於鮑爾這段談話我當然不能保持沉默，我請駐美代表處與美方交涉，美國國務院官員在華府向台灣保證，美國的對台政策並沒有改變。

我特別在部長室旁的會客室裡約見美國在台協會台北辦事處處長包道格（Douglas H. Paal），當面表達抗議。我說：「美國向來是台灣最好的朋友，但是貴國國務卿的說法對台灣的國家主權是一種傷害，台灣人民無法接受。」包道格強調美國對台政策沒有改變，鮑爾所謂「和平統一」（Peaceful Unification）的說法，美國國務院已修正爲和平解決（Peaceful Resolution）。

包道格並說明，鮑爾在北京與中國領導人會談時，促請中國重視陳水扁總統在國慶演說的內容，早日與台灣展開對話，鮑爾對台灣仍有善意。包道格還告訴我，別向外界透漏他這一次的行程，言下之意，他對被召見很在意。最後我問他：「對我的抗議有什麼意見？」他回說：「沒有，會向國務院據實轉達台灣方面的聲音。」

包道格雖要求不公開這次的會談，但事涉台灣主權，我認爲他的要求不屬外交慣例範疇，所以在包道格離開外交部後，外交部隨之發布包道格針對鮑爾談話向台灣致歉的訊息。我知道事後包道格對此頗有微詞。

基於維護台灣主權的立場，我在十月二十七日以外交部長身分發表聲明，指出中華民國台灣是主權獨立國家，沒有一個國家可以否認這個立場。美國國務卿鮑爾在北京否定台灣主權及對兩岸未來走向預設立場的談話，忽視台灣長期積極參與國際事務，以及行使國家主權的事實，已經傷害台灣的民主及國格，台灣無法接受。

此事件再度讓我意識到，台美中關係相當重要，也很敏感，美中高層任何涉及台灣議題的談話都具指標性意義，尤其美國對台灣有安全承諾，其總統與國務卿的談話動見觀瞻。一九九八年，柯林頓（Bill Clinton）訪中時提出「新三不政策」：不支持「兩個中國」或「一中一台」、不支持台灣獨立、台灣不應加入須以國家名義加入的國際組織。對此說法，當時的李登輝總統雖說不必在意，卻對台灣的國際空間影響深遠。

從語意上解讀，「不支持」雖不等於「反對」，但柯林頓的說法顯示美國對台政策的限縮，不利於台灣國際空間的爭取。同理，國務卿鮑爾訪中說出：「台灣不是主權國家，美國也不會支持台灣獨立」，或許只是陳述他所認知的事實，但是國際政治會如何解讀？不問可知。

我從黑名單人士變成外交部長，眞正的轉折不是身分，而是場域。我必須提防來自國際場域猝不及防的襲擾，它可能來自素有敵意的中國，也可能來自向來友好的國家。我深深體悟，台灣周旋在大國之間，必須多培養膽識與智慧兼具的外交官，才能爲台灣創造最大利益。

我的感受除了自身經驗外，《ミズーリ艦上の外交官》（密蘇里艦上的外交官）這本書也帶給我很大的省思。

日本前駐聯合國大使加瀨俊一[38]於一九二五年進入外務省，他認爲人活到一百歲，應該爲世人留下一些見證，所以在一百歲的時候出版這本書。他的外交生涯正逢二次大戰，國際局勢雲波詭譎，他曾與邱吉爾、希特勒、史達林等撼動世界歷史的人物交手過；他說二戰前日本軍方沉溺於國勢鼎盛的迷思，但當時許多日本外交官已意識到，一旦發動戰爭，日本必敗無疑。然而當時軍部勢力如日中天，專業的國際政治分析已無法影響決策高層的判斷，讓日本一步步邁向危亡。

這個教訓告訴我們，國家固應培養優秀的外交人才，但領導階層的判斷亦應明晰，才能掌握正確情資，做出眞正對國家有利的決策。

38 加瀨俊一（一九〇三年—二〇〇四年），日本外交官及評論家，活躍於二戰前後，曾任日本入聯後首任駐聯合國大使。

阿米塔吉推波助瀾

一般國家的外交工作大同小異，對外代表國家，與各國和國際組織交涉，一切都在既定軌道上運行。但台灣，在國際上處處遭受中國的圍堵與封殺，爭取邦交國或參與國際組織時，往往碰到適格與否的挑戰，交涉過程稍有不慎，就會自陷困局。

陳水扁執政八年，民進黨一直在理想與現實的夾縫中進退維谷，特別是涉及國家主權的正名制憲、參與國際組織、軍購等議題，在國會屈居少數的民進黨根本動彈不得，經常陷入在野黨杯葛、本土社團批判的窘境。

既已執政，就應勇於承擔。民進黨深知中華民國在國際社會的困境，卻仍必須在這個體制內緩步前進。民進黨執政期間，剛好碰上全球性的反恐議題，所以台灣在國際上的政治動作，非但無法取得同情，還可能產生反效果，外交部往往必須針對偶發的國際事件到處滅火。

二〇〇四年十二月十日，美國副國務卿阿米塔吉（Richard Armitage）接受美國公共電視台（ＰＢＳ）訪問，他說：「我們都同意在一個中國架構下，台灣是中國的一部分。」阿米塔吉算是對台灣友善的美國官員，他的談話自然引起我方緊張，外交部立即透過正式管道向美國表達關切，希望美國不要脫離基本政策。經過交涉，美國國務院同意對台政策沒有改變，阿米塔吉的說法是個人「無心、鬆散而非故意的用字」。

針對阿米塔吉的談話，當時美方確實有意在某些場合講出過去會儘量迴避的話語，尤其阿米塔吉嫻熟亞洲事務，說話凸槌的可能性不高，這是小布希對台灣示警？還是中國經美制台的策略？值得深入推敲。

因爲從鮑爾到阿米塔吉，前者是國務卿，後者是副國務卿，他們談話的時間點很近，內容同樣指涉「台灣主權」。面對媒體時，他們不是隨機應答，這種現象對照起陳水扁執政後期的台美關係，似乎有跡可循。

不可否認，軍購案的延宕是台美關係冷卻的另一重要因素，這部分，當年馬英九領導下的在野黨難辭其咎，國親二黨在立法院聯手阻擋軍購案，當然要對台灣防衛空隙的形成負起一定責任。

反《反分裂法》

二〇〇五年三月十四日，中國全國人民代表大會通過《反分裂國家法》，簡稱反分裂法。歐美各國認爲，反分裂法的制定，非但無助於兩岸和平，更可能挑起區域秩序的緊張。中國憲法把台灣視爲神聖不可分割的領土，反分裂法除再度宣示台灣是中國領土外，對分裂國土者的懲罰，從宣示提升到執行，國際社會咸認這是改變兩岸現狀的作法。

針對中國的蠻橫作爲，台灣舉國上下群情激憤，外交部做爲涉外單位，立即訓令駐外館處說明台灣立場。三月十五日，我出面邀集各國駐台使節，向他們說明台灣政府的基本立場，讓外國使節瞭解中國試圖以非和平方式解決問題，國際社會應認清中國的眞正面目，並促請聯合國採取具體行動。

過去，中國經常宣傳台灣是「麻煩製造者」，但反分裂法通過後，國際社會終於認清中國侵略台灣的意圖。我向各國駐台使節表示，不要認爲反分裂法只針對台灣而事不關己，我以二次大戰爲例，一九三八年九月三十日，英國首相張伯倫（Arthur Neville Chamberlain）和希特勒（Adolf Hitler）、墨索里尼（Benito Amilcare Andrea Mussolini）簽署《慕尼黑協定》，把捷克的德蘇台區轉讓給德國。

張伯倫回到倫敦還得意的說，他帶回來「一代人的和平」；但時隔半年希特勒食言翻臉，吞掉整個捷克斯洛伐克。我希望大家從歷史上汲取教訓，姑息擴張主義，無法帶來世界的長治久安。

中國制定反分裂法時，國際社會比較同情台灣的處境，如果運作得宜，其實可以在國際輿論戰攻下一城，爭取更多的支持。令人不齒的是，就在中國陷入千夫所指的尷尬時刻，共產黨的宿敵國民黨，突然搖身一變成爲救援投手，四月二十六日，總統選舉二度落敗的連戰以中國國民黨主席的身分訪問中國。

從政治意義上來說，連戰是中華民國政府遷台五十五年首位重返中國的國民黨主席，如果他能謹守立場，外界頂多批評登陸時機不對。不過，出人意表的是，他懷抱著對台灣的恨意，不但對中國的反分裂法未置一詞，更說出「聯共制台」如此石破天驚的謬論。所以，荒腔走板的反分裂法被連戰賦予正當性。連戰的做法，牽動藍營走向，讓台灣反擊中國的力道更爲削弱。

從撰寫《台灣通史》，稱「台灣固無史也，荷人啓之，鄭氏作之……」的連橫，到連震東、連戰、連勝文，連家四代在台灣高官厚爵，享盡榮華富貴。但兩次總統選舉落敗的連戰，卻在中國「連爺爺！您回來了」的召喚下，不惜出賣台灣主體。連家的歷史定位，雖尚未定論，但二〇一四年台北市長選舉，連勝文的落選，似乎已可看出端倪。

柯林頓的忠告

馬英九上台後數度拋出洽簽《兩岸和平協議》的說法，令人不解的是，不論是國共和談的慘痛經驗；或是中共誘騙西藏的和平協議，馬英九似乎無視這些歷史教訓，他天眞的認爲：台灣和中國簽訂和平協議，就能換來萬世的太平？

二〇〇五年二月二十七日，美國前總統柯林頓（Bill Clinton）應台灣民主基金會之邀來台演講，他在台北賓館與陳總統闢室密談近一個小時，兩人就兩岸關係、台美合作等問題交換意見。陳水扁就當時一些台美學者提出兩岸簽署和平協議的說法，當面請教柯林頓。

在這場閉門會議中，我全程作陪，柯林頓向陳總統表示，他反對兩岸簽署和平協議，因爲中國屆時一定會提出許多對台灣不利的條件，台灣根本無法應付。柯林頓還認爲，和平協議有其時限，換約時，同樣的情況會不斷上演，「如果這次接受了，那下次呢？還要繼續讓步嗎？」

柯林頓站在美國的角度思考，明確反對兩岸簽署和平協議。

馬英九執政八年，他的行爲模式已經有一套公式可循，他的兩岸政策凌駕於內政外交之上，所以不論執政成績如何，兩岸的架橋工作永遠是他的第一順位，只要有助於把台灣納入中國框架，任何方式他都勇於嘗試。所以他在二〇一五年十一月七日總統任期僅剩半年時，與習近平合演一齣全球聚焦的馬習會，縱然整個會談過程充斥不對等的現象，馬英九仍以完成艱鉅的歷史任務而沾沾自喜。

馬英九囿於一中的深層意識，即便支持度一再探底，他還是不惜爲接任者設下框架，繼續操控台灣人的命運。這是馬英九的終極認同，卻是台灣人民的致命危機！

2005 年美國前總統柯林頓應台灣民主基金會之邀來台演講。（照片提供：台灣民主基金會）

前後任總統的訪美衝突

二〇〇五年九月，陳水扁總統計畫出訪中南美洲，順道過境美國，而李登輝前總統也正好安排於九月底或十月初赴美訪問。當時傳出美方透過管道，希望台灣兩位前後任總統，延緩赴美行程。

訊息披露後，新聞媒體與見縫插針者，都把評論聚焦在李登輝和陳水扁兩人的關係上，有人認為李登輝訪美行程所以生變，是陳水扁從中作梗所致。

二〇一五年十月，前總統府資政吳澧培發表自傳《一個堅持和無數巧合的人生》，提到這段往事。吳澧培提起二〇〇五年李登輝向他表達訪美意願，並希望他協助安排到華府訪問，吳澧培便尋求阿拉斯加州長穆考斯基（Frank Hughes Murkowski）的協助，穆考斯基表明樂於邀請李登輝到阿拉斯加當州長貴賓，並願意陪同李登輝到東岸和華府訪問。後來陳水扁決定九月中旬出訪，美國在台協會（AIT）台北辦事處包道格遂拜訪李登輝，向李說明台灣前後任總統在一個月內相繼訪美，政治上較為敏感，希望李登輝的行程能夠延後。

吳澧培書中還提到，當時外交部長陳唐山也曾拜訪李登輝，提出相同看法。尤有甚者，總統府副秘書長黃志芳表示：「現任或卸任總統，哪一位重要？」要求吳灃培說服穆考斯基收回對李登輝的邀請。

吳灃培向穆考斯基說明後，穆氏隨即向美國國安會查證，但他的訊息似乎和吳灃培有所出入。他還反問吳灃培：「陳水扁內部是否有人從中作梗？」事後，大家一致推論，是台灣的國安會有人透過美方管道向駐美代表處傳遞假消息所致。

陳總統出訪行程依計畫進行，二〇〇五年九月二十日啓程前往中美洲訪問，九月二十一日過境美國邁阿密，接受美國國會「人權連線」所頒發的人權獎章。不過，美國國務院發言人厄立（Adam Ereli）卻指出，美國根據安全、舒適、便利以及尊重旅客尊嚴的準則，批准陳水扁的過境要求。但是他在美國的活動必須符合私人及非正式的過境目的，不能有傳媒採訪及公開活動，限制可謂相當嚴格。

當時我是外交部長，不論陳水扁或李登輝的訪美行程，都必須透過外交部與美方接洽，我對當時的交涉情形印象深刻。所以，吳灃培的說法，可能忽略了影響台灣前後任總統同時赴美訪問的眞正因素，加上傳聞和推論，加深了若干人對陳水扁的誤會。

當時的情況是，黃昆輝先到外交部來找我，向我說明李登輝的訪美計畫，並請外交部協助。我告訴他：「李前總統要出訪，外交部一定全力協助，不論行政支援或外交接洽都沒問題。」我再問黃昆輝：「這件事是否已經告知陳水扁總統？」黃說：「還沒」，我說：「前總統訪問美國是大事，最好讓陳總統知道一下。」黃昆輝說他會向陳總統說明。

我隨後向陳總統報告此事時，他不但支持，並指示外交部全力協助。

但沒多久卻傳出陳水扁杯葛李登輝出訪的謠言，我知道這是有心人故意挑撥李扁關係，所以交代外交部幕僚把連繫李登輝訪美的相關洽商過程做成摘要，帶著這些資料去見李登輝，向他說明陳水扁絕無杯葛之意。

看完資料後，李登輝完全瞭解外交部協助他出訪的積極作爲。這是我親自處理與接洽的過程，希望能留下第一手見證，避免以訛傳訛。

話說回來，造成李登輝訪美生變的眞正因素並非李扁不合，而是美中關係。中國國家主席胡錦濤原本計畫在二〇〇五年九月五日起到美國訪問三天，但是九月四日新華社突然發布消息，中美兩國元首在通過電話後，胡錦濤與布希的「布胡會」將延遲進行。當時中國方面的說法是卡崔娜颶風（Hurricane Katrina）對美國南部三個州造成重大災情，所以胡錦濤不宜在美國全力救災時訪美。但我從各方情資研判，是因美國同意陳水扁過境，引發中國不滿所致。

二〇〇二年，胡錦濤還是國家副主席時曾訪問美國，二〇〇五年是他擔任國家元首後的首度訪美，意義當然不同。所以，布希在二〇〇五年初向胡錦濤表達邀訪之意，雙方已開始進行磋商。此時，台灣方面卻也有現任與卸任總統的訪美計畫，短期間內兩岸三位領導人先後訪美，政治意涵頗大，中國當然不能接受。

最後交涉結果，美方雖然同意陳水扁過境，卻試圖以壓縮規格來換取中國的諒解，無奈中國還是不領情，當美國同意陳水扁過境時，中國索性選在胡錦濤出訪的前一天宣布取消行程，讓美國難堪。

隔年五月，我以總統府秘書長身分訪問美國，曾經與美國公關業巨頭Barbour, Griffith & Rogers公司的總裁Robert Blackwill談起這段往事，他分析當時美國對陳總統過境案的決策過程，並指出幾項美方的考量因素。其一是伊朗問題，再來是兩岸國家元首同時訪美的效應，美國擔心陳總統過境成功，讓外界產生對比，認爲胡錦濤是失敗的訪問；另外，積極主張與中國交往的副國務卿佐立克（Robert Zoellick）對決策也有影響，加上美方對陳總統的新憲構想存有疑慮，從而產生互信問題；另外，台灣要求的過境地點是否過於高調，這些都是美方必須考量的因素。

根據Robert Blackwill的分析，可以發現中國因素對台灣政府高層訪美具有相當程度的影響力，即便中國未向美國施壓，美國還是會從地緣政治的角度出發，來維護美國的利益。台灣內部單純以扁李心結來進行解讀，反而讓事實眞相更加混淆。歷史鏡像本就如此，角度不同看法也跟著不同。

在擔任總統府、國安會秘書長期間，我經常扮演陳總統和李前總統之間的橋樑。做爲一個旁觀者，我瞭解李前總統對國家方向有其急切感，但陳水扁身經百戰，對國政早有定見，因而有意擺脫李前總統的羈絆。

雖然互有心結，但我在二〇〇七年探望李登輝時，陳總統仍不忘吩附我轉送生日禮物給李前總統。談話過程中，李登輝免不了還是會批評陳水扁幾句，但話鋒一轉，他根據自己在國民黨的經驗，要我轉告陳水扁，一定要挑選自己信賴又能當選的人參選總統，否則一旦讓國民黨上台，下場一定會很慘。

回到總統府，我當然沒有把李前總統批評的話語告訴陳水扁，但據實轉述李登輝的建議，陳水扁要我向李登輝道謝。

揆諸歷史，李登輝當年所言不假，這並非他料事如神，而是國民黨延續中國數千年來的鬥爭文化使然。

台灣與烏克蘭

外交部長的公務行程都紀錄在外交部的檔案中，不過，礙於台灣國際處境艱難，外交人員有時為了爭取國家利益，得煞費苦心，解決一些正常國家外交官不會碰到的問題。

以個人的親身體驗來說，只要能拓展外交關係，我全力以赴。當時台灣曾與若干前蘇聯共和國的成員接觸，雙方有意發展進一步關係，其中一個是烏克蘭。

當時烏克蘭總理是著名的天然氣公主提摩申科（Julia Volodymyrivna Tymošenko）[39]，二〇〇四年七月二日，提摩申科聯盟與尤申科（Yushchenko）[40]的「我們的烏克蘭」合組「人民勢力聯盟」，十月尤申科贏得總統選舉後，提名提摩申科擔任總理。

提摩申科與尤申科都是橙色革命的領導人，比較親近西方，他們勇於接觸新的外交關係。台灣雖受限於特殊的國家處境，但我們仍有豐富的軟實力，台灣和烏克蘭，就是因台灣的高醫療水準而有所連結。

提摩申科總理的父母因病不良於行，縱然財力雄厚，卻遍訪名醫仍未起色，後來有人告訴提摩申科台灣醫術精湛，不妨嘗試看看；她也欣然同意，並安排父母來

39 提摩申科（一九六〇年十一月二十七日—），時任烏克蘭總理，從政前為企業家，也是橙色革命的領袖之一。

40 尤申科（一九五四年二月二十三日—），前烏克蘭總統，也是橙色革命的領袖之一。二〇一〇年總統選舉落敗，因而退出政壇。

台就醫。提摩申科曾表示，如果雙親病情好轉，她願意親自來台灣接父母返國；我們評估，烏克蘭現任總理若能來台，必然是件大事，於是全力準備，努力促成此事。

提摩申科的父母到台灣後，外交部安排他們到榮民總醫院接受治療。檢查後，在榮總採用傳統針灸療法的醫治下，病情漸有起色。我曾招待他們吃飯，他們除感謝台灣政府外，對自己病情充滿希望。

台灣的醫療水準確實令人驕傲，他們坐著輪椅來台灣，但回國時已經可以緩步行走。遺憾的是，當提摩申科的父母準備回國時，烏克蘭選舉剛落幕，提摩申科所屬政黨僅以些微差距險勝，幕僚評估，以當時烏克蘭的政治情勢，總理出訪無邦交關係的台灣，勢將承受中國龐大的政治壓力，烏克蘭國內恐將掀起浪濤，提摩申科因而打消出訪台灣的計畫。

台灣用盡全力來醫治她的父母，提摩申科銘感於心，台烏關係就在這種和諧的氣氛下默默發展。

離開外交部後，台烏關係持續發展。我擔任國安會秘書長的時候，透過前國安會副秘書長張旭成的安排，二〇〇七年十一月，我們一起啓程前往烏克蘭。

抵達烏克蘭的時候正逢冬天，當天由尤申科總統的幕僚來接機，從機場直接抵達總統官邸。官邸占地遼闊，從大門口到總統寓所要經過一大片茂密的樹林，環境幽靜。當我們進入寓所的時候，並沒有被引導到會客室，而是被邀請到官邸的溫水游泳池。

正當覺得納悶的時候，總統幕僚請我們依照烏克蘭傳統寬衣下水，坦誠相見，增進互信。這與日本人一起泡溫泉的文化，有異曲同工之妙。所幸，在場都是男性，我和張旭成入境隨俗，一絲不掛地跳進游泳池。一段時間後眾人聚集池畔吧檯，在無衣狀態下，飲酒聊天，雖初次見面，彼此間卻很快就拉近了距離。

在那次「毫無保留」的晤談後，雙方本有可能發展進一步關係，可惜最後在中國的壓力下，這場外交活動終究變成一場插曲。

外交人員竭力追求國家利益，有犧牲奉獻的一面，但「全裸外交」對我來說，不僅是生平第一遭，恐怕也是多數外交官未曾經歷。如今回想，尷尬與否並不在我當時的思考範圍，我關注的是如何把外交工作做好。

那次訪烏行程，我們拜會了提摩申科總理的秘書長和尤申科總統的兄長，以及尤申科總統的姪兒，雖未見到總統和總理，但回顧當時在中國滴水不漏的封鎖下，我們也已盡了全力。

帛琉的蝙蝠湯

湛藍的天空，清澈的海洋，這是南太平洋島國帛琉的迷人風貌。二〇〇五年一月二十七日，陳總統展開「海洋夥伴、合作之旅」的南太平洋友邦國是訪問，首站造訪帛琉，這是中華民國總統首度訪問南太平洋，也是第一次出訪帛琉。

這次出訪，讓我們對帛琉留下深刻印象；在「拼外交」的嚴肅氣氛下，也是難得輕鬆的回憶。

帛琉有一種蝙蝠只吃水果，稱爲「水果蝙蝠」，當地人視爲珍饈，帛琉總統雷蒙傑索（Thomas Esang Remengesau, Jr.）爲了迎接陳水扁總統，特別在國宴上準備蝙蝠湯來款待台灣訪問團。

蝙蝠湯的烹調方式很簡單，既不除毛去皮，也不掏除內臟，而是把整隻黑色大蝙蝠放在一只大碗裡，除了那對翅膀顯示它是一隻蝙蝠外，其樣貌就像一隻煮熟的老鼠仰躺著，齜牙裂嘴的猙獰面目呈現眾人眼前。乍看之下，根本毫無食欲。

陳總統看到面前擺著一隻大蝙蝠，一時不知如何處理，有人告訴他，帛琉總統準備當地的珍貴食材來款待我們，總是要品嚐一下，以示尊重。陳總統還問身旁的新聞局長林佳龍：「這要怎麼喝？整碗捧起來嗎？」當陳總統正納悶該如何下手的時候，還好雷蒙傑索總統先行示範，他用刀子把蝙蝠劃開後，切下一塊肉來，再用叉子把肉送入口中。

這時，我看到面有難色的陳總統拿起叉子在蝙蝠身上戳了幾下，接著挖起一小塊肉送進嘴裡，喝了一口湯後，就不動聲色地把整碗湯推到我的面前。台灣的飲食文化裡從沒吃蝙蝠這回事，當下我眞的有難以跨越的心理障礙，但又不能失禮，於是一鼓作氣，依樣畫葫蘆的吃了一小塊肉，接著喝一口湯，再把這碗令人不敢恭維的蝙蝠湯推回陳總統的座位前。

事後，隨行的記者笑稱，面對這隻蝙蝠，陳總統在主人面前不得不吃，虛應故事後，找個替死鬼，所以把這隻蝙蝠推到我面前。

雖然只是一件無關宏旨的小事，卻是我與陳總統共同經歷的趣事，所以記下一筆，以茲紀念。

從中國看唐山

以中國的眼光來看，海外黑名單時期我是一個不折不扣的分裂祖國分子。返國擔任外交部長後，中國更認定陳水扁任命我，意在推動台灣獨立。

二〇〇四年四月十六日我出任外交部長後，中國相關智庫、對台研究單位也針對我的過往進行起底式研究。二〇〇四年六月一日中國社會科學院台灣研究所研究員張鳳山有一篇關於我的文章，我替他下了「從中國看唐山」的標，並把原文原字節錄如下。

陳唐山——台灣人「外交工作」老手[41]

張鳳山

游錫堃新「內閣」中「外交部部長」陳唐山，格外引人注目。陳唐山是什麼人？

陳水扁目前爲什麼要重用他？

海外「台獨」大佬級人物

一九六四年陳唐山一到奧克拉荷馬大學，就與已經從事「台獨」活動的陳榮成同一寢室，在其影響下積極參加分裂祖國的活動，在奧大諾曼校區校園，散發「台獨」刊物《台灣青年》和《台灣通訊》，爲「台獨」勢力搖旗吶喊，並很快組成了以他爲首的「台灣同學會」，他們打著「聯誼」的旗號，進行「台獨」活動。一九六六年六月，陳唐山與陳以德、蔡同榮、張燦鍙等人一起，創立「全美台灣獨立聯盟」。

一九七〇年一月，「全美台灣獨立聯盟」、日本的「台灣青年獨立聯盟」等五個組織，合併成「台灣獨立聯盟」。當時，台灣《顯微鏡》雜誌曾說：「陳唐山在『台獨聯盟』的成員中，地位僅次於張燦鍙、洪哲勝」。這話雖不十分準確，但從

41 原文載於：https://goo.gl/0T27me

中可以看出陳在「聯盟」中的分量和地位。

一九七四年九月「世界台灣同鄉聯合會」（簡稱「世臺會」）成立。這是一個被「台獨聯盟」操控的組織。陳唐山從一九七九年七月至一九八四年七月，連任其第六至第十屆會長。

一九七六年，「台灣人權協會」在美國成立。陳唐山自一九七七年至二十世紀九〇年代，一直是「台灣人權協會」華盛頓分會會長。據老牌「台獨」分子陳婉眞說，「台灣人權協會」在「台灣人公共事務會」建立之前，「在美國台灣人團體中，是比『同鄉會』更具政治性，又比『台獨聯盟』較不敏感的，推動台灣島內民主化的一個相當重要的全美性社團。」

鑒於台灣民主化興起、在美國的「台獨」勢力中，「民主自決」派不斷壯大，一九八二年二月，王桂榮、蔡同榮、陳唐山等人拼湊「台灣人公共事務會」，簡稱「FAPA」。它以遊說駐在國政府尤其是美國國會爲主要活動手段，曾有「台獨外交部」之稱。首任會長蔡同榮，第二任即爲陳唐山，其勢力被稱爲「FAPA陳派」。陳長時間主管「FAPA」「外交工作」，直到一九九二年二月《民眾日報》還報導：「FAPA」「近日完成幹部改組，國會遊說老手陳唐山復出，接掌『外交』與社團聯繫。」

一九八八年十二月，「台灣國際關係中心」成立。它也是一個以遊說爲主要活動手段的組織，所以被定性爲「另一個『台獨』外交部」。但是該「中心」以直接

「追求獨立的目標」。陳唐山也是它的領導人之一，且又主管「外交工作」。「台灣獨立聯盟」、「台灣人公共事務會」、「世界台灣同鄉聯合會」、「台灣國際關係中心」、「台灣學生社」，這五個破壞性很大的「台獨」組織，它們自稱是海外「五大台灣人社團」。陳唐山一人橫跨了其中的四個，並都佔有舉足輕重的地位，這在海外「台獨」頭目中是僅有的。

陳唐山分裂祖國等活動的特點

（一）立場頑固　手段圓活

陳唐山是「台獨」勢力中的激進分子。他在「台獨聯盟」屬張燦鍙系統，在FAPA中，也屬強硬的「盟裏派」。與陳唐山交情匪淺，曾用郵包炸彈謀殺謝東閔的王幸男：「陳唐山外表看起來溫和，事實上，被列爲『台獨』黑名單的二十九年中，他的主張是傾向積極革命的『台獨』。」

陳骨子裏雖是「鐵桿台獨」，但行動務實，做法靈活。比如，「美麗島事件」發生後，他「義不容辭地向國民黨執政當局提出嚴重的抗議，要求釋放『無辜』，『尊重人權』」。但當因受這一事件刺激而成立的「台灣建國聯合陣線」，提出讓國民黨「罪惡政權徹底從整個地球上消失」時，陳唐山作爲「世臺會」會長，卻藉故「沒有簽字」。另外，他還協助國民黨處理一些「國際糾紛」。如二十世紀八

○年代中期，陳到印尼駐美大使館交涉，使印尼政府同意釋放被捕的台灣漁民及漁船。陳唐山這個被列入「黑名單」的人，也相應得到國民黨的另眼看待，早在一九八七年他就被國民黨批准返臺，並受到國民黨高層李煥、章孝嚴接見，一九九○年春，李登輝又邀陳唐山等參加「國是會議」，爲台灣「憲政改革」出謀劃策。

（二）**廣結善緣　人脈豐沛**

陳唐山不論在哪個「台獨」組織，他都參與或主管「外交」事務，進行遊説活動，故有「台灣人『外交工作』老手」之稱。有人説「所有向美國告洋狀，攻擊污衊國民黨的舉措，大多出自他的策劃。」在此過程中，陳不但與美國國會，國務院人權單位，也和美國民間人權組織、教會組織等方面建立了良好的關係，與美國高層的某些人如參議員佩爾、索拉茲、肯尼迪，「美國在臺協會理事主席」卜睿哲、現任「美國在臺協會台北辦事處處長」包道格等都私交甚篤。一九九一年三月原定參加「島內外獨派馬尼拉聯席懇談會」的多人，因國民黨的工作無法進入菲律賓，唯有張燦鍙、陳唐山等三人，由佩爾等向菲強力交涉，得以入菲。

陳唐山和國際性的人權團體，如「大赦國際」、「亞洲觀察」、「世界人權協會」等也有往來，並曾到過荷蘭、西德、奧地利等國，會見其外交部官員，「討論台灣的人權狀況，期望他們支援『台獨』」。

（三）**效果明顯　受到賞識**

陳唐山等人分裂祖國的遊説活動，動作頻繁，效果明顯，曾對美國國會通過的某法案造成過重大影響，如與《台灣關係法》中的所謂「人權條款」、一九八一年十二月美國眾參兩院通過的「給台灣兩萬移民配額的提案」、一九八三年十一月美國參議院通過的「台灣前途決議案」及一九八九年七月的「台灣前途修正案」等等，都刻有他們遊說的痕跡。參議員肯尼迪曾稱讚這些人說，他任職參院二十多年，見過很多遊說團體，但「沒有一個團體能像你們的組織那樣對美國國會議員的想法發生那麼重大的衝擊。」

陳唐山在任職「世臺會」會長期間，還策劃了一個「里程碑性的活動」。一九八二年六月，黨外人士康寧祥、黃煌雄、張德銘、尤清對美國進行訪問。七月初「世臺會」在休斯頓召開第九屆年會。「世臺會」和康寧祥四人都亟圖衝破事前台灣當局的警告：「世臺會」爲「台獨聯盟」所把持，凡我公職人員如參加該年會，將「依法處理」，進而打破長期以來國民黨不准兩股勢力公開勾連的忌禁，爲「台獨」勢力滋長、發展開拓空間。於是雙方合謀，康寧祥等人在「世臺會」會場樓下咖啡廳發表演講，在樓上開會的「世臺會」許多成員下樓來聽，從而「做了一次有接觸又沒有接觸」的「技巧性接觸」。這四人還與全美二十四個台灣同鄉會發表「共同聲明」，鼓吹：「台灣的前途應由台灣一千八百萬人共同決定。」這些活動不僅如願以償地打破了國民黨的忌禁，還爲以後的活動定下階段性「共同行動綱領」。

（四）務實低調　默默耕耘

陳唐山回到台灣之後，不像蔡同榮等人那樣鋒芒畢露，經常見諸媒體。他似乎把主要精力都放在台南市市政[42]上，媒體上很少看到他的消息。在民進黨中派系色彩不濃，屬於疏散的「主流聯盟」系統，所以陳唐山從沒有擔任過民進黨的中執委、中常委和中央評議委員會委員。

爲什麼陳水扁敕令陳唐山執掌「外交部」

台灣「行政院長」游錫堃在陳唐山上任時說：「外交部長代表總統、外交部是主權象徵。」

（一）要他充實「血統純正綠色政權」，讓台灣「走出去」。陳水扁心底要的是「台灣獨立萬萬歲」，是民進黨政權的「江山永固」。但是剛上臺時，他爲了裝扮「新中間路線」的需要，更主要的是出於當時客觀形勢的需要，不得不在「內閣」、「五院」人事上，做一些過渡性的安排。經由此次「大選」，陳水扁自認，建立「血統純正綠色政權」的時機已經到來，實現民進黨「全面執政」、「長期執政」的曙光，已經出現。

陳唐山「台獨」立場頑固，可作「血統純正綠色政權」的「形象大使」；可成爲自己推行得心應手的工具。陳唐山有「外交長才」，活動手段圓活。臺「外交部

42 應指台南縣縣政。

次長」高英茂強調「陳唐山是務實派，面對台灣艱難的外交處境，務實的作風將讓外交關係有實質進展。」陳水扁期盼陳唐山能幫其圓「未來兩年之內完成加入世界衛生組織」、讓台灣「勇敢地走出去」的夢想。

新「外長」人事定案伊始，陳唐山就表示：「陳總統表明二〇〇六年制憲，作爲外長，要配合陳總統主導的國家整體方向，將在不損傷台灣主體性及讓國際了解我們無意改變現狀的情況下，充實建國的內涵。」這話既表明了他對陳水扁的深刻了解、一片忠心，也顯出陳唐山搞「台獨」頑固、圓活的特點。

（二）要他遊說美國，加強美臺「實質關係」。陳水扁認爲，「台灣的機會在於其戰略地位之重要性，因爲一個不友善的中國若掌控台灣，美國在亞太地區的嚇阻鏈即產生破綻，必須退到關島、塞班島一線，甚至遠遠退到夏威夷。」陳以此爲資本，將美國視爲「台獨靠山」。但陳水扁也清楚，無論是要修復前階段因「公投」出現的美臺關係裂紋，還是要在今後四年裏依靠美國落實「就職演說」，都不是一件容易的事情。這就需要陳唐山這樣的人。他熟悉那裏的情況，在美國有豐沛的人脈，更重要的是他受美國歡迎。陳水扁認定目前只有陳唐山，才有望不辱君命，把握美臺間利害的最佳結合點，加強臺美「實質關係」，進而幫助落實他「就職演說」中提出的各項目標。

據說陳唐山在被內定爲「外長」後就誇下海口：「我一上任，即會竭盡所能地對此事（即美臺關係）加以修補」。陳水扁臆斷，無論什麼問題，只要做通美國的工作，其他國家就容易擺平。

（三）需要用他加大拉攏海外「台獨」勢力的力度。陳水扁重用陳唐山的目的，也在於進一步攏絡海外「台獨」勢力。陳上臺後把這股力量作爲擴充人才隊伍、擴展民意基礎、擴大外交資源的重要倚重力量，一直給以厚待。他還讓姚嘉文出面將「世界台灣同鄉會聯合會」、「台灣人公共事務會」等二十六個北美「台灣人社團」，拼湊「世界台灣人大會」；支援吳澧培組織「福爾摩莎基金會」。在過去幾年裏，凡是他們召開的重要大會，陳水扁幾乎場場發聲。不久前的五月二十三日，陳水扁又參加「FAPA」晚會，還特別脱稿向「台獨」人士喊話：「懇求大家支援政府、拜託支援五二〇就職演説」。今後，陳水扁要貫徹「公投、制憲、建國」理念，需要它們支援；要兼顧島內外現實，又需要它們理解。

陳唐山在海外「台獨」勢力的重要組織中，幾乎都擔任過要務，至今與這些組織及其頭頭們有著多重的密切聯繫。這使他不僅可以密切已經封官進爵的頭頭們和民進黨政權的關係、加強這個政權與海外台灣人的聯繫，還可以運用海外「台獨」勢力在海外尤其是在美日的遊説力量。例如，「FAPA」目前正在推動台灣加入世界衛生組織（WHO），而「福爾摩莎基金會」則狂稱，它的遊説目標是：「促成美國國會修改台灣關係法，在條文中強化台灣若遭受任何威脅包括武力攻擊時，都是美國極爲關切的事件，明確表達台灣的將來由台灣人民決定。」

（四）擴大政權民意基礎，兑現「重用」承諾

陳水扁以微弱多數取勝，合法性又受到強烈質疑，故現在的陳水扁政權，很有顯示民意基礎的必要性。陳唐山就有這種象徵性作用，他在台南縣勤於政務，大力推動台南成爲科技縣，爭取南部科學園區進駐台南市，「深得民心」。在媒體的全臺縣市長民調中，陳唐山滿意度總是高居第一；一九九七年以65.73%全台灣最高票連任台南縣縣長；二〇〇一年又以高票當選「立法委員」。

另外，有材料披露：去年陳水扁與陳唐山達成默契，陳水扁告訴陳唐山，如自己連任會重用他；陳唐山則向陳水扁保證，將爲其「三二〇」選舉在台南縣拉到65%的選票。現在看來，陳唐山沒有食言；陳水扁敕令他當「外交」部長，似乎也是在兑現「重用」的承諾。

附：陳唐山簡歷

陳唐山（又名陳萬金）[43]，一九三五年出生於台南縣鹽水鎮農莊，一九五九年台灣大學大氣物理系畢業，一九六四年赴美就讀于美國奥克拉荷馬大學，一九六六年獲大氣物理碩士學位，一九七二年獲普度大學地球物理學博士學位。一九七三進入美國聯邦政府商業部工作，曾在聯邦政府太空實驗室從事人造衛星資料分析，到一九九二年五月回台灣，在美國政府部門連續服務十九年。在美期間，曾經擔任美

43 本人從未使用此名，係維基百科誤植。

國亞洲資源中心主任，美國國際開發中心董事。

陳唐山一到美國就走上了「台獨」不歸路。在海外「台獨」勢力將「鬥爭主戰場」轉向島內，發起「海外返鄉運動普遍化」活動的尾聲中，他于一九九二年五月返臺，很快加入民進黨，十二月當選第二屆民進黨籍「僑選立法委員」，一九九三年十二月當選第十二屆台南縣長，一九九七年十一月連任，二〇〇一年十二月，在台南縣當選第五屆民進黨籍區域「立法委員」。

陳唐山屬於民進黨鬆散的「主流聯盟」系統。

（原刊於中國網，二〇〇四年六月一日）

兩個秘書長

當了兩年的外交部長後，二〇〇六年一月二十六日，陳水扁總統任命我為總統府秘書長。當天由呂秀蓮副總統主持交接典禮，她說，總統府幾年來親民有餘，但威望有點流失，期許我能大力提升總統府及總統的尊嚴。

沒料到，呂副總統的話，竟一語成讖。在我擔任總統府與國安會秘書長那兩年，藍營對陳水扁的憲改和終統政策全力杯葛，更以國務機要費為突破口，對阿扁和他的家人，進行全面性的追殺。

我擔任外交部長時，曾舉辦過兩次「新興民主國家論壇」，這些國外領導人與政要，在會議中得出一個結論，新興民主國家在舊司法、媒體勢力的反撲下，往往再度失去政權，台灣不幸也陷入同樣的歷史輪迴。

荒謬年代的荒謬產物——廢國統會

二〇〇六年一月二十九日，扁友會在麻豆國中禮堂舉行「二〇〇六年台南鄉親歡聚新年大團圓」餐會，我陪陳總統伉儷出席餐會。陳總統致詞時強調堅持民主改革的理想，走台灣意識的道路，要把台灣變成完整美麗的國家。

他還提到三條路線，就是認眞考慮廢除國統會及國統綱領、以台灣名義申請進入聯合國和公投民間版台灣新憲法；這是他擔任總統以來首度同時拋出終統、入聯、新憲法的主張，可說是陳述最明確的一次。從這天起，他註定成爲中國政權追剿的戰犯，做爲一個近身觀察者，我有很深感觸。

當時我剛接任總統府秘書長，全程參與終統案的處理，親眼見證陳總統把《國家統一綱領》這個剝奪台灣人民自由選擇權的桎梏拿掉，讓台灣人民能自己決定國家前途。他的做法不但合乎法理，更是尊重人民的態度，但是國內泛藍勢力、中國和美國的反彈力道，卻是不容小覷。

有人認爲，陳總統的新春談話是臨時起意，二〇〇六年二月六日，我在府院黨協調會報上說明，針對這些議題，陳總統在對外發言之前，已有兩次向我提及，我確定陳總統已經過深思熟慮，而非冒進之舉。

回顧當時情境，陳總統廢除國家統一委員會的春節談話，其實與立法院的決議有某種程度的關聯性。當時，立法院決議要求總統府解散無法源依據的非編制內組織，總統指示我和國安會邱義仁秘書長在二月底前研議出兼顧法律、政治層面的解決方案。我邀集憲改辦公室、科技諮詢委員會、國安會等相關單位進行研議；與會人士認爲，必須從法律、政治效應兩大層面來考量。

陳總統拋出考慮廢除國統會的議題後，國內外開始發酵，美國國務院公開質疑這種做法有片面改變台海現狀的疑慮；二〇〇六年二月五日傳出布希總統感到不悅，美國媒體《尼爾遜報導》（*The Nelson Report*）指出布希對陳水扁考慮廢除國統綱領的談話表達憤怒，甚至說出「又來了！」來批評陳水扁。對此，我向記者說明，台、美各有其國家利益及立場，台灣會透過各種管道與美方溝通，不希望引起不必要的誤會。

針對美方的態度，我在二月十七日向媒體說明，陳總統的新春談話，是因爲國統會的存在本就欠缺正當性。國統會是限縮台灣未來的政治框架，台灣與中國是否統一本應透過民主程序取得人民的授權，依照人民自決的法理，反映民意最具體的途徑就是公民投票。何況國統綱領，是由國民黨中常會批定後成立，毫無民意基礎，要求民進黨政府執行這種違背正當程序的組織及政治框架，根本於法無據。

當時我是民進黨當然中常委，二月二十二日我在中常會上發言，指出前陸委會主委蘇起已承認「九二共識」是他自創的名詞[44]，我在中常會提案，要求馬英九爲

44 二〇〇六年二月，前總統李登輝爆料，指「九二共識」是陸委會前主委蘇起「製造」出來的，還暗批蘇「小小一個猴囝仔想製造歷史」；現任國民黨立委蘇起坦承，九二共識是他在二〇〇〇年時，爲重新包裝「一中各表」所自創的名詞。對於李的批評，蘇起低調回應：「希望李前總統保重身體，不要生那麼大的氣。」引自《蘋果日報》，二〇〇六年二月二十二日，http://ppt.cc/8PqFi

虛擬的「九二共識」向全民道歉，並獲得通過。當時我的提案就是要讓人民瞭解統一政策的虛妄，進而取得廢除國統綱領的正當性。

至於美方的疑慮，在不斷溝通後，也達成某種程度的諒解。交涉過程中，布希總統指派國安會亞洲事務資深主任偉德寧（Dennis Wilder）來台灣見陳總統。不過終統是台灣堅持的立場，無可退讓；美國則希望進行損害控管，避免影響美中關係。雖然雙方各有立場，但都沒把話說死，經持續溝通後，終於找出大家都能接受的方案。

經過二十幾天的交涉，最有爭議的英文用語終於拍板定案。陳總統於二月二十七日召開國安高層會議，決定「國家統一委員會」終止運作及《國家統一綱領》終止適用，並由總統府秘書長依行政程序簽報總統。會後，我和國安會秘書長邱義仁、總統府副秘書長馬永成、外交部長黃志芳等人共同召開記者會。

我向媒體說明，最後我國是用「cease to function」（終止運作），儘管cease也隱含終止之意，但和原先的abolish（廢除）、terminate（終止）比較起來，強度較弱，美方可以接受；相對的，美方建議的freeze（凍結）、suspend（中止）等字眼，我方認為國統會可能死灰復燃，所以不斷協商後，最後找出cease這個雙方都能接受的英文用語。

二月二十八日當天，我拿著簽呈進入總統辦公室，請陳總統批示，他在公文上批示「國家統一委員會」終止運作及《國家統一綱領》終止適用案，不再編列預算，原負責業務人員歸建；《國家統一綱領》終止適用，並依程序送交行政院查照。我並建議總統在公文上加註「荒謬年代的荒謬產物」一語，一舉把這個荒謬送入歷史。

雖然早已完成溝通並達成共識，但是就在陳總統批示後，美國國務院副發言人厄立（Adam Ereli）仍於三月二日發表聲明，要求台灣政府「毫不含糊地確認（unambiguously affirm）二月二十七日的聲明並沒有廢止國統會，沒有改變現狀」。美國並要求台灣確認陳總統保證不改變台海現狀的七點聲明仍然有效，否則「廢除」一項保證，就是改變現狀。

三月三日，《美國之音》（*Voice of America*）報導，無論是總統府秘書長陳唐山或國安會秘書長邱義仁，對於記者提問「廢除」與「終止」有無區別時，都否認兩者有區別。隔天，親民黨立委張顯耀表示，這是「荒謬總統做荒謬決定」，台灣人民遭殃；不要以爲

2006 年 2 月 28 日陳水扁總統在公文上批示「國家統一委員會」終止運作、《國家統一綱領》終止適用，並加註「荒謬年代的荒謬產物」，一舉將國統會送進歷史。

「一個廢統、內外有別、中英各表」，就可以唬弄美國人和台灣，他還要求我道歉下台。

隨後，立法院要求陳總統向國會報告，我告訴媒體，陳總統認爲決定終統的作法正確，讓兩千三百萬人民能重新擁有自由選擇的權利，符合民主，他很樂意依憲法規定到立法院進行國情報告，說明終統理由；然而，在野黨進一步要求總統備詢，這部分因不合體制，所以最後陳水扁總統取消立法院的國情報告。

另外，立法院法制委員會要求我和國安會秘書長邱義仁赴立院進行專案報告。因爲不符憲政體制，我與邱義仁都沒有出席法制委員會。泛藍立委當然無法忍受，於是提案譴責我和邱義仁。

回顧這段往事，台灣人民只要求拿回自由選擇的基本權利，就備受國內外各種壓力，令人感慨。我在美國住了二十九年，也在聯邦政府工作十九年，擔任ＦＡＰＡ和台灣同鄉會幹部，結識不少美國國會議員。我瞭解美國扮演維護全球秩序者的角色，當然有其全球戰略與現實主義的思考，面對日漸崛起的中國，美國必須更加考量中國因素，相對而言，台灣就變成夾心餅乾。

做爲小國，台灣的苦澀無法言喻，就像終統的交涉過程一樣，終止追求統一，回歸人民自由選擇的初始狀態，本來就是台灣人民的基本權利。爲了拿回這項再正當不過的權利，竟遭受諸多的無理壓迫。這個過程固然辛苦，但我們還是挺了過來。

套句李登輝的話，這就是「台灣人的悲哀」吧！

終統後的台美關係

我在二〇〇六年五月十二日前往美國訪問，一方面接受母校普渡大學頒發給我的榮譽博士學位，也趁此機會拜會美國的政治與學術界，讓他們理解台灣在中國壓迫下的困境。

五月十四日出席普渡大學畢業典禮，受頒榮譽博士學位後，我隨即轉赴華盛頓訪問，拜會美國行政部門官員、國會議員及智庫。

我首先拜會美國在台協會執行理事施藍旗（Barbara Schrage），她說美方十分尊重陳總統是台灣民選領袖，但是副國務卿佐立克（Robert Bruce Zoellick）在國會的聽證會上相當關切陳總統在憲政改革上的政策方向與意圖。我向她表示，台灣政府雖必須確保台海安全，但憲政改革是深化民主的必要作爲。

接下來，我去會晤白宮國安會東亞事務代理資深主任偉德寧（Dennis Wilder）。我向他說明，台美關係雖然有些紛紛擾擾，但最重要的是，台美雙方仍擁有長期的友好情誼。偉德寧表示，布希總統對台美關係的感受是台灣友人不斷製造意外。他向我表明，美國不知道台灣的目標爲何？如果台灣目標是追求獨立，美國無法支持；作爲台灣長期夥伴，美國有權了解，希望台灣明確表達。

針對憲改議題，我和偉德寧還有一番激烈交鋒。他說美國非常關心台灣的憲改工程，但激進的憲改將為台美關係帶來干擾，華府不會支持。偉德寧用行車做比喻，他說陳總統不應認為憲改沒有極限（no constitutional limit），美國希望陳總統在速限內行駛，應該引導修憲過程（guide the process），不要讓憲改工程超出速限。我則回應，陳總統明確指出憲改必須符合民主原則，遵循現行憲法程序，而且還需經過立法院的高門檻。加上各黨看法不同，最終版本還須透過立法院的辯論，並非陳總統能一手主導。

因為偉德寧曾提出「台灣地位未定」[45]的說法，我也藉此機會針對這個議題和他交換意見。他認為二次大戰結束後，台灣地位就處於模糊狀態（the status of Taiwan was left ambiguous），美國針對「一中政策」的論述，僅「認知」（acknowledge）北京立場，而非「承認」（recognize）中國的「一中原則」；如同一九七二年美國在《上海公報》[46]所陳述的見解，美國採行的用語都經過審慎選擇。所謂「未定」（undecided）是指台灣問題尚無最終解決方案，至於何時能有結論，美國也無法預測。

按照偉德寧的說法，實質上美方從未鼓吹兩岸統一，因為

45 台灣地位未定論，又稱台灣主權未定論，主張者認為台灣主權歸屬未定，起源於一九五〇年韓戰爆發，時任美國總統杜魯門認為若韓戰擴及台灣，將影響西太平洋的反共防線，因此派遣第七艦隊協防台灣，同時表示「台灣未來的地位必須等到太平洋地區恢復安全，對日本的和平條約訂立，或經聯合國審議後，才能決定。」（The determination of the future status of Formosa must await the restoration of security in the Pacific, a peace settlement with Japan, or consideration by the United Nations.）

46 一九七二年二月二十八日，美國總統尼克森與中國總理周恩來簽署第一個聯合公報，主要內容除了關係正常化，並涉及台灣問題，包括中方反對美方在台灣問題上所持立場，反對一中一台、兩個中國、一國兩府、台灣獨立和台灣地位未定論；美方認識到（acknowledge）海峽兩岸都堅持一個中國，並對這一立場不表異議（not to challenge），重申它對由中國人自己和平解決台灣問題的關心，並將逐步減少在台美軍設施和武裝力量。

這個問題的終極解決應由人民決定，美國沒有既定答案。

在布希政府團隊中，偉德寧對台灣的態度最為客觀，然而歷經波折，我已感受出美方的疑慮。不過，針對台灣地位的看法，偉德寧至少傳達出美國不預設前提的立場。誠然，做為一個號稱世界警察的超級強國，美國不必然會把台灣利益視為自身利益，除非這個利益契合美國的國家利益。特別是二〇〇六年，正好是布希政府把目光聚焦在阿富汗和伊拉克的時候，美國當然不希望其他區域發生意外，讓美國疲於奔命。

基於這種認知，我可以理解美國人為何有此反應，只是美國如果對台灣一直存有疑慮，對台美關係的長期發展並非有利。所以如何做好對美關係，讓美國理解台灣訴求的正當性，這是台灣推動獨立建國或國家正常化運動必須強化的部分。

在國務院方面，我拜會國務院亞太副助卿祁錦慕（James Keith）。為了緩和總統以來的緊繃氣氛，我用「晴空亂流」（Clear Air Turbulence）來形容當時的台美關係；我向祁錦慕強調，陳總統充分瞭解整體情勢，也體認台海和平穩定的重要性。祁錦慕卻回應，台美關係從二〇〇六年初以來，很難說是晴空無雲，他甚至用「a fair amount of clouds」（多雲）來形容兩國關係。另外，我們談到台海現狀的定義，祁錦慕說，美國不會接受別人定義的現狀；言下之意，美國仍是台海現狀的詮釋者。

他還請我向陳總統傳達美國對憲改的看法，他說美方希望憲改議題不致成為台美兩國之間的問題。我向他說明，陳總統已多次保證，憲改工程將由下而上、由外而內，並廣納各方意見，重點是在現行憲法程序下推動，不會製造意外。我向祁錦慕保證，陳總統是信守承諾的人，足以信賴。

因曾任美國政府公務員，我對美國的行政和立法部門都很熟稔。我和幾位美國官員交換意見後，確實可以嗅出布希政府對台灣的態度有所轉變。這個我曾經服務過的國家，對祖國台灣卻是壓抑再三，內心難免百感交集。我也深刻體會，台灣要變成正常化國家，確實還有漫長的路要走。

在國會方面，我拜會了參院外交委員會亞太小組主席穆考斯基（Lisa Murkowaski）及眾院「國會台灣連線」共同主席夏波（Steve Chabot），以及眾議院「美中工作小組」共同主席拉森（Rick Larsen）、聯邦眾議員范浩倫（Chris Van Hollen）及聯邦參議員邦德（Chris "Kit" Bond）等人。

夏波針對行政部門拒絕陳總統在過境美國時過夜，曾表示不滿，他批評美國行政部門未予陳總統應有的尊重，他很惜情重義，後來陳總統被馬英九送入大牢，他更一再聲援。

趁著這次訪美機會，我也拜會了許多在智庫服務的老朋友。首位是國務院前亞太副助卿薛瑞福（Randy Schriver）。薛瑞福向我透露，副國務卿佐立克相信強權合作的戰略，而中國符合此一夥伴條件，他的思維不利於台灣。另就憲改議題，薛瑞福表示，國務卿萊斯（Condoleezza Condi Rice）、副卿佐立克及國安顧問海德利（Stephen Hadley）的立場完全反映出布希總統的政策思維，他希望台灣保持安靜，美國不會干涉台灣未來，但請台灣別讓美國困擾。

另外，我也拜會「戰略暨國際研究中心」CSIS會長何慕禮（John J. Hamry）、季北慈（Bates Gill）、葛來儀（Bonnie S. Glaser）等人，葛來儀和季北慈都問我台灣對現狀的定義，因爲台灣政府的說法與美國政府的理解似乎存在歧異。我告訴他們，現狀是動態的，台灣的認知是中國不斷的在改變台海現狀，例如通過《反分裂國家法》並強化「三光政策」[47]，導致台海現狀向中國的方向傾斜。我強調，目前台灣政府無意改變現狀，但中國的封鎖已嚴重壓縮台灣的生存空間，美國做爲台灣長期友人，應該邀請台灣出席美國主辦的國際會議，才不會讓台灣長期陷於孤立。

「傳統基金會」資深研究員譚慎格（John Tkacik）長年支持台灣，早年我在美國就與他有深厚交情。譚慎格告訴我，美國國防部二〇〇六年的《中國軍力報告》首度指出兩岸軍力已經轉變，不再維持均勢；也就是說，當中國開始取得軍力優勢的時刻，同一時間國親二黨卻聯手在立法院阻擋軍購，時日一久，落差當然更加擴大。

譚慎格認爲，助理國防部長羅德曼（Peter Rodman）曾經向媒體表示，中國對台部署八百枚飛彈已構成現狀的改變，雖然官員有此見解，但美國政府並未發表公開聲明，因而無法呼應台灣對中國改變現狀的指控。加上副國務卿佐立克二〇〇六年五月十日在美國國會聽證會上，提到兩岸關係時，指稱「台獨就意味著戰爭」，

47 把台灣的邦交國挖光、把台灣的國際生路堵光、把台灣在兩岸談判時的籌碼擠光。

顯然有意與中國唱和。

我在終統案落幕後不久訪美，對我來說，在當時國際現實環境下，部分美國官員的態度確實對台灣不利，但當時的台美關係緊繃，還處於信賴感修補的階段，因此期待美國積極認同台灣的主張，並不容易。

這段過程，反映出台灣的重大決策與台美關係的相互連動，希望我訪美的這段過程，能爲台美關係留下見證。

參與台日關係

擔任外交部長期間，礙於中華民國與日本沒有邦交關係，加上日本嚴格遵守「一個中國」政策，無法同意「另一個中國」的外交部長到訪，所以無緣拜訪日本。

陳總統任命我擔任總統府秘書長後，雖然還是政府官員，但身分已不像外交部長那麼敏感。當時駐日代表許世楷開始積極安排，希望能促成總統府秘書長訪日。許世楷是優秀的日本通，台大畢業、服完兵役後到日本留學，他和黃昭堂、侯榮邦等人一起投入台獨運動，下場當然和我們留學美國的海外學子一樣，都變成有家歸不得的黑名單。

許世楷是東京大學的政治學博士，長期擔任大學教授，日本有很多政學界的名人都是他的門生，所以陳總統請他擔任駐日代表，確實是明智的選擇。陳總統執政八年，先後由羅福全和許世楷出使日本，為台日關係打下堅實的基礎；他們都是我的好友，透過他們的穿針引線，我才能順利以總統府秘書長的身分出訪日本。

當時，早稻田大學剛成立台灣研究所，這個研究所專門從事台灣事務的研究，內容橫跨政治、經濟、歷史、文化等領域，定期邀請台灣的政治界或學術界人士前往演講，逐漸成爲台日交流的學術平台。二〇〇六年，早大台灣研究所的所長是西川潤，許世楷大使向他推薦邀請我前往演講，後來我收到邀請函，決定安排訪日行程。

二〇〇六年四月二十五日飛抵東京，我先參加日本交流協會的歡迎晚宴，出席人士有理事長高橋雅二、總務部長川田勉；台灣方面除了我，還有台北駐日經濟文化代表處的陳鴻基副代表、文化組李世昌組長等人。席間，雙方就台日關係發表意見，氣氛相當融洽，但高橋理事長針對二〇〇六年二月間台北縣長周錫瑋強制拆除烏來的高砂義勇隊紀念碑表示遺憾。他說，日本人向來認爲台灣人對日本相當友善，這件事卻讓日本人感到困惑。

對於高橋理事長的困惑，我從台灣社會的族群結構和意識型態進行分析，解釋不同出身背景者，對日本態度各有差異，對於我的說法，他相當能夠理解。

四月二十六日我前往早稻田大學演講。題目爲「民主台灣——亞太安全的不動磐石」，我全程採日語演講，因爲西川潤生於台灣，我就從西川家族談起，他的父親西川滿[48]長年居住台灣，曾發行《華麗島》、《文藝台灣》等文學雜誌，唯美浪漫的文風，對台灣文學留下深遠的影響。西川滿熱愛台灣的風土民俗，戰後回到日本，雖然行動不便，未再踏上台灣土地，但對台灣的情愫卻未嘗稍減，持續以台灣爲創作題材，並在自家大廳安置媽祖神像，朝夕膜拜。

我認爲，西川滿的文藝風格雖不脫殖民統治者的思維，所以與楊逵、賴和、楊

48 西川滿出生於日本福島縣會津若松市。三歲時，因父親西川純被派至台灣，而隨雙親來台，直到日本戰敗爲止，在台灣度過三十年的歲月。他畢業於早稻田大學文學部法文科，任職於《台灣日日新報》。西川創作始自台北一中時期，作品多描寫台灣的歷史與風土，以異國主義陪襯著幻想的情調呈現，強調藝術至上，浪漫、耽美爲其風格。

守愚、吳新榮這些台灣文人另組的《台灣文藝》有別。戰後台灣人與日本人的文學論戰已成歷史，但西川滿留在這塊土地上的所思所想，未嘗不能融入台灣，成爲豐富台灣文學土壤的養分。

我以文學來連結台日情誼，演講主軸則是談論台日美價值同盟的概念。我說，台灣經琉球群島到日本本土是一條富裕、民主的美麗島鍊，每年有數百萬台日旅客穿梭在這條路線，進行旅遊、經濟和文化交流，印證台日價值同盟的共存共榮。

我指出，中國視民族主義爲解決內部壓力，紓解經濟崛起後遺症的萬靈丹，而台、日則同是中國民族主義的受害者。台灣海峽與日本海域兩側，西側是共產陸權擴張主義的箭頭，東側則是多元海洋力量的民主防衛盾牌。二十一世紀民主與共產兩大陣營，在此海域進行最後一場論證，已勢不可免。

我以自身成長過程爲例，來尋求日本對台灣的支持；我說，我的童年是日本經驗，滯美二十九年，則深受美國民主自由文化洗禮。我的人生經歷，無疑是台日美民主價值同盟的最佳縮影，我在總統府秘書長任內，將爲台日美的相互理解積極奔走。

聽眾除了學生，也開放社會人士入場，我的說法引起迴響，聽眾更分別就台日中三角關係提出問題，相當踴躍。

早稻田大學的演講，是我擔任中央政府官員後第一次訪問日本，雖然總統府秘書長無法直接拜訪日本省廳，但日本是議院內閣制國家，內閣大臣通常兼有國會議員身分，所以我還是可以到國會拜會內閣閣員，包括前首相森喜朗、外務大臣麻生太郎、內閣官房副長官長勢甚遠、日華議員懇談會會長平沼赳夫等人。

二〇〇六年，自民黨的接班態勢逐漸明朗，安倍晉三被公認是內閣總理大臣的熱門人選，四月二十七日上午八點半，許世楷特別安排我和時任內閣官房長官的安倍，在永田町的東急大飯店共進早餐，我方人士除了我，還有許世楷代表、陳鴻基副代表和代表室主任陳銘俊。

這場早餐會，安倍展現出沉穩自信的氣度，讓我對這位在五個月後出任內閣總理大臣的政治新星印象深刻。安倍首度拜相，雖然一年後就辭職，不過二度登板卻是攻勢凌厲，銳意推動經濟政策和安保政策的變革。值得期待的是，安倍與黃昭堂、許世楷、金美齡等人都有好交情，假以時日，相信對台日關係的增進會有很大助益。

這次訪日活動的會面對象，包括首相熱門人選安倍晉三在內的日本政壇重量級人士，以台日無邦交的情況而言，確實有其敏感性。所以許世楷代表好幾個月前就開始籌劃，爲了避免消息曝光，徒增變數，他一再要求駐日代表處及台灣方面低調、保密；所以，我在日本無論演講或拜會過程都相當順利，並能增加一些拜訪行程，擴大接觸層面。從這點來看，就可以瞭解許世楷處理外交事務的縝密程度。

訪日行程雖只有短暫五天，代表處幾乎竭盡所能來安排拜會行程，非常緊湊，也很疲累，但我著實樂意爲台日外交付出心力。在東京三天的時間，我幾乎都在永田町內到處穿梭，早上八點半才和安倍晉三見面，十時半又趕回東急大飯店會晤民主黨幹事長鳩山由紀夫、前法務大臣中井洽、眾議員池田元久、奧村展三及參議員蓮舫等人；民主黨眾議員泉健太雖有要公，不克參與會談，仍趕赴現場向本人致意後才離去。

在晤談過程，我懇請日方承認台灣國際駕照、邀請鳩山幹事長訪台，並推動相撲選手來台從事文化交流。後來，這些請求陸續獲得實現，這當然是羅福全和許世楷兩位大使接續努力的成果，而我曾經參與其中，亦與有榮焉。

四月二十七日當晚，許世楷在台北駐日經濟文化代表處官邸舉行晚宴，邀請前首相森喜朗[49]、前防衛廳長官玉澤德一郎、衛藤征士郎眾議員（自民黨）、荻生田光一眾議員（自民黨）、高市早苗眾議員（自民黨，女性）、中山泰秀眾議員（自民黨）、太田和美眾議員（民主黨）等人；我方人士除本人外，有許世楷代表伉儷、陳鴻基副代表、駐日代表處業務組蔡明曜組長、文化組李世昌組長。另外，赴日尋求日本支持台灣加入世衛的外交部高英茂次長、衛生署陳再晉副署長也出席這場餐會。

席間，會談氣氛相當融洽，我對日本支持台灣加入世衛一事表達高度感謝之意，高英茂及陳再晉也說明台灣不能自外於世界衛生體系的重要性。日方主動詢問如何協助較佳？高英茂認爲日本負擔世衛龐大經費，擁有舉足輕重的影響力，他建議日本政壇人士寫信給世衛秘書長，相信會有效果。會談過程，日本眾議員頻作筆

49 森喜朗（一九三七年七月十四日—），曾任日本文部大臣、通商產業大臣、建設大臣等。爲日本第八十五、八十六任內閣總理大臣（首相）。

記，顯示他們對台灣的支持與重視。

擔任總統府秘書長後首度訪日，能見到正副官房長官和森喜朗這些重量級人士，對於促進雙方理解頗有助益。有趣的是，當時有多位日方人士對馬英九表示疑慮，擔心馬英九若拿下政權，台灣恐將成爲「反日國家」。因爲日本認爲台日關係向來友善，但是馬英九的若干言論令人憂心。後來，馬英九坐上國民黨主席的位子，還當上中華民國總統，他對日本表現出來的態度，確實印證當時日方的想法並非杞人憂天。

二〇〇六年的訪日活動，除了受邀到早稻田大學演講，我也獲得《琉球新報》的演講邀請，結束東京訪問之後，四月二十八日再飛到沖繩，前往《琉球新報》發表演講，並於「九州經濟論壇」[50]創立二十週年交流懇談會上致詞。我在沖繩的演講題目引用在地知名樂團BEGIN[51]的歌曲〈島人之寶〉（島人ぬ宝），這首講述琉球人認同意識的歌謠，頗符合台灣人追尋自我的過程。

沖繩是一列狹長的島嶼，綿延在日本本土和台灣之間的東海海面，沖繩和台灣自古就有往來，日本統治時期，更有許多台灣人遷居石垣島和宮古島，戰後留在那裡，後裔都成了日本人。還有距離花蓮僅一百二十公里的与那國島，戰前与那國的學生升上中學時就要來花蓮唸書，生活物資也靠台灣補給，與花蓮同屬一個生活圈。

或許基於這種歷史上的共生因緣，琉球人對台灣有種特殊的感情，所以我在琉球的演講會，當地民眾的出席盛況，著實令我吃驚，會後民眾排隊依序向我致意，

50 在沖繩舉行懇談會。

51 沖繩縣石垣市出身的樂團，主唱比嘉栄昇，曾創作〈涙そうそう〉、〈島人ぬ宝〉、〈三線の花〉等膾炙人口的歌曲。

我逐一與他們寒暄，許多同輩的人提起戰時疏開到台灣、受到台灣人照顧的經驗，一下子就拉近彼此距離。

其中一位民眾問起我的出身，我說來自台南州鹽水郡的岸內庄，他一聽大爲興奮，因爲那裡也是他的故鄉，他的父親當時就在鹽水製糖會社工作，剛好與我父親同一間會社，他們或許相識吧！所謂緣分不正是如此？它是一種觸媒，可以把人與人的情感悄悄連結起來，漂流數十年後，在異地談起故鄉種種，眞是奇妙。

不只民眾熱情，中琉協會會長仲井眞弘多（後來當選沖繩縣知事）也在《琉球新報》社長比嘉辰博安排的會席料理上與我相談甚歡，我們針對台日關係交換很多看法。我瞭解沖繩的政治人物通常不歡迎美軍駐留，這與台灣希望美國維護亞太安全的期待有所不同，但我們仍然可以找出共同的歷史淵源和情誼，建立良好關係。

沖繩出身的政治人物，眾議員下地幹郎也很友善，最令我感動的還是遠從与那國島轉機而來的町長外間守吉。与那國離台灣很近，距離沖繩本島反而比較遙遠，當他聽到台灣的總統府秘書長到沖繩訪問，這位主張与那國應與台灣加強關係[52]的町長就千里迢迢搭機到沖繩來見我，表達希望與台灣拉近關係的期待。

訪問沖繩期間，我也接受日本《世界日報》專訪，分別就台日關係及台灣政局提出說明，該報記者特別問到馬英九的問題，當時我已注意到，馬英九雖然尚未掌權，日方已提高警覺了。另外，《中琉經濟協會NEWS》記者石原進也來專訪，談論台灣對中國的經貿依賴問題。

52 據二〇〇六年一月八日《自由時報》，張茂森撰文〈日与那國島鬧獨立 想與花蓮共通貨幣〉報導：与那國町長外間守吉主持一項「建設鄉里會議」，由町辦公室職員、町民代表與學者多人出席，會中主要話題是「與台灣的花蓮市加強交流」，有人提議「發行島的獨立護照」，也有人主張發行「與花蓮共通的貨幣」。http://ppt.cc/ZYhtl

從日本人對這些問題的重視程度來看，已可預知台日中關係假以時日將會逐漸產生微妙變化；事實證明，二〇〇六年到二〇一五年這十年間，中國與日本在亞太地區的競爭關係益趨激烈，不但在國防戰略的領域互有攻防，連經濟戰略也進入短兵相接的階段；從亞投行設立到高鐵輸出，相互較勁的痕跡隨處可見。身處日中之間的台灣，戰略價值隨之提升，台灣應如何運用自身優勢來規劃最有利的戰略布局，值得執政者深思。

任職總統府秘書長和國安會秘書長這兩年，我總共出訪日本四次，除了東京和沖繩，還去過大阪、京都、長崎等地，拜會不少政治界、學術界和商業界人士，不斷加深台日的實質關係。

值得一提的是，二〇〇七年轉任國安會秘書長後，早稻田大學再度邀請我去演講。當時適逢自民黨派閥領袖椎名素夫[53]參議員去世，許世楷特別安排我去參加二〇〇七年六月二十日的追思會，讓日方在公開場合宣讀「台灣總統府秘書長」等語，此事又可看出許大使的巧思。

這次參訪，我也拜會了外務副大臣岩屋毅、內閣官房副長官下村博文、自民黨政調會長中川昭一、青年局長荻生田光一等人，並與早稻田大學總長白井克彥、副總長江夏健一，以及京都大學的中西寬、同志社大學村田晃嗣等學者會晤。由於通曉日語，我在日本毫無隔閡，很快就能和他們拉近關係。

台日之間，曾經處於殖民與被殖民的不對等狀態，然而台灣人的性格敦厚，不

53 椎名素夫（一九三〇年－二〇〇七年），日本政治家、實業家、物理學者，曾任四屆眾議員、二任參議員、自由民主黨副總裁、外務大臣、通商產業大臣。二〇〇三年獲陳水扁總統頒授中華民國紫色大綬景星勳章。

會讓歷史情結影響兩國關係，甚至會主動關懷他人的苦難。這項特質適用於日本，也適用於中國，差異只是日本人對台灣不再懷抱野心，中國則是從未放棄併滅台灣，所以經常挑起台灣人的反感。

從台灣人表達愛心的踴躍程度，就可以看出這種差異。二〇一一年三月十一日，日本東北地區發生超級強震及劇烈海嘯，造成嚴重的人命傷亡和財產損失，台灣人捐給日本的善款名列世界第一。以國家規模來說，台灣人的義舉確實深深打動日本人的心，我們經常看到日本人在各種場合舉著「謝謝台灣」、「台湾！ありがとう！」的標語牌，甚至印在T恤直接穿起來，用來表達對台灣的感謝。

日本與中華民國斷交後，台日關係長期處於非官方狀態，但是民間往來從未中斷，而且愈加緊密，呈現一種「官冷民熱」的現象。中國崛起後，這種現象開始質變，由於日本受到中國威脅的感覺日益加深，因此逐漸調整對台灣的態度。二〇〇六年二月二十八日，陳總統宣布終止國統會和國統綱領，以過去日本政府針對涉台議題的冷淡態度來看，我們大概很難聽到令人滿意的評論；然而當時內閣官房長官安倍晉三卻有別於美國政府的尖銳態度，說法尚稱持平[54]。同年三月九日外務大臣麻生太郎[55]也在國會盛讚台灣是一個民主法治國家，來表達對台灣的善意。

這種發展趨勢，除了點出「民主」是台美日價值同盟中的核心價值，更突顯此一同盟在亞太地區所扮演的角色。

台灣、美國、日本是我生命經驗裡的重要成分，就國家的角度來看，美國和

54 台湾側は、他方、台湾は現状を変更する意思はないということを明確にしています。そして、台湾の現状が一方的に変更されることのないよう行動していくということも述べているわけであって、その点において、ここがポイントだと思うわけであります。（另一方面，台灣這邊很明確沒有要變更現狀的意思。所以，也可以說，是爲了不讓台灣的現狀被片面改變才有此行動，從這一點來看，我認爲這是重點。）

日本也是台灣生存發展的助力。但是，美日安保體系中只有美國和日本互為犄角，顯然不足，因為台灣鄰近沖繩列島，台灣海峽是日本海運的生命線，少了台灣，亞太安全體系形同缺了一角。我想日本也有深切體認，所以二〇一五年七月二十九日安倍晉三在參議院答詢時就指出：「我國與台灣共享普世價值，台灣是我國的重要夥伴，也是重要友人。」[56]這段談話，是日本首相首度在國會中表達台日的友好關係，意義重大。[57]

基於這種體認，加上童年時期的日本經驗和旅美二十九年的民主洗禮，我的經歷可說是台美日價值同盟的最佳縮影，我很樂意為台美日的相互理解和實質關係的增進繼續奔走。

55 麻生太郎，一九四〇年生，歷任眾議員、財務大臣、外務大臣、第九十二任首相。大學時代即為飛靶射擊選手，曾代表日本參加一九七六年蒙特婁奧運。外相期間，提出「自由與繁榮之弧」（自由と繁栄の弧〔the arc of freedom and prosperity〕）的政策，強調價值觀外交。二〇〇六年三月九日，他在參議院預算委員會表示：「台湾について、民主主義がかなり成熟しているし、経済面でも自由主義経済を信奉し、法治国家でもある。いろんな意味で日本と価値観を共有している国だ」（關於台灣，民主主義已相當成熟，經濟面也信奉自由主義經濟，還是個法治國家。各種意義上都是和日本共有相同價值觀的國家），他一再以「國家」來指稱台灣，亦屬日本官方少見。

56 原文為：「台湾は基本的価値観を共有する我が国の重要なパートナーであり、大切な友人である。」

57 二〇一五年八月十四日戰後七十週年的內閣總理大臣談話，安倍表示「我國對在那場戰爭中的行為多次表示深刻的反省和由衷的歉意。為了以實際行動表明這種心情，我們將印尼、菲律賓等東南亞國家以及台灣、韓國、中國等亞洲鄰居人民走過的苦難歷史銘刻在心，戰後一直致力於這些國家的和平與繁榮。」（我が国は、先の大戦における行いについて、繰り返し、痛切な反省と心からのお詫びの気持ちを表明してきました。その思いを実際の行動で示すため、インドネシア、フィリピンはじめ東南アジアの国々、台湾、韓国、中国など、隣人であるアジアの人々が歩んできた苦難の歴史を胸に刻み、戦後一貫して、その平和と繁栄のために力を尽くしてきました。）這段內容，也是日相首度在戰後談話中提到台灣。

2007 年 6 月以國安會秘書長身分，在日本大阪發表「迢迢民主路，台灣的民主化與自由繁榮之弧」。

楊甦棣[58]如是說

擔任總統府秘書長期間，楊甦棣（Stephen M. Young）是美國在台協會台北辦事處處長。一九五一年出生的楊甦棣，幼年曾與家人隨父親楊恩上校（Mason J. Young, Jr）住在高雄的美軍社區，童年回憶讓他對台灣有某種特殊情感。我的認知，他對台灣確實十分友善。

因緣際會，這位熱愛台灣的外交官卻是在台美關係略生齟齬時派駐台灣，負責傳達台美雙方政府的訊息。當時，國內某些媒體刻意在台美關係上火上加油，似乎希望雙方關係更加惡化。二〇〇六年十二月底，媒體報導，美方擔心陳總統在元旦文告的憲改議題上出狀況，進一步指稱，楊甦棣曾當面向我要求先看陳總統的元旦文告內容。

事實並非如此，基於避免讓美方有「意外」的感覺，總統府循例會讓美方知道元旦文告的大致方向，但沒有義務提供全文讓美方過目，畢竟雙方雖各有堅持，仍會維持禮貌。

楊甦棣對台灣的友善態度，可以從許多小地方看出來。二〇〇七年七月，AIT在台北君悅飯店舉辦美國獨立紀念日酒會，楊甦棣以中、英文致詞，他說美

58 楊甦棣（Stephen M. Young，一九五一年四月—），美國外交官員，曾任美國在台協會處長和美國駐港總領事。

國一向堅守民主原則，但民主是複雜且持續的過程，美國祝福台灣並敬佩台灣的民主歷程，過去他曾五次住在台灣，親眼見證台灣了不起的成就，他對台灣未來展望非常樂觀，最後還用台語說「美台關係萬歲！」「王建民萬歲！」這位用心感受台灣的外交官，令人印象深刻。

以我對楊甦棣的認識，他確實把台美關係的增進視爲美國的利益之一，因此推動兩國的實質關係不遺餘力。根據「維基解密」（WikiLeaks）[59]所公開的外交訊息，楊甦棣任內在呈報給美國政府的文件裡提到台灣是深受美國影響的親美國家；然而台灣與中國往來益趨密切，爲了確保美台之間的關係，美國政府應該對台灣實施The Visa Waiver Program（免簽證計畫）。由此可見，他確實努力的在拉近台美之間的距離。

楊甦棣卸任前來向我辭行，我們談起台灣政治的點點滴滴，並聊到陳總統。楊甦棣語氣堅定地說：「他（陳水扁）非常堅持台灣的立場，會在歷史上留名！」的確如此，擔任總統府和國安會秘書長期間，我有幾次陪楊甦棣去見陳總統，當他傳達美國政府反對台灣推動正名制憲和公投的立場時，陳總統毫不遲疑地告訴他：「我尊重美國政府的國家利益，但台灣也有自己的國家利益。」我在現場聽聞這段對話，深刻感受到陳總統捍衛台灣利益的堅定立場，當時我的內心有一種想法：即便面對美國大使的是台獨聯盟主席，是否也能回應的如此斬釘截鐵？

以一個職業外交官的立場，楊甦棣穿梭在美方與陳水扁之間，陳水扁的回應，

59 「維基解密」是阿桑吉（Julian Paul Assange）竊自美國的外交電報，國內已有翻譯出版，透過這些訊息的揭露，讓我對楊甦棣的認識獲得進一步印證。

或許不是美方想要的答案，但楊甦棣卻能跳脫外交官的立場，肯定陳水扁對台灣民主的貢獻。因楊甦棣對台灣的理解、對陳水扁的同理心，在美國眾多外交官中，他贏得台灣人的敬佩。

陳水扁上任後，中國封殺台灣國際生存空間愈發無所不用其極。作爲一個小國，台灣沒有必要與中國進行外交戰。但是，問題出在中華民國的自我定位和中華人民共和國糾纏不清。一九七一年聯合國二七五八號決議案[60]雖已清楚表明中國的代表權已由北京政府取代，但執迷不悟的蔣介石不願認清事實，迫使台灣跟著中華民國一路伊於胡底。

一九七一年十二月，坐監十年甫出獄的雷震[61]看出這種趨勢，撰寫〈救亡圖存獻議〉，要求蔣介石將國號改爲「中華台灣民主國」（The Chinese Republic of Taiwan），他認爲統治範圍應與事實一致，台灣才能在國際上立足。當年蔣介石如願意採納雷震的灼見，現今台灣又何需把精力放在國家地位的維護上？

台灣在中華民國的統治下，被迫承受中華民國體制的原罪，中國共產黨與中國國民黨的恩恩怨怨也一併轉嫁到台灣人身上，即使到了二十一世紀，台灣人已自認當家做主，但國共內戰的幽靈依舊限縮著

60 一九七一年十月二十五日第二十六屆聯合國大會通過阿爾巴尼亞等二十三國提案，內容如下：「大會回顧聯合國憲章的原則，考慮到恢復中華人民共和國的合法權利對於維護聯合國憲章和聯合國組織根據憲章所必須從事的事業都是必不可少的，承認中華人民共和國政府的代表是中國在聯合國組織的唯一合法代表，中華人民共和國是安全理事會五個常任理事國之一，決定恢復中華人民共和國的一切權利，承認他的政府的代表爲中國在聯合國組織的唯一合法代表，並立即把蔣介石的代表從它在聯合國組織及其所屬一切機構中所非法占據的席位上驅逐出去。」

61 雷震（一八九七年－一九七九年），浙江湖州人，赴日留學時加入中華革命黨。一九六〇年代在《自由中國》撰文鼓吹成立反對黨，因而獲罪入獄。

台灣的發展。

陳水扁上台後，雖亟欲擺脫這種不正常狀態，但是來自在野黨與中國的壓力，讓民進黨政府動輒得咎，難以施展。在這種險峻情勢下，我擔任了兩年的外交部長，親身參與外交事務，除深刻體驗民進黨執政的難處外，更佩服陳水扁勇於面對挑戰的魄力。

部分台灣人常不自覺地陷入斯德哥爾摩症候群，被綁架久了，反而替綁匪講話，認爲不該挑釁他們，忘卻了自身是受害者。同理，中國長期威脅台灣，應受譴責，但台灣卻有人主張不該拓展外交，以免惹怒中國。台灣有權與各國自由平等交往，民進黨政府的作爲只是找回國家的基本權利而已。

行使國家涉外權利，若被稱爲「烽火外交」，那是下定義者的自我認知體系發生問題。二〇〇六年陳總統的「和平永續・邦誼永固」之旅，「興揚專案」飽受批評，若干輿論甚至以「迷航之旅」加以譏諷。回想當時情境，台灣嚴峻的外交處境，豈是國人心之所願？

「興揚專案」出訪的地點，直到行前的前一天五月三日，才對外宣布。除有邦交關係的中南美洲巴拉圭、哥斯大黎加外，其他停留地點則基於保密原則，未事先透露。在公布的既定行程中，原本係規劃於美國阿拉斯加州的安克拉治過境，但五月四日啓程後，卻往西航經阿拉伯聯合大公國阿布達比、荷蘭；結束中南美洲訪問後，回程過境利比亞，與利比亞領導人格達費會晤；最後經印尼巴淡島

（Batam），五月十一日回到台灣。

由於出訪行程包括無邦交國家，爲了避免破局，總統府和外交部對外保密到家。雖然一起飛即被證實航線改變，但爲了維護元首安全，直到飛機落地前一刻，才正式宣布過境地點。因專機中衛星電話系統關閉，導致隨行記者無法對外聯繫；許多記者雖身處飛機之中，卻無法得知航行方向及目的地，因而把這次出訪戲稱爲「迷航之旅」。

當時，飛機一起飛，我和外交部長黃志芳、新聞局長鄭文燦陪同陳總統一一向隨行記者握手致意，媒體詢問過境地點與目的地時，我們笑而不答。因爲面對中國的圍堵封殺，我們不得不三緘其口，雖飽受批評，但也必須承受。

那次的「興揚專案」之旅，具有突破中國外交封鎖的意涵。國際政治所涉層面相當複雜，各國因自身利益會有不同考量，台灣雖不必刻意衝撞，但也沒必要自我閹割，放棄一個主權國家應有的權利。

馬政府上台後，一再以「烽火外交」來抨擊民進黨政府恣意挑起外交戰火，我必須嚴正指出，朝野應共同體認台灣維持適當外交能量的重要性。否則「外交休兵」模式一旦被固著化，國際社會將產生「台灣外交是靠中國施捨」的刻板印象，勢必嚴重阻礙台灣在國際社會的發展。

馬英九執政後，以「外交休兵」沾沾自喜，但外交是主權的延伸，中國有可能在主權上與台灣休兵嗎？所以八年下來，台灣不但在具有相對主權意涵的國際組織上，遭中國全面封鎖，甚至還掉了一個邦交國甘比亞，馬英九的外交休兵政策不是過於天真，就是裝瘋賣傻的在執行他的一中政策。

夭折的憲改運動

二〇〇四年陳總統連任後，面臨三一九事件泛藍群眾盤據凱道、中國制定《反分裂法》和國內政治的持續惡鬥，於是思考如何透過憲政制度的改革，來爲台灣奠定穩固根基。

一九九一年李登輝總統公告廢止《動員戡亂時期臨時條款》後，因爲憲法條文仍有窒礙難行之處，所以在一九九一年四月由第一屆國民大會第二次臨時會通過第一次憲法修正案，同年五月一日公布增修條文。李登輝任內總共進行六次憲法修正，緩步推動改革。

持平而論，李登輝運用高度政治技巧，讓盤據國會長達四十五年的老國代們自廢武功，同意修憲終止自身無任期限制的權力。李登輝的努力，確實是台灣民主化過程中的重大勳績，但這種妥協式、分期付款式的改革，雖能避免社會陷入動盪，卻也留下爲德不卒的遺憾。例如一九九七年第四次修憲，引進法國雙首長制的部分精神，卻未納入雙首長制的完整配套，從而衍生諸多憲政實踐上的爭議，迄今仍綿延不絕。

憲法是國家的根本大法，就像房屋結構中的屋脊大樑，大樑歪了，再如何修補，也無法挽回房屋結構的惡化。同理，不良的憲政制度設計，會導致政府體制曖昧不清；譬如，國會功能因監察權的存在而遭受弱化；至於考試院的存在，則與人事行政局的功能疊床架屋。凡此種種，只是眾多憲政弊病之一端，如單純從「政府善治」（good governance）的角度來看，推動憲政制度的全面變革，確實是台灣無可迴避的要務。

憲政改革當然重要，但是憲改是高度政治性的工作，如果沒有龐大的社會力量和民意支持，成功的可能性微乎其微。回顧二〇〇四年，陳水扁雖已沒有連任壓力，但民進黨在國民大會或立法院皆未曾掌握決定性多數，值此時空背景，陳總統當然必須考慮諸多可能影響憲改成效的因素，審慎推動。

尤其國民大會改選後，擁有民意基礎的國大代表亟思分享國會權力，逐漸和立法院發生矛盾，甚至出現互罵垃圾與蟑螂的亂象。後來因爲國民大會的功能僅剩修憲一項，但國大代表卻坐領高薪，自然引起人民的反感。加上台灣社會已厭惡黑金政治、改革選舉制度的輿論高漲，所以陳水扁呼應林義雄的改革訴求，順勢推動修憲。二〇〇五年五月十四日舉行中華民國史上唯一的任務型國民大會代表選舉，其目的是用來複決二〇〇四年八月立法院所提出移除國民大會全部職務修憲案。

由於國民黨和親民黨抵制這次選舉，所以投票率僅23%，創下歷史新低。民進黨獲得最多席次，國親兩黨譏評選舉結果缺乏正當性。雖然如此，第七次修憲還是達成國會席次減半和改採單一選區制，以及讓國民大會走入歷史等成果。

二〇〇五年修憲後，許多人認為單一選區制將讓民進黨在立法院淪為永遠的少數，修憲後第一次立委選舉，民進黨只拿到二十七席；但是制度是死的，民意是流動的，一項制度必須經歷長時間的試煉，才能論斷它的優劣。

經過二〇〇五年的修憲，很多本土社團紛紛要求陳水扁繼續推動憲改工程；當時民間要求制憲的聲浪頗大，所以陳總統開始思考如何落實憲改，在我擔任總統府秘書長時，他指派我一個工作，就是推動憲政改造。

憲政改造是一件大工程，非一黨一人所能獨力完成；它必須調和不同政黨、階級、族群間的各種利益，否則必然遭遇強大阻力。在接下這個工作之前，前總統府秘書長游錫堃原本有意規劃成立「憲政改造委員會」，但因在野黨反對，二〇〇五年八月一日轉而在總統府內成立任務型編組的「憲改辦公室」，陳總統遴聘前銓敘部次長李俊俋為有給職國策顧問，並擔任憲改辦公室主任，來推動二階段憲改。

憲改辦公室最大功能在推動憲法公民教育、協助民間團體推動憲改；期待在「民間憲改聯盟」成立後，政府能與民間互補、分工，把憲改種子播撒在台灣每個角落。

接下憲改任務後，我開始著手規劃憲改工作的進程，我思考總統府的角色及人力資源無法涵蓋所有事務，唯有納入行政部門的力量，才能眞正啓動憲改工作。

二〇〇六年三月二十四日，我邀集總統府、行政院和民主進步黨相關代表，召開「落實第二階段憲改推動策略計畫府院黨協調會議」。出席人員包括總統府副秘書長馬永成、總統辦公室主任林德訓、總統府一局局長葉維銓、總統府公共事務室主任李南陽、行政院政務委員許志雄、林錫耀、行政院秘書長劉玉山、研考會主委葉俊榮、新聞局長鄭文燦、民進黨秘書長林佳龍、立法院黨團總召柯建銘、政策會執行長趙永清等人。討論重點在於：建立府院黨平台及分工機制，強化與黨團、黨部業務的聯繫配合，讓資源有效整合，來加速憲改腳步。

這場「府院黨憲改協調會議」達成三點結論，分別是：一、建立府院黨連繫窗口，行政院爲劉玉山秘書長、民進黨爲林佳龍秘書長、總統府爲馬永成副秘書長，並定期開會。二、建立府、院、部會行政系統垂直聯繫平台，並加強與黨部、黨團的橫向聯繫。三、經費是推動憲改的困難點，建議行政院彙整各部會涉及憲政法治的預算項目，研擬是否能做爲憲改業務經費的基礎，並研究設立基金會或運用「民主基金會」的可能性。

不過，這些規劃後來因朝野對抗加劇而胎死腹中。

爲了鼓勵民間參與憲政議題，推動由下而上的改革，我在二〇〇六年四月四日前往手護台灣大聯盟拜會，就憲改議題交換意見，與會人士除手護台灣大聯盟總召集人黃昭堂和決策委員外，尚有台灣教授協會、台灣教師聯盟、台獨聯盟、台灣新世紀文教基金會、長老教會、李友會等約二十個社團的代表。

我向他們說明陳總統推動憲政改革的決心，二〇〇五年剛通過修憲案，總統隨即宣布推動第二階段憲政改造，陳總統期待能在卸任前爲台灣催生一部合時、合身、合用的新憲法。總統府於二〇〇五年八月一日成立「憲改辦公室」，找來憲法大師李鴻禧教授的兒子李俊俋負責推動相關業務，並已透過行政系統、校園、民間社團、媒體、村里舉辦過數百場的演講會和座談會。我向他們說明，憲改運動還是應以民間爲主體，希望手護台灣大聯盟能帶領民間社團主動提出版本。

本土社團本就積極倡導制憲，所以對我的到訪反應非常熱烈。總召集人黃昭堂首先表示，憲政改造包含制憲和修憲，只要民間聲音夠大，拉高到制憲層級並非不可能。他說，本土社團並非僵化不變，制憲若有困難，改採修憲亦可勉爲接受，但須爭取有利內容。不過，在未盡最大努力之前，不應放棄制憲理想。

時任考試院長的制憲執行長姚嘉文則認爲，台灣要正名，領土要明確，政府體制應採三權分立。

二〇一六年當選的「時代力量」立委林昶佐（Freddy），當時以台灣獨立音樂協會會長的身分表示，「台灣共和國」長期被汙名化，若採「台灣」較爲中性，可做爲國人的最大公約數。

台灣教師聯盟代表張簡煌表示，本土社團內部應針對憲法版本進行整合，整合過程若能重視理念宣傳和全民教育效果，即使二〇〇八年制憲不成，也可累積出一些成果，讓公民產生憲法意識，深化民主價值，爲下階段制憲打下基礎。然而，要達成實際效果，則應由基層民代提供舞台，讓民眾有發聲管道，群眾自然會注意憲改議題；因爲只有民意代表才能迅速號召民眾，並結合上、中、下層的組織，但當時的民意代表似乎欠缺投入憲改運動的熱情。

我逐一聽取本土社團的意見，並由隨行幕僚記錄下來，把這些聲音據實反應給陳總統。

當時，民進黨和台灣團結聯盟都有意提出憲改版本。除了研擬中的草案外，過去還有幾部採取制憲立場的版本，這些憲法草案有兩種型態，一爲個人（團體）自行草擬，二爲公共討論所產生的型態。屬於個人（團體）草擬的部分，計有黃昭堂、許世楷、林義雄、李憲榮、九〇八台灣國運動等版本；屬於公共討論型態的部分，計有一九九一年八月二十一日人民制憲會議通過的《台灣憲法草案》、一九九四年六月第二次人民制憲會議通過的《台灣共和國憲法草案》、二〇〇四年十月二十七日台灣教授協會提出的《台灣共和國憲法草案》。

至於憲改內容，從當時的政治生態來看，主權、領土等議題不易獲得立法院通過，但爲使社會各界普遍關心憲政課題，達到百花齊放的效果，仍有必要促使各種聲音同時呈現，所以我建議本土社團出面整合制憲版本。

除了連繫民間社團外，總統府的憲改辦公室也持續進行蒐羅憲改版本，進行比較研究，並邀集憲法學者研議，形成一部集合各版本優點的憲法草案。根據我們的規劃，憲法草案完成後，將交由公民社會進行長時間的討論，等社會各界對憲法部分內容逐漸凝聚共識後，再透過修憲和公民投票的方式完成改革。

我接任總統府秘書長的時候，憲改辦公室所推動的憲改運動已經從下鄉宣導進入實質內容的討論，例如應採直接修改憲法本文或修正增修條文，以及是否碰觸國號、國旗、領土等涉及主權的議題，至於「為因應國家統一前之需要」的憲法前言也納入調整範圍；有關政府體制應採三權分立或維持五權分立，也在研議之列。

經過幾個月的討論與彙整，憲改辦公室根據各方意見，已草擬出一本憲法草案，只是迫於政治情勢，這本草案尚未問世即胎死腹中。

回顧這場早夭的憲改運動，當時不少政府和民間人士都貢獻出智慧與心力，例如二〇一六年當選立委的時代力量黨主席黃國昌。此外，專攻憲法學的蒙藏委員會委員長許志雄，對憲改工作助益甚深，許志雄還找來時任蒙藏委員的汪平雲律師，汪律師也常提供諮詢意見讓我參考。不過，二〇〇七年二月十五日，四十歲的汪律師被發現陳屍於北市木柵萬壽橋上游的河床上，檢警研判他是自殺或失足落水，一位優秀的年輕人就此殞落，難免令人遺憾。

身為總統的幕僚長，我親身見證陳水扁投入憲改的用心，然而囿於朝小野大的困局，光是行政工作就阻礙重重，更遑論碰觸到泛藍人士最敏感的憲改神經，所以「憲改辦公室」最後處境如何？不問可知。

國親兩黨於二〇〇六年一月二十一日在立法院主導一項決議，要求「總統府無法源依據之『國家人權紀念館籌備小組』、『性別主流化諮詢顧問小組』、『科技諮詢委員會』、『人權諮詢委員會』、『憲改辦公室』、『青年團』應全部解散。」立法院多數黨僅憑一己好惡，草率作成決議，但是基於尊重國會的立場，這些任務編組最後被迫解散。

平心而論，總統府內的任務編組雖沒有組織法，但不代表違法。我國對機關組織向來採取嚴格的法律保留，到了九七修憲後開始鬆綁，增訂「國家機關之職權、設立程序及總員額，得以法律爲準則性之規定。」立法院並依此意旨制定《中央行政機關組織基準法》，做爲機關組織的設立準據。該法雖然以行政院及其所屬各機關爲適用範圍，但是第38條規定：「本法於行政院以外之中央政府機關準用之。」所以總統府任務編組的調整或裁撤，亦得遵循該法規定。

但，同法第36條也規定：「一級機關爲因應突發、特殊或新興重大事務，得設臨時性、過渡性之機關，其組織以暫行組織規程定之。」顯見當年國民黨以「無法源依據」爲由迫令總統府解散所屬任務編組，不僅無視國會同受法律拘束的法治國要求，更是橫柴扛入灶的典型惡行。

國務機要費案

二〇〇六年六月二十二日，台灣紅公司負責人李慧芬指控她個人消費的發票被堂姊李碧君拿去轉交總統夫人吳淑珍來核銷國務機要費，因而引爆對台灣政局影響深遠的「國務機要費案」。六月二十三日，審計部派員到總統府查帳，當時審計部雖有事先通知總統府，但前來查帳的蔡科長態度相當不友善，身爲總統府秘書長，我感到不受尊重。

政府設官分職，層層負責，任何部門執行職務，只要於法有據，都應受到尊重；相對來說，公務員對於行政對象亦應該保持基本禮貌，而非預設立場，抱著未審先判的態度去執行職務。

這位科長到總統府時，要求我儘早提供資料，並說出「最好不要拖延」這句有失莊重的話，我沒有官大學問大的心態，但認爲人與人之間應有基本尊重，政府內部也應有行政倫理，這位科長的態度顯露出個人的政治好惡，不但失去客觀的調查立場，甚至顯露出見獵心喜的偏頗，從行政中立的角度來看，確實不妥。

我便向審計長蘇振平反應此人不適任，卻被媒體解讀成陳唐山施壓審計部更換查帳人員；我認爲，事情的演變有其脈絡可循，我向審計長反應，是因爲這位科長無禮在先，然而媒體卻扭曲成總統府秘書長霸凌審計部小科長，這種表述嚴重忽略行政倫理和行政中立的基本原則。

審計部查帳後，接續就是台灣高等法院檢察署查緝黑金行動中心陳瑞仁檢察官的調查。當時陳水扁總統同意接受詢問，以現任國家元首來說，這是破天荒的舉動。尤其憲法第52條明定：「總統除犯內亂或外患罪外，非經罷免或解職，不受刑事上之訴究。」當時陳總統爲了展現坦蕩蕩的態度，主動放棄憲法上的保護傘，法理上本已不妥，特別是政治上所產生的連鎖效應，更一步步瓦解了陳水扁政府的正當性。

就像堅固的城堡自動打開城門，盤桓城門之外的敵人當然蜂擁而入，所以從審計部查帳、陳瑞仁檢察官扣押機密費領據和支出憑證後，就開啓了這件震盪台灣政局的重大事件。

檢察官偵查過程中，總統府基於行政機密特權的法理，請檢方暫勿觸及此部分，以免影響外交事務，但情勢發展已如水庫決堤，一發不可收拾。

國務機要費案的爭議爆發後，雖然輿論聚焦在陳總統和第一家庭身上，但因我是總統府秘書長，國務機要費涉及府內業務，還是必須回應。事情一開始的時候，我也無法立刻瞭解事件全貌，加上媒體見獵心喜，報導相當紛亂，因而增加釐清眞相的困難度。職責所在，我除了要求總統府各局處提出相關資料，也數度直接請教陳總統，希望儘快瞭解事件眞相。

回顧這段紛擾的歷史，我認爲個人所知的部分，應該公諸於世，提供世人做一個公斷。

國務機要費的緣起已逾六十年，根據總統府文獻，最早出現在一九五二年八月十四日總統府經費審核小組第二十三次會議紀錄。當時這筆預算已列爲「機密費」及「特別費」兩個部分，特別費部分是由會計單位管理，機密費部分則由專人處理。一九六二年以前，總統府的單位預算以「機密費」和「特別費」二科目分別編列，一九六三年起合併爲「國務機要費」，其中半數經費仍以領據結報，交由專人逕行呈報總統支用，視同元首的特別費；另外半數則須逐筆檢附原始憑證，依財務收支程序，送會計處核支列帳。一九七四年七至九月份機密費領據和特別費領據就有分別，其具領單位不盡相同，機密費部分並未透過會計處，經領人爲當時總統公費股專員，可見國務機要費的機密費支用亦無確定規則。

至於國務機要費的性質究竟是不是「特支費」？雖然相關法規沒有明文規定，但依上述發展過程就可以發現，它確實具有特別費的性質。更何況，從常理進行判斷，既然各級政府機關正副首長都有特支費，總統做爲國家元首，如果沒有一筆類似特支費的經費，亦不合邏輯。

而且，過去立法院審查總統府預算時，朝野立委都認爲國務機要費就是總統的「特支費」；但國務機要費案發生後，審計部、在野黨和若干媒體卻斬釘截鐵地表示「國務機要費不是特支費」，對歷史事實極盡扭曲。

在此舉幾個例子，來驗證這種說法的謬誤：

一、一九九〇年四月三十日，立法院審查中華民國八十年度中央政府總預算第一組第八次審查會議。國民黨李勝峰委員表示「我想國務機要費不只是總統一人的特支費，也包括副總統、參軍長、秘書長、副秘書長的特支費用。」[62]

二、一九九六年四月二十四日：總統府吳伯雄秘書長回答立委林瑞卿質詢「正、副總統一年有多少特支費？」回答：「今年所列國務機要費為五千多萬，已經四、五年沒調整了。」[63]

三、一九九八年五月十一日，立法院第三屆第五會期全院各委員會第二次聯席會議。新黨高惠宇委員發言指出「每個首長都有所謂的特支費，總統與副總統的特支費亦即第二目的『國務機要費』，每年都編列五千多萬元，國務機要費今年可能變成李總統和連副總統的競選費用……」。[64]

上述立委審查李登輝總統國務機要費的發言紀錄，在在指涉國務機要費就是特支費。然而，遇到陳水扁，國務機要費就「必須」脫離特支費的性質，這種操作是法理向政治低頭最赤裸裸的例證！

再來是國務機要費的使用問題。由於檢察官在起訴書說陳水扁國務機要費的使用不符「慣例」，但慣例究竟形成於何時？令人質疑。當時除了陳總統，只有李前總統使用過國務機要費，然而李登輝任內究竟如何使用國務機要費？如何形成所謂

62 《立法院公報》第 80 卷第 20 期委員會紀錄，第 379-380 頁。
63 《立法院公報》第 85 卷第 20 期委員會紀錄，第 154 頁。
64 《立法院公報》第 87 卷第 26 期委員會紀錄，第 376 頁。

「慣例」，從無相關文件資料可以佐證，檢察官據此來起訴陳水扁，令人質疑。

檢視國民黨政府時期總統府正、副秘書長在立法院的詢答紀錄，可以發現當時的使用情形相當紛亂，不僅當時正、副秘書長搞不清楚國務機要費的性質和支用程序，立法委員的見解也不太一致，所以何來所謂的「慣例」，恐怕還有斟酌餘地。這種情形，只要舉幾個例子就很清楚。

一、林志嘉委員（國民黨）：「國務機要費是包括總統、副總統及八十二位特任官的特支費用，……」[65]

二、黃主文委員（國民黨）：「所謂國務機要費五千九百多萬元，不是總統個人飽入私囊，大家不要這樣想，它還包括副總統、秘書長、副秘書長、參軍長的特支費用。」[66]

三、李勝峰委員（國民黨）：「我想國務機要費不只是總統一人的特支費，也包括副總統、參軍長、秘書長、副秘書長的特支費用。本席認為現在並不是總統的機要費太高，而可能是院長、縣市長的特支費偏低，從這樣的角度來看，問題就比較不一樣。今天不管總統是實權也好或是虛位也好，總統總是國家法律的代表人，必須用於犒賞三軍、接待外賓等，不能夠太寒酸。」[67]

四、總統府邱進益副秘書長：「國務機要費用是總統個人為推行國務所必須的費用。例如總統是三軍統帥，經常要巡視、參觀演習，需要犒賞三軍。

65 《立法院公報》第80卷第20期委員會紀錄，第379頁。一九九〇年四月三十日。

66 同上註。

67 同上註。

又如每年三節總統對於大專以上清寒教師的慰勞每一節二百萬元，一年就要付六百萬元，這也需從國務機要費裡支付。又如邊疆少數民族在台人員生活困苦，給予補貼，這也是從國務機要費用去支付。曾有機關內的一位老人過世，無喪葬費用，也是動用國務機要費用。另外與外國元首互相往來，如去年訪問新加坡送一幅畫二十萬元、兩個盆栽二十萬元。而副總統本身並沒有特支費，爲了不使副總統在這種交際場合過於寒酸，有時也是用國務機要費來支付。在這裡我要向各位報告一個事實：去年全國軍公教人員調薪平均在百分之十以上，按照簡任以上可調至百分之十二來算，總統的薪水可調高十幾萬元，但總統認爲他的薪水已高，所以後來只調了百分之五，這就是說身爲一個國家元首他自己可以任意的花用，有的時候確實有這個需要，……」[68]

五、立委王雪峰質詢：「總統之國務機要費有一半不需檢附單據核銷，成爲其變相之私房錢，請問總統日後可否改爲全部皆需檢附單據？」總統府秘書長吳伯雄回答：「這筆錢並不是總統的私房錢，且機要費本即有不需檢附單據之規定，事實上總統並未將這筆錢變成個人的私房錢，且這筆錢往往尚不足以支應開銷。以總統前往南部視察爲例，基於安全問題，常需將圓山飯店整層樓全數租用供隨扈人員使用，參觀各軍種演習，亦需發放數十萬元之慰問金。」[69]

68 《立法院公報》第 80 卷第 20 期委員會紀錄，第 379 頁。一九九〇年四月三十日。

69 《立法院公報》第 85 卷第 20 期委員會紀錄，第 154 頁。一九九六年四月二十四日。

根據國會詢答的史料，國務機要費的使用是否已經形成「慣例」？我想事理非常清楚，當時的審計部或司法檢調或許承受政治壓力，也可能出於意識型態的驅使，讓他們一開始就對陳總統形成有罪的心證，從而把事態推導成巨大的政治風暴。

雖然不是當事人，而我身處政治風暴的中心，仍然必須小心翼翼面對接踵而來的挑戰。二〇〇七年一月，台北地方法院傳喚我和第二局局長余新明、二局三科科長吳倩萍、政風處處長謝建財、一科科長蕭益倉等五位總統府官員為國務機要費作證，府方以國家機密特權的法理拒絕出庭作證，被裁罰最高額的新台幣三萬元罰鍰。

記者來問我，我無法苟同司法機關的政治操作，也對總統府其他公務人員的處境打抱不平，脫口痛批法院這種作法是「鴨霸」、「極端不平等」。有人認為，以總統府秘書長的公職身分批判司法部門，或有突兀之處，但是我總認為：再怎麼鬥爭，世間還是要有公理！

國務機要費案說穿了，就是不折不扣的政治鬥爭。國務機要費是依據憲法規定，總統行使職權時可運用的必要經費。如前所述，它的性質本來就涵蓋特別費，用途則包括政經建設訪視、軍事訪視、犒賞及獎助、賓客接待與禮品致贈等。我從國務機要費案爆發前立法院歷年審查總統府預算的發言內容來看，各黨立委已把國務機要費定調為「總統的特支費」。國務機要費案爆發後，當時藍營政治人物和媒體卻一口咬定國務機要費和特支費不同，可見當時藍營的立論之所以轉變，目的就是要設籠誘捕陳水扁。

蔣家時代以來，國務機要費的支用向來沒有依據可循，都是簽名就可以領取，直到陳水扁執政，當時的總統府秘書長陳師孟應審計部要求，才訂定《總統府執行國務機要經費作業規定》，明定經費支出必須一半領據、一半單據；法制化的用意在於建立制度，卻變成在野黨用來遂行政治鬥爭的工具，非常荒謬。

陳總統上任後將薪水自動減半，何必再把腦筋動到國務機要費？但是國民黨經過兩次敗選的刺激，已無法再用正常心態去面對陳水扁，遇有擊垮陳水扁的機會，當然不會放過。所以二〇〇四年總統大選後，利用三一九槍擊案盤據凱道；二〇〇六年的國務機要費案，更被視爲千載難逢的大好機會，當然要傾巢而出、藉機大鬧，紅衫軍運動就這樣應運而生。

民進黨執政後，國內就存在反扁勢力，泛藍人士痛恨陳水扁擊敗國民黨的百年政權，是意料中的事。二〇〇六年的國務機要費事件，綠營內部開始有人對阿扁產生質疑，自家人出手，傷害反而更加沉重。當時林濁水和李文忠雙雙辭去立委[70]，對陳水扁政權造成極大的衝擊。

我雖不是國務機要費案的主角，但身爲總統府秘書長，必須折衝協調各方意

70 民進黨前新潮流系二位立委林濁水、李文忠昨天發表以「誠信」爲名的辭職聲明，表達對陳總統面對國務機要費案與黨中央處置的不滿，他們表示，從政者應有誠信，面對罷免案本來應信守承諾，但因不願違背黨的決議，也不可能投票支持罷免案，爲表示負責，因此宣布辭去立委，一週內生效。見《自由時報》，二〇〇六年十一月十四日，〈國務費案批黨失信 李文忠、林濁水辭立委〉。

見，如今回想，點滴在心。

除了黨內衝擊，還有一些已脫離民進黨陣營的人士，也開始集結，最後由施明德掛帥，號召群眾每人捐款新台幣一百元組成百萬人的紅衫軍。二〇〇六年九月九日起，紅衫軍在凱達格蘭大道與台北車站廣場等地進行靜坐、示威遊行。從紅衫軍的組成看來，領導階層雖有部分是過去的綠營人士，但組成結構和政治意識仍然偏重傳統的藍營色彩；從政治操作的角度來看，與其說他們是出來抗議國務機要費的不當使用，不如說是反扁勢力的總集合，所以被媒體稱爲「綠頭藍身」。

不可諱言，當時政府的運作確實陷入危機，我數度邀集國安局長許惠祐和警政署長侯友宜等相關單位召開因應會議，有人擔心發生政變，也有輿論認爲紅衫軍長時間占據凱道，呼籲政府依法驅離。最後，所有情報和治安單位首長都認爲不應使用驅離手段，卻讓總統府長期遭受紅衫軍群眾包圍。

綜觀國務機要費案與紅衫軍的發展過程，在野黨和媒體的攻擊砲火非常猛烈，不符事實的指控或烏龍爆料，紛紛出籠，形同媒體未審先判。在一波波的攻擊中，只要和第一家庭扯上關係的人幾乎無一倖免[71]，更遑論第一家庭成員。

當時，陳水扁總統的兒子陳致中正在美國求學，泛藍陣營頻頻指控總統媳婦黃睿靚將在美國產子，二〇〇六年九月四日出訪南太平洋的陳總統向媒體否認他將做「美國人的阿公」，強調黃睿靚將在懷孕六到八個月的最後期限前返台，留在台灣待產。

71 連管家阿卿嫂都成爲媒體追逐焦點。

後來，陳致中夫婦終於回來台灣，沸騰已久的輿論也因此沉寂下來。

當時還有一段小插曲，一位輔仁大學的退學生黎文正在中正紀念堂前絕食靜坐，要求陳水扁下台。二〇〇六年七月二十六日，我由一位幕僚和一位隨扈陪同前往中正紀念堂探視黎文正，現場擠滿憤怒的反扁群眾，當我穿過人群，突然有一位老榮民衝出來對著我大罵，但我不以爲意，還伸手去摟著他的肩膀，安撫他的情緒，沒想到這位老榮民竟停止謾罵。

接下來，我走到黎文正靜坐的地方，請他保重身體，結果換來的是滿臉不屑。隔天這位同學又放話：「如果你（陳水扁）還有良知，請不要再派出你的狗來看我們。」如此一來，我竟成了他口中的狗，媒體跑來問我，我當然很不高興，回他一句：「這樣就是欺負人了」。

我從海外時期就投入政治運動，可以體會反對者的心情，不論是老榮民或是大學生，我都願意用同理心去包容彼此不同的政治態度。即便深入反扁群眾聚集的地方，我沒想過要找一群隨扈來保護，我相信就算政治立場不同，相互之間仍應有最起碼的人格尊重。

話說回來，早期的反國民黨獨裁運動和紅衫軍反扁，存在極大落差，當時我們抗議國民黨利用非法手段剝奪無數台灣人的自由與生命，而國務機要費案則僅是申報方式和費用性質的爭議，兩者不能類比。但是，一件國務機要費案竟捲起了歷史的千堆雪，其中有無意識形態對立下的挾怨報復，我想歷史可以證明。

北京奧運聖火

二〇〇七年，擔任總統府秘書長一年後，陳總統任命我為國安會秘書長。當時北京奧運聖火傳遞路線的議題，在台灣島內沸沸揚揚。二〇〇七年四月，眾多資訊顯示，北京將透過聖火傳遞路線來進行政治操作，台灣政府相關部門在審慎評估後，最後決定放棄原本有意接受的「第三國進或第三國出」路線安排。

當時中國的動作頻頻，矮化台灣的意圖相當明確。我向陳總統報告，中國利用奧運議題對台進行統戰的態勢相當清楚，中國有意藉由奧運舉辦國的優勢來拉攏台灣友邦。我向總統建議，政府應該未雨綢繆，向國際社會宣示，奧運不僅是體育競賽，更是民主競賽，應防止中國藉由奧運掩蓋它的反民主本質。我建請總統成立跨部會機制來加以因應。

在二〇〇七年四月二十三日召開的府院黨政協調會報中，正式拍板聖火經過路線應採「第三國進、第三國出」的原則。這個立場是歷經多次國安會議後所達成的共識，來防堵聖火行經台灣時被中國操作成國內路線。

由於聖火傳遞路線須經由國際奧會批准，台灣與北京的爭執點在於「境外路線」的表述方式。原本中華奧會傾向接受「第三國進或第三國出」的其中一種，但最後中華奧會主席蔡辰威仍尊重政府立場，並希望兩岸聖火傳遞的談判工作持續進行，若能促成聖火來台，將是體育界的盛事。

民進黨政府本來也抱持開放立場，只要中國不刻意矮化台灣國格，我們歡迎聖火行經台灣。然而談判過程中，中國對台灣主權的矮化卻斧鑿斑斑。到了二〇〇七年七月，北京奧運組織委員會副主席蔣效愚表示，台北、香港、澳門爲境外路線。稍微有敏感度的人都可嗅出中國的意圖，香港和澳門已經回歸中國，北京刻意將台北和港、澳綁在一起，目的就是要向全世界宣示台北是中國的一個城市。

當時的行政院長張俊雄強調，主權不被矮化是我們的基本立場，我也清楚地告訴媒體，對岸要把台灣視爲它的一部分，我們更應謹愼處理，不能讓中國偷吃步。

最後北京公布的路線，除了把台灣歸爲國內路線外，還把中華台北奧會名稱矮化爲中國台北，這種路線與政府預先評估的結果一模一樣，台灣當然不能接受。

評估各種情資和中國意圖後，我向陳總統建議奧運聖火來台「國進國出」的原則，是台灣不可退讓的底線。這項結果，固然會讓期待聖火來台的民眾希望破滅，但兩害相權取其輕，我們至少避免了台灣國格再度被中國踐踏。

中國打壓，無所不在

二〇〇六年八月，陳總統指派我出訪日本，參加前首相橋本龍太郎的葬禮。名單送到日本後，日方採取尊重態度，並發出邀請函，駐日代表處也開始積極籌畫我的訪日拜會行程；但沒多久卻傳出自民黨受到中國壓力，讓我的日本行程受阻。台灣政府遂與日方展開密集磋商。雖自民黨對外表示，並無受到外力干預，最後我的出訪行程還是夭折。中國對台灣的打壓，竟連國際喪禮場合也不放過。

當時《產經新聞》報導，橋本喪禮是由日本政府和自民黨合辦，內閣府可能考慮我的職位相當於日本內閣官房長官，台灣派出高層級的代表，恐怕引發中國過度反應，因此要求台灣降低出席層級。也就是說，日本對我擔任特使一事有所爲難，其實是來自中國的壓力，另外則是日本政府的自我審查。

回顧台日交流歷史，政府間的交流層級始終不高。二〇〇六年適逢中國全力打壓台灣，日本當然不願得罪中國，所以我的行程生變，並不令人意外。

持平而論，過去日本對中國展現的態度，較欠缺一個正常國家應有的氣度，特別是涉及台日中三邊關係時，日本會蓄意壓抑對台關係。這種狀態直到二〇一一年日本東北大震災後才有大幅度的翻轉，當時台灣是全世界對日捐輸第一名的國家，這個舉動感動了無數日本國民，他們無法繼續忍受政府冷落台灣的態度，逐漸形成一股壓力，改變了台日關係的樣貌。

另外一件是韓國總統李明博的就職典禮。二〇〇七年外交部規劃立法院長王金平和我代表台灣政府參加，我和王金平在二月二十四日出發抵達南韓。當中國知道台灣派出高層代表參加後，擔任中國特使的國務委員唐家璇隨即以不惜退席向韓國政府施壓；當韓國政府向我方表達為難之處後，我和王金平只好打道回府。

中國這種手段，羞辱的不是我和王金平，而是台灣整體。更可笑的是，當時國民黨總統候選人馬英九為了即將到來的選舉，也對中國提出譴責。但一年後，馬英九執政，不管是陳雲林或熊貓來台，所經之處，中華民國國旗就自動消失；為了達到「一個中國」的終極目標，國旗、國號、國歌在他心目中只是工具。有這樣的總統，還眞是台灣人的悲哀。

政權交接

二〇〇八年的總統選舉，民進黨謝長廷和蘇貞昌的「長昌配」，對上國民黨馬英九和蕭萬長的「馬蕭配」。國民黨挾著紅衫軍倒扁運動餘威，氣勢上已勝一籌。最後馬英九以七六五萬票大贏謝長廷的五四四萬票，民進黨雖執政八年，但中央執政權還是重回國民黨手中。

歷經一連串挫敗，民進黨的氣勢跌落谷底，檢討聲四起，許多批判矛頭直指陳總統家族。當時陳水扁還有兩個月的任期，基於穩定政局的立場，陳總統還是指示相關單位全力協助總統當選人馬英九完成政權交接工作。但沒想到，總統府秘書長葉菊蘭突然在三月二十六日請辭，因距離五二〇交接不到兩個月，總統隨即發布人事命令，重新任命我擔任總統府秘書長，至於國安會秘書長一職，則由陳忠信副秘書長代理。

葉菊蘭爲何閃辭？當然與大選結果有關，當時總統府內氣氛低迷，她選擇離開大家可以理解，但還是令人感到突兀。

我在回任總統府秘書長的交接典禮上表示，任期雖僅剩兩個月，但爲落實台灣民主發展腳步，不辜負兩千三百萬台灣人民的期待，將秉持有始有終的態度，在憲法體制之下，全力完成政權移交工作。因此，我立即著手政權交接的準備工作，並主動與國民黨秘書長詹春柏連繫，進一步瞭解總統當選人馬英九的各項需求。

二〇〇八年三月二十七日，我邀集行政院副院長邱義仁、國安會代理秘書長陳忠信、總統府副秘書長陳其邁、國安會副秘書長林錦昌等人在總統府秘書長室召開「政權交接小組」第一次會議，結論如下：

一、選舉結果公告後兩週內，現任總統與總統當選人各自成立交接對口單位，我方交接小組七位成員如下：總統府秘書長陳唐山、行政院副院長邱義仁、國安會代秘書長陳忠信、總統府副秘書長陳其邁、總統府副秘書長林佳龍、國安會副秘書長林錦昌、行政院秘書長陳景峻。

二、請國安會陳代理秘書長擬定交接原則大綱，呈請總統裁示後據以遵行，俾建立制度，做爲未來政權交接之準據。

三、總統府交接工作分兩大部分。就職典禮、宣誓及國宴等活動由林佳龍副秘書長負責，辦公廳舍及官邸的交接由陳其邁副秘書長負責。

四、就職典禮相關流程由總統當選人方面規劃，府方配合，事務性工作由總統府第三局負責。

五、有文號之公文、檔案，依規定移交，無文號之資料（如台美、台日、台歐等關係會報）是否列入移交，則請示總統。

六、辦公廳舍部分，總統當選人如欲選擇現任總統、副總統以外之辦公室，府方可先將人員與辦公設備遷移他處，並即整修，惟若擬沿用現任總統、副總統之辦公室，須俟五二〇後始能修繕。

回溯這段歷史，民進黨政府非但沒有阻礙政權交接，甚至積極協助總統當選人馬英九團隊；後來爆發公文遺失的指控，令人不解。如前面第五點所述「無文號之資料」，在我請示後，陳總統也指示列入移交，他的坦蕩，我可以證明。

三月二十八日，陳總統核定接卸任政府交接小組成員及《二〇〇八接卸任政府交接要點》，強調在交接法制不完備的情況下，宜以「不涉及法規變動」為前提，參照相關法令及二〇〇〇年之交接經驗，進行接卸任政府交接，並組成「接卸任政府交接小組」，成員包括：總統府秘書長陳唐山、副秘書長陳其邁、林佳龍、國安會代秘書長陳忠信、副秘書長林錦昌、行政院副院長邱義仁、秘書長陳景峻，並由本人擔任召集人。

交接小組成立後，我和馬英九團隊的詹春柏、賴素如、馮寄台、陳勝福等人展開密集會議，只要對方提出需求，我一定在下次會議前妥善處理完備。五二〇前夕，我最後一次問詹春柏有無問題？詹春柏回答：「很滿意，交接很順暢」，還稱讚我是位君子，沒想到國民黨後來卻指控扁政府隱匿公文，中國宮廷政治的陰柔隱晦令我印象深刻。

因爲陳總統的指示，我便下令總統府移交相關檔案和文件，國民黨方面對我們的高度配合十分滿意，整個政權交接工作就在密集的會議和連繫中順利完成。五二〇當天，我陪著陳總統步伐穩健的步出總統府大門。陳水扁大概沒想到，當天特偵組立刻把他列爲被告，禁止出境；接下來的幾年，中國文化鬥臭、鬥垮的戲碼，不斷在台灣上演。

馬政權不但追殺陳總統，更株連曾經在民進黨政府工作過的人。馬英九上任不久，總統府發言人王郁琦就召開記者會，指控前朝銷

2008 年 5 月 20 日與馬英九步出總統府，幾小時後，陳水扁即被限制出境。

毀、隱匿公文。可笑的是，馬政權竟從收發件數去推算公文減少的數量，完全忽略收發單位登錄的信件紀錄包括所有公私信件，總統府職員的個人電話費帳單、信用卡通知單、賀卡、私人信函等等，這些私人文件登收後轉發至個人，怎麼可能在移交之列？號稱執政經驗豐富的國民黨居然以這種烏龍方式推算公文減少的件數，馬政府的無能已露出端倪，治國無方可見一斑。

二〇一一年四月一日馬英九再次指控陳水扁政府「遺失」公文。因爲我是政權移交小組的負責人，記者前來採訪，我憤慨地表示：「眞是莫名其妙！選舉快到了，馬政府的政治鬥爭太過分！」

從二〇〇八年到二〇一一年，馬政府在所有部會翻箱倒櫃，費盡心思清查前朝官員犯錯的蛛絲馬跡，這種政治操作，非但對施政毫無幫助，反而讓台灣百姓認清馬英九的眞面目；一天到晚想像別人犯罪的人，當然也無法隨時反省自身的作爲。

人生的驚嘆號

二〇〇八年五月離開總統府後，我仍無法過著閒雲野鶴的日子。我除了在長榮大學、南台科技大學授課外，並積極為阿扁的司法、醫療人權奔走，與為台灣快速流失的主權發聲。

二〇一一年，是我人生最大的意外，我因聲援王定宇在第八屆台南市第五選區立委初選勝出，卻無法代表民進黨參選，最後卻公親變事主，被民進黨徵召參選第八屆立法委員，當選後，於二〇一二年重返立法院。

勝選考量？世代交替考量？

離開總統府之後，我持續關心政局，爲阿扁的司法、醫療人權奔走，已沒有再度投入選舉的想法。二〇〇八年台南縣長初選，當時有四位民進黨同志表態參與，分別是立法委員葉宜津、李俊毅、民進黨黨部主委鄭國忠和副縣長顏純左；不過當時的綠營基層卻有另外一種聲音逐漸擴大。

回溯歷屆台南縣長選舉得票數，一九九三年第十二屆縣長選舉，我初試啼聲，贏了對手黃秀孟56,808票；一九九七年尋求連任時，則大勝國民黨洪玉欽157,284票。但到了二〇〇一年蘇煥智參選第十四屆縣長，僅領先對手吳清基37,416票；二〇〇五年蘇煥智尋求連任時，與國民黨對手郭添財間的差距，更縮小到僅剩16,696票。當時台南縣綠營基層的邏輯很簡單，他們認爲民進黨的縣長票數已達警戒水位，加上當時馬英九甫當選總統，聲勢如日中天，國民黨又挾有豐厚的中央行政資源，以選票走勢，台南縣極有可能再次政黨輪替，讓國民黨重新奪回執政權。因此，許多綠營支持者，認爲黨中央既已宣示縣市長選舉將以勝選爲最大考量，所以呼籲我再度披掛上陣，把民進黨基本盤再度擴大後，再交棒給後起之秀。

沒多久，中央黨部秘書長蘇嘉全打電話給我，約我到台北的國賓大飯店見面。

他說，台南縣有呼籲你再度參選的聲音，所以中央黨部想把你列入民調名單。

我回答蘇嘉全，我從未說過要選縣長，你們如果要把我列入民調名單，至少也讓我回台南向鄉親宣布一下。

蘇嘉全接著說：「你已經離開台南縣那麼久，也不必刻意宣布了，否則屆時民調公布，數字如太低，僅有幾%，豈不是太難堪？」

我想，既然蘇嘉全這麼說，於是同意讓黨中央把我列入民調名單，我也沒有大費周章回台南宣布這件事。後來民調一出來，我高達43%，幾乎是其他四位候選人的總和，大出蘇嘉全的意料。

民調出爐後，蘇嘉全聯絡我北上商討縣長初選相關事宜，我回覆他因無法北上，所以授權從外交部、總統府一路擔任我辦公室主任的林義雄前去洽談。

在那次的協調會中，有人提出：「雖然老縣長陳唐山民調最高，但是否可以請他禮讓。」當時蘇嘉全爲難的向他們表示：「民調如僅差個3到5%，或許還有協調空間，但你們的民調差陳唐山一大截，我很難向陳唐山啓口。」蘇嘉全這席話，大有大勢底定的味道。

後來，顏純左提議，再給大家一次機會，進行一次對比式民調。蘇嘉全轉而問林義雄有無意見，林義雄表示，對這樣的提議可以接受，他獲得充分授權，不必再詢問陳唐山。由此可見，當時我的幕僚群，對我參選台南縣長仍抱持著開放的態度。

接續進行的對比式民調，以國民黨的李全教、吳清基爲假想敵，在與吳清基對比的那份民調中，顏純左、鄭國忠落敗；李俊毅、葉宜津皆以1％多的百分比略勝，我則大贏吳清基30％以上。所以林義雄再次代表我參加協調會前，他告訴我，按蘇嘉全之前的態度，這次宣布我代表民進黨參選已毫無懸念，他還要我認眞考慮，是否再次投入縣長選舉。

但第二次協調會時，形勢丕變，出現巨大轉折。會議一開始，蘇嘉全直接宣佈：「台南縣的縣長初選，已從勝選考量改爲世代交替考量。」林義雄當下除表達抗議外，並對蘇嘉全前後不一的態度感到錯愕不解。那一次的協調會，因而破局。

隔沒幾日，蘇嘉全再度來電邀集大家討論初選事宜，我決定親自北上與會。到了台北，我告訴蘇嘉全，我本來無意參選，是你們主動把我列入民調名單，現在我的民調遙遙領先，你們卻以我年紀太大爲由，還將民進黨信誓旦旦的勝選考量，硬拗改爲世代交替考量，這是很失禮的行爲！

蘇嘉全雖說是受蔡英文主席指派，但我認爲蘇嘉全既已出面協調兩次，就應負責到底。當時與會者除其他參選人外，縣長蘇煥智也在現場，最後葉宜津說：「老縣長，就讓給我們選吧！」但是我內心頗爲不快，要求黨部設法解決僵局。

這些爭議，經媒體披露後，引發台南縣廣大綠營支持者的不滿，他們認爲，民進黨在總統大選重挫後的縣市長選舉，一再標舉以勝選爲主要考量的立場，所以極力遊說蘇貞昌回鍋參選台北縣縣長，翁金珠也表態再度投入彰化縣長選舉，蘇、翁兩人從無世代交替的問題。台南縣綠營選民憂心變天，以高民調支持陳唐山再次參選，民進黨中央卻以世代交替爲由來逼退陳唐山，他們憤忿難平，開始集結，讓台南縣的縣長初選風波，愈發不可收拾。

接下來，中央黨部又「設計」出一個辦法，只要贏過對手9%以上，就代表民進黨參選。再做一次民調後，我和賴清德雙雙達到這個標準，賴清德依規定獲得提名，但仍只有我被按下。

事情發展至此，態勢非常清楚，就是中央黨部先射箭後畫靶。把我抬出來虛晃一招，然後再逼退我，這口氣大多數的台南縣民很難吞得下去。那時，我已下定決心，參選到底。

果不其然，沒隔幾天李俊毅在蔡英文陪同下宣布代表民進黨參選台南縣縣長。孰可忍孰不可忍，十五分鐘後，我隨即在柳營的江南度假村召開記者會，宣布投入縣長選舉。我說，這是台南縣民意最昏暗的一天，民進黨爲了切割陳水扁，不惜踐踏台南縣民意的作法，我無法接受。當時，台南縣黨部所有電話，被對民進黨中央不滿的縣民灌爆；隔兩天，民進黨指派副秘書長洪耀福南下進行溝通，但所到之處，罵聲連連。另外，民進黨籍縣議員，除佳里出身的蘇秋金外，更一字排開，召開記者會強烈表達對中央黨部的不滿。

但事情的發展總有意外，二〇〇九年六月二十九日，行政院審議通過「台南縣市合併改制直轄市」案，二〇一〇年十二月二十五日，台南市和台南縣合併改制爲直轄市，台南縣縣長初選的黨內爭議也跟著落幕。

在這次爭議中，我對黨中央當時的處理方式，有些看法：其一、黨中央預測我離開台南縣已久，民調必定不高。當時黨中央如能事先進行一波包括我在內的民調，自然就不會將我列入初選名單中，黨中央也不至陷入進退維谷的窘境。其二、當兩波民調相續出爐後，中央黨部如另有考量，就應以更柔軟的身段來遊說化解，而不是以年齡爲由，橫柴入灶，把勝選考量改爲世代交替考量，逼人就範，讓事件不可收拾。

接續是合併後的台南市市長初選，當時支持我參選台南縣縣長的選民熱情猶存，加上縣市合併是大台南歷史的重要變革，所以我的辦公室仍持續運作。

當時我提出「城市責任說」，以十九世紀中葉的德川幕府決定江戶開城[72]爲例，當時日本因此大量汲取西方的知識與經驗，奠定了強盛不衰的基礎。我認爲台南是台灣歷史首府，台灣的主體意識在台南萌芽，所以台灣的主權應該在台南得到最大圓滿，台南人要有承擔歷史責任的雄心壯志；一個城市的集體意念可以翻轉整個國家的命運與前途，就如同江戶開城促成日本西化一樣，這才是台南縣市合併的核心價值所在。

在合併後的台南市市長初選時，馬英九在八八風災的衝擊下，無能的印象已深植民心。當時，在我自己所做的民調中，賴清德居冠、我位居第二。縣市未合併前，台南縣民爲防止政權被輪替，以高民調要我固守綠營基本盤時，我責無旁貸，

72 日本江戶時代末期，慶應四年（一八六八年），德川幕府與明治政府談判後，決定將德川宗家大本營——江戶移交給新政府，雙方代表爲明治政府的西鄉隆盛與德川幕府的勝海舟。因雙方在未開戰的情況下移交江戶城，因此又稱作「無血開城」。

全力以赴。當馬英九政權勢弱，合併後的台南市民意相信年輕一輩已足以承擔時，我選擇退出，我認爲政治人物應以民意爲依歸。二〇一〇年一月十九日，我在立委王幸男、後援會會長鄭勝輝的陪同下召開記者會，訴諸黨內團結，宣布退出台南市市長的黨內初選。

來去大凍山

離開總統府後，我有幸獲得南台科技大學、長榮大學邀請，分別擔任特別講座教授和特聘名譽教授。所以二〇〇八年到二〇一一年這段時間我除了教書外，還接下扁辦和凱達格蘭基金會的工作，往返台北和台南之間。但遇有空檔，我會找幾個朋友，一起攀登大凍山。

大凍山位於白河關仔嶺，標高一二三四公尺，是台南市的最高峰。從鞍部到山頂距離雖僅四、五公里，但高低落差達九百公尺，地勢陡峭，不少人利用它來做爲攀登百岳前的訓練場所。

二〇〇三年十二月十一日我舉辦「挑戰一二三四、超越六五七三」的活動，號召山友攻頂大凍山，來拉抬陳水扁在台南縣的選情。

二〇〇九年五月三十一日，來自台南各地的一千多位山友，陪我完成第一百次登頂，我在大凍山頂發表「南瀛宣言」，宣誓以生命守護南瀛，當時台南鄉親熱情相挺、場面感人。

二〇一〇年一月九日，正值台南市市長初選，我邀集一群青年學子在大凍山頂舉行「二〇一一台南青年高峰會」。那次是我第一百零一次攀登大凍山，但卻是許多青年學子的初體驗。我勉勵這些學子，彎腰攀爬，才能謙卑面對土地，汗滴落土，才能體會台南之豐饒。

那次高峰會共有成功大學楊澤泉、長榮大學卓春英、台灣青社蔡亦竹等八位學者與會，學生部分有高雄醫學大學、台南大學等七校四十名學生參與。討論主題包括陸生來台、承認中國學歷等議題，學生更提出高失業率等切身問題。

我指出，在馬政府經濟傾中的政策下，台灣漸漸失去經濟主體性，產業不斷外移，以前的年輕人只要有目標、肯努力就抓得到機會，現在年輕人卻必須面對高失業率，甚至不敢結婚生子、購屋置產。特別是陸生來台、承認中國學歷後，中國與台灣學生不但共享教育資源，台灣青年的就業及工作機會亦將受到排擠，更看不見未來。

在海拔一二三四公尺的大凍山峰頂，我與這些努力攻頂的青年學子，舉行別開生面的「高峰會」，別具意義。

有人說，我對大凍山情有獨鍾，但享受攀爬過程的艱辛，登頂後對嘉南平原的遠眺，對我而言，每一次都是全新的體驗。

登大凍山

攀登大凍山 50 次

公親變事主

二〇一〇年底，台南市議員王定宇宣布投入民進黨立法委員初選，挑戰第五選區五連任立委李俊毅。當時，王定宇是一邊一國連線成員，活動與論述能力俱佳，所以我也很鼓勵他的參選。

初選期間風波不斷，首先是內政部接到李俊毅辦公室「代轉」的民眾檢舉函，指稱王定宇在八八風災期間以違法帳戶募款；其次，李俊毅雖涉及一件中藥商案，但當時王定宇陣營與民眾並未討論此議題。沒想到中藥商案發回更審時，李俊毅爲拉抬聲勢，主動散發文宣，並在地方及全國性的電子媒體刊登宣稱中藥商案已獲判無罪的廣告。「發回更審」不等於「獲判無罪」，這是法律基本常識，所以王定宇陣營被迫以文宣來回應李俊毅的不實說法。最後民調結果發表，王定宇以4.2％的差距在初選中勝出。

民調結果出爐，但爭議卻未平息，王定宇八八風災募款帳戶的議題仍在延燒。當時，前總統府秘書長、綠色逗陣工作室負責人陳師孟出面表示，王定宇使用的募款帳戶其實是綠色逗陣的募款專戶，與王定宇個人無關。五月十九日民進黨廉政委員會雖認定檢舉王定宇的內容缺乏證據，決議不予處分，但民進黨中評會卻在兩天前的五月十七日以文宣相互攻擊為由，決議將王定宇及李俊毅一併停權，等同宣判王定宇無法參選。揆諸民進黨初選歷史，更激烈的文宣攻防所在都有；以文宣攻擊為由，遭取消提名資格，王定宇算是首例。更何況，王定宇陣營僅是對李俊毅「發回更審等於獲判無罪」的說法提出質疑。黨中央各打五十大板的鄉愿作法，頗吻合當時所盛傳，李俊毅揚言自己不能選，也要讓王定宇選不成的說法。

當時前總統府秘書長陳師孟對黨中央的處置方式非常不滿，他公開向媒體揭發民進黨派系聯手逼退王定宇的內幕。陳師孟並表示，王定宇案如果無法獲得公正解決，他將退黨；資深媒體專欄作家金恆煒也表態不惜絕食抗議！

初選勝出卻無法代表民進黨參選，我算過來人，王定宇和李俊毅的初選爭議，是非曲直我心裡有數，所以多次前往民進黨中央黨部，痛批黨中央被派系挾持，蔡英文主席被矇蔽。我不客氣地指出，在民進黨的初選歷史中，有兩個人被占便宜，第一個是陳唐山，另一個則是王定宇。很巧合我們的初選對手都是李俊毅，他兩次棋下輸了，不惜掀翻棋盤；而擔任裁判的民進黨中央，理應主持公道，卻未做出公正裁決，還進一步沒收比賽。

王定宇的初選爭議，延燒三、四個月不退。六月上旬，蔡英文約我和王定宇在台南市碰面，寒暄幾句後，蔡英文說：「秘書長！場面確實有些失控，請讓我再欠你一次人情。」接著對王定宇說：「王定宇！你還年輕，這次委屈你了。」蔡英文的第二和第三句話我聽得懂，她指的是二〇〇八年的縣長初選和這一次王定宇未能出線，至於「場面確實有些失控」這一句，我的猜測，她指的應該是黨內派系的介入。

迫於黨內壓力、顧及與立委選舉合併的總統大選，王定宇於六月十五日在蔡英文的陪同下，召開記者會，含淚宣布退選。

時隔四年，二〇一六年，王定宇以全國最高票當選立法委員，大台南第五選區的鄉親用選票還了他公道。

第八屆立法委員

王定宇退出二〇一二年立委選舉，但對我而言，事件卻未落幕。當時，民進黨中央爲避免第五選區呈現眞空狀態後，派系百家爭鳴，讓傷害更加擴大，所以幾次派人與我洽談，希望我能代表民進黨投入選戰，我數度拒絕。但許多鄉親對王定宇的遭遇感到不平，希望我能守護新豐區這一席，四年後再交棒給王定宇。二〇一一年六月二十四日我在民進黨提名協調小組成員柯建銘、陳明文、余政憲的陪同下，宣布接受徵召參選第八屆立法委員。我說，這是我人生最大的意外與最後一次的參選，我將全力爲民進黨爭取勝選。

確定參選後，我宣布以「護主權，顧台南」爲競選主軸。我強調，我之所以再披戰袍，是因爲馬政府的傾中政策讓台灣的國家主權受到嚴重侵蝕。我更感慨，黑名單時期我爭取的是台灣的人權與民主，但數十年後，卻得回過頭來爲台灣的主權奮戰。

二〇一二年一月十四日，第八屆立法委員選舉結果出爐，我以120,401票贏得選舉。

這個選舉結果，對我當時對手李全教的政治生涯產生極大的衝擊。二〇〇八年

第七屆立法委員選舉時，

李俊毅僅贏對手吳健保8,588票，所以李全教相中第五選區，認爲只要投入財力物力，努力經營四年，他的實力足以扳倒民進黨的李俊毅。但世事難料，李全教的對手卻一路從原先設定的李俊毅轉爲王定宇，最後與我對壘。李全教在輸掉這場選舉後，轉而投入玉井區市議員選舉。而後，他的議員與議長賄選爭議延燒，二○一六年八月三十日，台南高分院已宣判當選無效定讞。

於立法院第八屆第一會期外交及國防委員會質詢

田邊憲司案

田邊憲司是一位熱愛台灣的日本青年，他住在大阪，從事保險業，是一位平凡的上班族。二〇一一年三月十一日日本東北大震災，台灣捐贈的善款總額達到二百五十億日圓（七十七億台幣）[73]，田邊憲司大爲感動，他認爲日本政府和媒體對台灣人的義舉過於冷漠，爲了向世人傳達感謝台灣之意，他和友人在東京、名古屋、大阪、京都等地拿著「感謝台灣」、「支持台灣」的標語，發表街頭演說並散發傳單。

田邊憲司因台灣與日本曾有五十年的歷史連結，對台灣人追求獨立自主的心情有極大的同理心，所以加入「台灣建國應援團」、「日本頑張全國行動委員會」、「台灣研究論壇」和「日本李登輝之友會」這些友台團體，更經常到台灣走動。

二〇一〇年二月二十八日，他到萬華龍山寺參加「槓響獨立鐘」的活動，四月二十三日前往AIT參加要求美國軍事政府重新接管台灣的活動，五月十一日他和一群台灣友人攀登玉山，在海拔三九五二公尺的峰頂，高舉「日本支持台灣獨立建國」的布條。經媒體報導後，有人對他感到不滿，並向政府舉報，引發相關單位對他的注目。

73 台灣政府與人民至少捐助二百億日圓（外交部報告爲新台幣68.4億），因捐助管道有別及匯差而有六十六至七十三億元等不同估算，但仍居世界第一，且超過其他捐款的九十三國總額。二〇一二年，東日本大震災一週年追悼儀式，民主黨野田內閣雖邀請台灣出席，卻故意冷落出席人員；安倍晉三上台後，將台灣列爲二〇一三年紀念儀式的唱名獻花的對象，並於臉書針對二〇一二年日本政府的失禮表達歉意。

六月二十四日，內政部「入出國及移民案件審查會」以田邊憲司有危害我國利益、公共安全、公共秩序之虞，決議禁止其入國五年，管制期限至二○一五年六月七日止。然而田邊本人並不知情，當他九月七日再度入境桃園機場時，就被移民署國境事務大隊以禁止入國爲由留置一夜，隔日遣返日本。

我知道馬英九親中，部屬往往揣摩上意，投其所好，所以中國不喜歡的人物類型，國民黨政府也依樣畫葫蘆，把他們列爲

2013 年 9 月 4 日聲援田邊憲司遭不當境管記者會

不受歡迎人物。例如，達賴訪台，馬政府竟說「不方便」；有人邀請旅居美國的世界維吾爾代表大會主席、諾貝爾和平獎被提名人熱比婭（Rabiye Qadir）來台訪問，內政部長江宜樺認爲，世界維吾爾代表大會秘書長多里坤•艾沙是國際刑警組織發布的重要國際恐怖組織人物，基於國家利益考量，從而禁止熱比婭入境台灣。然而事實是，國際刑警組織根本查無此號通緝人物，因爲發布通緝的單位是中國公安部。由此可見，馬政府的態度顯然是「敵之所好，好之；敵之所惡，惡之。」完全站在中國政府的角度思考。

田邊認爲自己只是單純支持台灣獨立的訴求，並未介入台灣的政治或選舉，所以在二〇一三年六月六日向我國提起訴願，同年八月一日內政部訴願委員會以已逾三十日訴願期爲由，決定不予受理。但是，訴願決定書卻意外露餡，出現「公開支持及鼓吹台獨，確有影響我國利益、公共安全或公共秩序之虞」等文字，涉及思想審查。

田邊的台灣友人後壁高中退休老師呂俊輝先生到我的服務處陳情，我進行瞭解後發現，如果訴願決定書純粹以延誤訴願期做爲理由，身爲立法委員我沒有立場表示意見；但是在裁決書中，「公開支持及鼓吹台獨」會影響我國利益這些文字，我無法視而不見。雖然田邊憲司是外國人，與當時海外留學生被禁止返國的情況不同，但癥結點在於馬政府依然把台獨主張視爲毒蛇猛獸，基於這一點，我認爲非與相關單位周旋到底不可。

二〇一三年九月四日，立法院休會期間，我先把移民署官員找來立法院開記者會，質疑沒有犯罪紀錄的和平人士支持台獨，竟然「有危害我國利益、公共安全或公共秩序之虞」？中國高官訪台期間發表傷害台灣的言論，明顯損及我國利益，為何沒看到政府以相同理由予以遣返？九月三十日立法院開議後，我在外交及國防委員會上針對田邊入境案質詢移民署長謝立功，他的說法還是避重就輕。

我的論點非常清楚，移民署以《外國護照簽證條例》第12條第12款為由禁止田邊入境，該款係稱「其他有危害我國利益、公共安全、公共秩序或善良風俗之虞者」，我質疑田邊憲司支持台灣獨立，對台灣有何危害？況且，外國人主張台灣獨立是「危害國家利益」，那七成以上主張台獨或維持現狀後走向獨立的本國國民是否也同樣傷害國家利益？二〇一二年十二月中國國台辦副主任孫亞夫來台，公開指責台灣政治、文化、教育等領域出現「嚴重的去中國化逆流」，並發表傷害我國主權的言論，政府亦未以「危害我國利益、公共安全、公共秩序」為由把他遣返回國，移民署的標準何在？

為了對照馬政府的失衡，我行文移民署，要求提供中國人士因政治言論或活動被限制入境的統計資料，十月三十日移民署回函表示，對於外國人或大陸地區人民禁止入國（境），係依據《入出國及移民法》、《台灣地區與大陸地區人民關係條例》及其相關子法辦理，並無僅因發表政治言論而予以禁止入國（境）之案例。由此可見，馬政府對統獨議題的處理，立場已嚴重偏頗。

台灣是主權國家，當然有權決定外國人能否入境，但我們是民主國家，禁止入境的理由應以最小限度爲原則。不論統或獨的言論，都屬言論自由的保障範疇，外國人若有侵害我國利益或犯罪之虞（恐怖分子或有犯罪紀錄），當然應予限制，但田邊是和平人士、平凡的上班族，從無犯罪紀錄，政府以言論思想限制其入境，顯有過當，是台灣民主的倒退。

二〇一三年十月二十三日內政委員會審查內政部預算，我向李鴻源部長提出質詢。我認爲，移民署針對不同國家的入境管制採取不同標準，因爲「內政部入出國及移民案件審查會」以田邊憲司「公開支持及鼓吹台獨，確有影響我國利益、公共安全或公共秩序之虞」爲由，禁止他入境五年，顯然是以思想言論而非危險行爲做爲禁止理由，非常不當。

相對於田邊憲司，政府對中國人士的態度卻寬嚴有別。例如海峽兩岸關係協會副會長張銘清在台灣說：「沒有台獨，就沒有戰爭！」國台辦副主任鄭立中在屏東說：「有人主張台獨，飛彈就會對準他。」還有解放軍退役中將李際均來台參加研討會說：「中國鄰國威脅不斷，還面臨藏獨、疆獨及台獨，導彈有必要。」這些言論顯然違反做客之道，根據移民署的認定標準，早已符合「公開鼓吹武力犯台，確有影響我國利益、公共安全或公共秩序之虞」，應該被驅逐出境才對，但他們卻有別於田邊憲司，可以自由進出台灣。

我問李鴻源部長，主張台獨的台灣人，應不應該受到國家和法律的保護？當中國來的客人說要用飛彈對付台灣人的時候，移民署爲何沒有把他們列爲管制對象？移民署的標準何在？面對日本人和中國人的政治言論，移民署到底有沒有一致標準？

在移民署的答覆中，實在看不出田邊憲司參與的活動有任何違法之處，就算在ＡＩＴ參加要求美國軍事政府重新接管台灣的活動，也屬言論自由範疇，只要沒有使用強暴脅迫等非法手段推翻政府，都在憲法保障之內。移民署以「鼓吹」台獨爲由，做爲禁止田邊入境的理由，實在令人難以接受。

田邊憲司如果是犯罪者、恐怖分子，或是在台灣有暴力脅迫等行爲，我絕對不會幫他講話，但他只是支持一種政治理想，就像外國學者來台參加研討會發表支持統獨的立場一樣，如果連這種表達自由都不被允許，台灣還算是民主國家嗎？

在這種信念下，我鍥而不捨、一路堅持到底。我雖然是外交國防委員會的委員，但十二月二十五日在內政委員會審查移民署預算時，我堅持凍結移民署的部分預算，當時內政委員會的陳其邁、李俊俋、姚文智等委員都聲援我的做法，要求內政部重新檢討田邊案後再行討論。

內政部終於感受到壓力，同意重新檢討。一個月後的一月二十八日，「入出國及移民案件審查會」重新審查田邊案，將他的管制年限縮短爲三年（並非撤銷原處分），由於田邊從二〇一〇年六月被管制到二〇一四年一月已經超過三年，所以可以直接向駐日代表處申請來台簽證。

2014 年 6 月 25 日我與解除境管的田邊憲司在國會辦公室合影

2014 年 6 月 25 日在立法院康園餐廳宴請田邊憲司

睽違四年，二〇一四年六月二十五日，田邊憲司終於再度踏上台灣土地，這次沒有人能再將他留置、遣返。出機場後，他直奔立法院，在呂俊輝老師的陪同下向我道謝。午餐時，我請他們到立法院的康園餐廳吃飯，言談間，我發現田邊憲司是一位質樸靦腆的日本青年，擁有日本人尊重長輩的傳統特質，他和我說話的時候，整個人抬頭挺胸站得直挺挺，道謝時也是標準的日式鞠躬。

初次見面，我看到這位日本青年對台灣的友好態度，不禁想起當初他寫給我的信裡提到一段話，他說：「個人被台灣政府禁止入境，並因遭受強制遣返的經驗而有遺憾，但我沒有感到不可思議，對台灣也沒有忿恨之情，只是衷心祈願台灣能夠保障最大限度的言論自由。（我認爲禁止入境的原因表達「支持台灣獨立」，是會得到過半數台灣人支持的）。」[74]田邊對民主自由的認知，證明我的努力是有意義的，他的話可作爲這段故事的註腳。

田邊憲司案，或許對民進黨選票的挹注不大，但他涉及台灣的自由人權形象及執政者的統獨立場，身爲民意代表，我挺身而出，責無旁貸。

74 原文爲：「台湾入国禁止処分を受け、一度は台湾からの強制送還を経験し残念な思いをしましたが。私は不思議と台湾への遺恨の気持ちが有りません。ただ台湾での言論の自由が最大限守られること（入国禁止の原因となった「台湾独立支持」の表現は過半数の台湾人の支持を得られるものと私は考えています）を願っています。」

台灣沒有叛國者

軍人最基本的信念就是知曉「爲何而戰？爲誰而戰？」

馬英九上台後，除承認一個中國，還指稱台灣和大陸同爲「地區」。所以這幾年來，一些蔣家時期的職業軍人，絡繹於兩岸交流之途。國軍和解放軍的退役人員，杯觥交錯，兩杯黃湯下肚後，更是掏心掏肺，無所不談。

二〇一一年六月五日，空軍退役上將夏瀛洲在北京與解放軍將領交流，他在一場「中山・黃埔・兩岸情」的聯誼活動中脫口而出：「今後不要再分什麼國軍、共軍，我們都是中國軍隊。」[75]這番話傳回台灣，立刻引發重大爭議，民進黨和台聯立委呼籲停止支付夏瀛洲的退休俸及優惠利息。當時，與會者之一的中國軍事科學院少將羅援打鐵趁熱，說夏瀛洲的這番話讓他深深感到「兩岸軍人就是打斷骨頭還是連著筋」，這句話到了二〇一五年十一月七日的「馬習會」，又被習近平拿出來說嘴。

憲法明定，全國陸海空軍須超出個人、地域及黨派關係以外，效忠國家，愛護人民。夏瀛洲這些退役高階將領，眾多部屬仍在軍中服務，言行動見觀瞻。夏瀛洲在中國的說法，對國軍官兵的國家認同產生不良影響。加上馬英九總統的親中態

75 見《自由時報》，二〇一一年六月九日，〈「國軍共軍都是中國軍」退役將領敵我不分〉，http://ppt.cc/LvslF

度，讓不少現役軍人因爲認同混淆而利慾薰心，自甘淪爲替中國效命的間諜。

二〇一一年五月，國安局長蔡得勝在立法院指出，潛伏在台灣的共諜人數約三十人，他並表示：「對於任何危害國安的情況，絕不寬恕、絕不手軟」。但馬英九任內，卻持續發生共諜案，例如：空軍戰管單位資訊管制官蔣姓上尉、海巡署退役軍官鄭林峰和蔡登漢、海軍大氣海洋局前政戰處長張祉鑫中校、前特勤室軍官陳蜀龍、退役憲兵司令部中將副司令陳筑藩、屏東空軍439聯隊少校戰資官郝志雄等人洩漏軍事機密案，顯示中國在台灣的間諜活動根本沒有隨著馬英九口中的兩岸情勢趨緩而有稍減。

最嚴重的是，國防部前通資處長羅賢哲少將的洩密案，羅賢哲曾經掌握作戰計畫等機密資料，這種身分的人通常是中國極力吸收的對象，但羅賢哲卻能在軍中潛伏七年，最後還得靠美方提供情資才能破獲。由此可見，台灣的反情報工作已亮起紅燈。

爲了遏止這種現象繼續惡化，我和其他民進黨籍立委提案修正《陸海空軍軍士官服役條例》。我們認爲，應該增列退伍軍人違反《刑法》、《國家安全法》、《國家機密保護法》、《國家情報工作法》等相關法律，經起訴或判刑確定者，停止或取消他們領受退休俸或贍養金，來強化退伍軍人遵守國家忠誠義務。

但目前司法實務上，仍將中華人民共和國實際統治領域視爲我國的「大陸地區」，而非外患罪章中所指稱的「外國」或「敵國」，導致刑法外患罪章相關條文，形同具文，刑法保護國家法益目的幾乎被架空，國家安全進而產生嚴重漏洞。所以我也提出《刑法部分條文修正案》，希望裨補闕漏。

遺憾的是，當時國民黨掌握優勢的立法院還是未能認識問題的嚴重性，讓立法進程受到延宕。

如果一個與「最大潛在威脅」互通款曲的人，我們都無法把他定義為叛國者，這無疑是台灣最大的安全漏洞。

馬英九就任後，兩岸關係發展異常迅速，遠遠超越李登輝和陳水扁時代。以兩岸簽署的各項協議爲例，從一九九〇年的金門協議迄今，兩岸總共簽署三十四項協議，馬英九執政時期就包辦其中二十八項，可謂成果斐然。

在馬英九與中國簽署的協議中，爭議最大的就是二〇一〇年六月二十九日的《海峽兩岸經濟合作架構協議》（ECFA），馬英九視ECFA爲拯救台灣經濟的萬靈丹，他的作法引發國內強烈質疑，加上雙方以中文簽署生效，簽訂數月後，文本仍遲未送交世界貿易組織，美國遂於二〇一〇年十一月要求台灣與中國將ECFA通報送交WTO，外界更痛批馬政府搞黑箱。

再者，就是引爆太陽花學運的《海峽兩岸服務貿易協議》。國人擔心這項協議將對台灣中小型企業造成衝擊，社運團體更批評談判過程缺乏透明度，不完善的經濟制度讓台灣喪失經濟主體性，更加依賴中國。基於審慎研議原則，立法院在二〇一三年六月二十五日經朝野協商後，同意該案須經逐條審查及表決，未經實質審查通過前，不得自動生效。

然而，馬英九卻多次表示服貿協議攸關台灣經濟發展，更不惜將手伸進立法院，讓立法院國民黨黨團備受壓力。二〇一四年三月十七日下午二時三十分，民進黨籍立法委員包圍內政委員會主席台，身兼國民黨黨團副書記長與內政委員會召集人的張慶忠則在國民黨立委盧嘉辰、廖國棟等人保護下步入內政委員會會議室，接著在會議室後方透過無線麥克風趁亂宣布：「開會！服貿協議案送院會存查。」隨即宣布散會。

張慶忠在三十秒內完成開會及散會的動作，不但自己被冠上「半分鐘」諢號，更激怒社會大眾。三月十八日，民進黨立委開始占領主席台，蕭美琴、吳秉叡與吳宜臻三位立委宣布展開七十小時禁食。社運團體則在立法院外聚集抗議，到了下班時間，反黑箱服貿行動聯盟、黑色島國青年陣線和台灣守護民主平台等五十個公民團體在群賢樓外舉辦「服貿協議粗暴闖關，守護民主之夜」晚會，群眾越聚越多，我和辦公室助理也都前往關心，但當時卻沒有意識到一場撼動國民黨政權、對兩岸關係產生深遠影響的學生運動即將展開。晚上九點多，林飛帆與陳爲廷領導包括黑色島國青年陣線的一些年輕人，趁著警衛反應不及衝入立法院議場，引爆台灣史無前例的占領國會運動。

面對這場突如其來的政治行動，時任民進黨主席蔡英文和幾位立委先到議場入口保護學生，避免警方強制驅離釀成流血事件；接下來，民進黨和台聯立委分工合作，採取二十四小時排班的方式，議場每個出入口配置一位立委和一位助理負責看守，一來避免警方強行闖入，二來做爲學生對外聯繫的窗口。

沒有例外，我也被排進輪值表中；但黨團幹部體恤我較爲年長，儘量讓我避開大夜班時段。從三月十八日到四月十日，立法院停擺，讓立法委員、學生和全體國人能沉澱下來共同思考台灣的國會制度應該如何運作？和中國應該建構什麼樣的關係？台灣經濟發展的前景在哪裡？

我常拎著書報到議場幫學生顧門，坐在那裡閱讀或沉思；有時站起身來，進入議場看看學生的動態，聽聽他們對國家社會的看法。這段時間，立法院周遭，彷彿成爲一座大型的民主政治實驗室。無法進入議場的年輕人就聚集在青島東路和濟南路上，發表肥皀箱式的即席演講。一些大學教授，也轉移授課地點，在立法院旁露天爲學生上課。一群群的學生和社會人士齊聚，一起接受這場民主政治的洗禮。

太陽花運動期間輪班守護議場

我從年輕時代即投身政治工作，參與過無數政治運動，這場迅雷不及掩耳的行動，不僅讓我重燃年少熱情，更一掃陰霾，對當代青年漠視時局的看法全面改觀。

三月二十日這天，我循著平日上班的路線，從捷運台大醫院站下車，沿著中山南路右轉濟南路，由立法院的側門進入立法院。不料當天，群賢樓旁鐵門早已拉下，鐵柵門不但緊緊關閉，還用大鎖鎖上。我表明立法委員的身分，要求警察開門，警察卻回應，遵照上級命令不得開門。溝通了老半天，我痛斥他們竟敢阻擋立法委員進入國會，難不成還在搞戒嚴？但警察還是不動如山。

盛怒之下，我乾脆一腳蹬上鐵門橫桿，直接翻越了兩公尺高的鐵柵門，我的舉動著實讓警察和現場民眾嚇了一大跳。我生性如此，只要認爲合理正當，任何人都無權阻擋。立法委員被阻止進入國會，是民主的倒退，國會議員的尊嚴我必須捍衛。

三月二十三日當晚，我在立法院辦公室閱讀文件，突然聽見騷動的聲音，我步出辦公室，循著聲音的方向走去，發現原本聚集在立法院附近的部分群眾已轉移陣地，步行到行政院，當時因警力不足，群眾便直接從柵門和矮牆翻進行政院。不久後，大批警力集結，更在深夜時刻進行強制驅離，造成流血事件。媒體上，學生頭破血流的畫面怵目驚心、不忍卒睹，穿著立委背心的台聯周倪安委員也被一群警察打倒在地，此事直到第八屆立委任期屆滿，警政署還是沒給周倪安一個交代。

三月二十六日內政委員會要求警政相關單位就「三二三行政院流血事件」進行

說明。我走進會議室準備發言，卻一眼瞧見主掌警政事務的內政部長陳威仁坐在不遠處，想起他下令警察鎖門，不讓立法委員進入國會，復又想起他讓學生濺血，一時盛怒難遏，快步衝到官員席前叫陳威仁去吃屎，當時我漲紅著臉，突然迸出這句話，引發在場立委、官員及媒體極大的關注。

太陽花學運，學生集結的地點就在青島東路，我的立法院辦公室樓下，我每天目睹窗外奇蹟不斷上演。議場內新聞組即時翻譯各種外文，快速將訊

太陽花運動探視議場內學生

息傳送到世界各地。場外學生也自發性分工，組成糾察隊維持秩序，管理物資彙集發放，部分學生還自願擔任清潔人員，隨時保持現場環境清潔。宣布退場時，他們在一個晚上就把立法院和青島東路、濟南路上所有的海報、塗鴉、垃圾清除乾淨。這群網路世代，從快速集結到分工，細膩且井然有序，所展現出的效率與紀律，隱然已有小政府的運作模式。

在太陽花占領國會的行動中，我們看到新政治力對舊政治勢力的挑戰和破壞。特別是台南子弟林飛帆，三月三十日在凱達格蘭大道，當著五十萬群眾，不卑不亢對馬英九的兩岸政策提出挑戰，他的膽識尤勝於黑名單時代的我們。我認爲台灣的命運雖多舛，但每到關鍵時刻，總會有一群年輕學子挺身而出。二二八事件如此，黑名單時期亦復如是，近期的野百合與太陽花學運，更是一脈相傳，讓台灣的民主自由人權生生不息，至今屹立不搖。

學生撤離後，四月十七日我在臉書上寫下這段文字：

四一〇學生撤離，但拒馬與警察仍在。立法院少了青春的熱情，卻多了戒嚴時期的肅冷。的確，統治者已取回所謂的「秩序」，但這場翻越統治高牆、解構馬英九「中國夢」的太陽花學運已難在台灣的歷史被抹滅。

二十多天來與立法院同仁輪班守護議場，始有機會近距離見證這場奇蹟般的學運。學生人數，從三一八衝入議場的涓涓細流，匯集爲三三〇湧上凱道的五十萬民主黑潮。對此，王丹形容：「彷彿整個世代，一夜之間換上一張臉。」我的感覺像是整片草莓園，轉眼間綻放出滿滿的太陽花。

最後謹向在這場學運中唸的出名字及叫不出名字的所有學生致上最大敬意。揆諸歷史，台灣體制外所創造的民主成就遠大於體制內，重要的歷史更往往由各階段統治者口中的「暴民」所書寫。當馬英九仍汲汲營營他的歷史定位時，你們早已成爲台灣歷史的重要篇章。

由衷謝謝所有的年輕學子，願你們像太陽花般永遠迎向陽光，讓台灣的命運因此翻轉。

我與蓮舫[76]

蓮舫，本名村田蓮舫，日本民主黨參議員，曾任內閣府特命擔當大臣和公務員改革擔當大臣，是日本史上首位台裔國務大臣。二〇一六年九月十五日當選日本民進黨黨魁。

我與蓮舫之間，原本只是兩國政治人物的往來，卻因姻親關係，加深了彼此的緣分。蓮舫的祖父謝達淋，曾在台南行醫，父親謝哲信，從事進口台灣香蕉的貿易，母親齊藤桂子是日本人。所以蓮舫本姓謝，後來嫁給自由記者村田信之，變成村田蓮舫。

我們的姻親關係來自我的姊夫，蓮舫的父親謝哲信和我的姊夫謝哲仁是親兄弟，我從以前就知道姊夫有一位兄弟住在日本。記者出身的蓮舫進入政治圈後，我們開始有機會在台日交流的場合見面，每次我到日本從事參訪或拜會活動，只要雙方時間許可，我都會撥空去找她聊聊。不過，在日本出生成長的蓮舫，除了父親來自台灣這個背景外，她已經是道道地地的日本人，雖然她曾到北京學習中文，但無法聽講台灣話，所幸我通曉日語，彼此溝通無礙。

蓮舫對自己父祖成長的故鄉一直很生疏，只認得台南白河這個遙遠的地名。我

76 蓮舫，本名爲村田蓮舫，日本民主黨參議員，在民主黨政府野田佳彥內閣曾任內閣府特命擔當大臣（負責消費者及食品安全、行政革新、少子化對策）和公務員改革擔當大臣，成爲日本史上首位台裔國務大臣。二〇一一年三一一大地震後，全國面臨核能危機、電力短缺，菅直人首相緊急指派蓮舫兼任節電啓發特命擔當相，後又擔任行政改革大臣。

當選第八屆立委之後，便邀請蓮舫回故鄉台灣走走，順便藉此機會深化台日間的友誼。

二〇一三年一月十六日，我為她安排了一場尋根之旅，她的母親和子女、幕僚都一起來到台灣。一整天下來，我帶他們跑遍台南的重要景點，包括台南州知事官邸、台灣文學館（原台南州廳）、烏山頭水庫、八田與一紀念館，還到東山喝咖啡、走訪白河、到關仔嶺泡溫泉。

當天中午，我邀請蓮舫一行人到台南知名的阿霞飯店用餐，這家餐廳以道地的台南料理聞名，當我點完菜時，蓮舫的秘書卻問：「有沒有蘿蔔糕？」但阿霞飯店什麼都有，就是沒有蘿蔔糕，不過他們很

夠意思，最後還是變出蘿蔔糕來，讓他們吃得很愉快。蓮舫一行人，對台灣紅蟳米糕、烏魚子等美食讚不絕口，所以一整天，我最常聽到的一句話，就是歐伊西（おいしい，好吃）。

重頭戲當然是白河的尋根之旅，爲了找出蓮舫祖父謝達淋醫生當年執業的處所，我的幕僚們可是費了好一番工夫。他們調閱日治時代的檔案資料，逐一比對，汰除不相關資料後，發現日治時期謝達淋醫生執業的地點：台南州新營郡白河庄白河500番地，現在已變成台南市白河區中山路上的一間照相館。

一九六四年發生白河大地震，這棟建築已經改建，雖然景物不再，人事已非，但是八十九歲的照相館老闆吳明和仍依稀記得蓮舫的祖父，談起給謝醫師看病的兒時回憶，蓮舫聽得又驚又喜，這種緣分穿透時空，把不相識的人相互串連，確實微妙。當年的幼童，現今年已耄耋，讓人慨嘆光陰流逝之速。

到了盛產蓮花的白河，蓮舫說，她終於知道父親把她取名爲蓮舫的緣由。我想，對謝哲信先生來說，這就是日本人常說的「絆」（きずな），對故鄉難以割捨的想念與牽絆吧！

我與阿扁

二〇一五年一月五日午後四點，陳致中推著輪椅，緩步護送阿扁離開台中培德監獄，這一刻離阿扁被上銬、入獄已有二三三一日之遙。

如同許多台灣人，我分得清什麼叫貪汙，什麼是迫害。我認為扁案是馬英九對國族認同分歧者的政治整肅，是國民黨道德法西斯的產物，更是舊司法、媒體勢力反撲的必然結果。

我在立法院創下連續六個會期針對扁案進行總質詢的紀錄，我認為扁案的本質一日不釐清，舊黨國政治鬥爭幽靈將持續盤據台灣天空，司法的獨立與正義也將永遠不會到來。

初識阿扁

我和阿扁本無淵源，最早的接觸是在一九八六年蓬萊島事件[77]時期，當時阿扁到美國訪問，我陪著他去見美國在台協會理事主席丁大衛（David Dean）和參議員佩爾（Claiborne Pell）。當時阿扁才三十五歲，但已經是台灣政界的一顆耀眼新星，我記得在那一次的晤談中，丁大衛對阿扁說：「你這麼年輕，爲何要做得像印度甘地一樣？你應該靜下心來累積更多的政治條件。」頗有長輩勉勵後輩的關切之情。

黑名單解禁後，我們雖有接觸，但較常見面是在我擔任台南縣縣長時期，因爲阿扁是台南人，所以跟他有較多的互動。

二〇〇〇年阿扁當選總統，原本有意延攬我入閣，擔任國科會主委，不料卻因代理縣長之爭而破局，所以在阿扁五二〇就職典禮台上，國科會主委的位置是空著的。姑不論事情原委如何，這部分我認爲對阿扁有所虧欠。有人認爲，經過那次爭議，我大概已與阿扁絕緣，但最後阿扁任命我這位海外歸來的獨派人士出任外交部長，以行動展現他用人的胸襟，並粉碎與陳唐山不合的傳言。儘管外界對阿扁的評價褒貶不一，我始終認爲他保有一份南部鄉下子弟的質樸。

77 蓬萊島事件又稱蓬萊島雜誌案，一九八四年六月十九日的《蓬萊島週刊》指出馮滬祥的論文《新馬克思主義批判》「以翻譯代替著作」。馮滬祥控告蓬萊島雜誌誹謗，一九八六年六月法院判決社長陳水扁和黃天福、李逸洋有罪定讞，三人入獄服刑。

基於這份因緣，離開總統府後，我仍然持續關心阿扁的動態。阿扁卸任後，眾多跡象顯示，馬政府很快就會對他下手了。果不其然，二〇〇八年九月二十五日，特偵組指揮調查局幹員共一百五十人，兵分二十七路，前往阿扁卸任總統辦公室和前行政院副院長邱義仁、前副秘書長馬永成、前外交部長黃志芳、前總統辦公室主任林德訓及我本人的住所進行大規模搜索。

針對剛卸任的總統和重要官員出動前所未有的搜索陣仗，必然是來自政府最高層的指示，政治意義大於司法作用，因爲馬英九這位新當權者想形塑一種寒蟬效應，來迫使民進黨支持者信心瓦解。十一月十日，辦公室收到檢方傳票時，阿扁已做好被收押的準備，他立刻與我連絡，拜託我接掌扁辦，維持扁辦的正常運作。十一月十一日阿扁赴特偵組後旋即被收押，我則臨危受命，進駐扁辦。

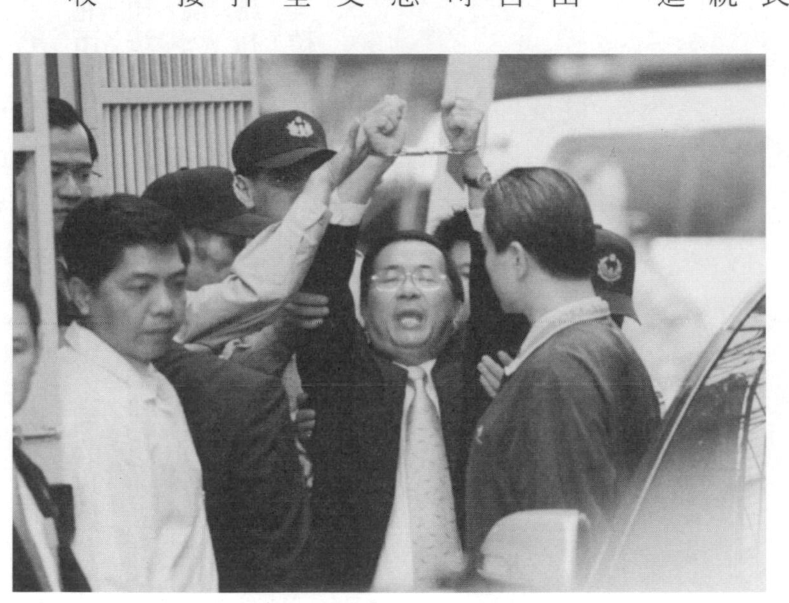

2008 年 11 月 12 日陳水扁遭上銬收押畫面。（相片提供：凱達格蘭基金會）

民主國家元首卸任後立即被收押，舉世罕見。我嗅到馬政府的肅殺之氣，所以十一月二十二日凱達格蘭基金會在台北市圓山一號公園舉辦「壓不扁的玫瑰台灣、咱的國家」的群眾晚會，凸顯扁案假司法之名，行迫害人權之實，我也前去拜訪民進黨主席蔡英文，向她說明阿扁的處境，蔡英文立即指示黨部提供扁辦必要協助。

從阿扁被收押之日起，我接手扁辦和凱達格蘭基金會的工作，除了聯合各界力量突顯扁案的荒謬外，也有義務穩定支持者的軍心，進而凝聚聲援阿扁的力量。

體制外的聲援

扁案是馬政府利用司法追殺政治異己的惡行，當時在野的民進黨在國會的席次僅有二十七席，很難與國民黨抗衡，所以挺扁力量只能透過記者會和群眾活動爲阿扁發聲。

二〇〇九年三月二十五日，我與阿扁的律師團舉行「民主倒退、司法濫權」國際記者會，人在看守所的阿扁對外表示，扁案判決書早已寫好，司法程序只是一場鬧劇。

爲了喚起更多人的關注，一有機會，我會不厭其煩地提到扁案。二〇〇九年五月十七日，本土社團發起五一七高雄大遊行，並於中央公園舉行「反傾中、救台灣」晚會，我一上台，痛批執政者假司法之名，行政治迫害之實。同年七月七日，我邀集三十

2014 年 4 月 23 日，「大台南阿扁俱樂部」成立，由我擔任總召集人，王定宇任執行長。

多個本土社團到阿扁故鄉官田惠安宮，與扁媽陳李愼女士一起上香，共同繫上黃絲帶，希望法官能考量司法人權，儘速讓阿扁交保。

二〇一〇年四月二十三日，爲聲援阿扁遭不法羈押長達五百多天，我在台南地區成立「大台南阿扁俱樂部」，由我擔任總召集人，台南市議員王定宇出任執行長，一來讓人民持續關心扁案，二來讓民進黨在直轄市議員選舉中贏得更多席次，讓挺扁的力量能持續擴大。

國會中的救扁行動

二〇一二年我當選第八屆立委，重返國會，當時我揭櫫兩大政治目標：其一是台灣主權的確保；再者就是釐清扁案本質，讓阿扁早日脫離政治黑牢。我認爲扁案是統治者對國族認同分歧者的政治整肅，與台灣主權息息相關。我交代幕僚，在未來的國會總質詢，我將持續爲扁案發聲，直到阿扁走出政治黑牢爲止。我認爲扁案的本質若無法釐清，黨國的幽靈就無法散去；扁案無法平反，台灣的司法獨立永遠無法到來。[78]

二〇一二年二月底，第八屆立委甫開議，阿扁的健康就傳出警訊，我邀集高志鵬、李昆澤、陳其邁、陳亭妃、許添財、蔡煌瑯、李俊俋、劉建國、黃偉哲、林世嘉、李應元、姚文智等十三位民進黨及台聯黨立委前往法務部。一走進法務部長的會客室，我帶頭開罵，強烈要求法務部正視阿扁作爲受刑人的基本人權，並應公布戒護就醫的標準流程。由於十三位立委的集體發聲，法務部終於同意讓阿扁戒護就醫，三月七日阿扁被送往署立桃園醫院接受治療。

阿扁在署立桃園醫院接受心導管和頭部電腦斷層掃描檢查後，獄方迫不及待要求他在三月十三日返監，當時眾多關心阿扁的群眾聚集在醫院外，不讓獄方把人押

78 從二〇一二年至二〇一五年，我創下連續六個會期針對扁案進行總質詢的紀錄，相關的書面資料可參考本書附錄。

回。我向獄方力爭，阿扁身體狀況不佳，北監狹小的房舍空間會讓阿扁的病情雪上加霜，雖然與支持者盡了最大力量，最後仍無法阻止法務部將阿扁送回台北監獄。

爲了擴大聲援力道，二〇一二年三月二十七日我邀集一邊一國連線與本土社團幹部共同會商，與會人士包括陳致中、台聯黨團總召許忠信、鄭文龍律師、客社社長張葉森、北社前社長陳昭姿、前扁辦主任陳淞山等人。在會議中，決定以遊說或電話溝通等方式，邀請民進黨立委和社會各界人士共同簽署「特赦陳水扁——政治和解、終止對抗」的連署書。特赦連署是政治性訴求，在於擴大社會支持的力度，所以連署對象不限立委，我們從一邊一國連線的民意代表擴散出發，最後獲得不少地方議會的支持。

這份連署書著眼於喚起社會對阿扁人權的關切，但有人則從法律觀點提出不同意見，例如前考試院長姚嘉文主張阿扁並非罪犯，所以應該是「釋放」，而非「特赦」，因爲特赦等於認錯求饒；蘇貞昌則認爲，訴求重點，應該著眼於儘速讓阿扁保外就醫。

連署活動展開後，民進黨內開始出現雜音，中常會做成決議，要求黨員不要有個別的行動，但我認爲連署呼籲特赦陳水扁有其正當性，所以繼續推動。

當時部分民進黨政治人物視阿扁如同痲瘋症者，不敢問也不敢碰，對阿扁飽受踐踏的司法人權噤若寒蟬。二〇一二年四月九日，有意參選黨主席的蘇貞昌終於前往台北監獄探視阿扁。我在回應媒體時表示，某些政治人物對阿扁的議題很冷淡，但有意角逐某些職務時卻熱絡起來。當時蘇貞昌對號入座，相當的不悅。但是站在力挺阿扁司法醫療人權的立場，我不得不說，也不得不做。

接續，我們在各地舉行一連串集會，要求特赦阿扁。二〇一二年四月份，在台南水萍塭公園、麻豆舉行「愛與勇氣、釋放阿扁」晚會。四位民進黨主席參選人吳榮義、許信良、蘇煥智、蔡同榮全部出席活動，與台下滿場民眾齊聲高喊「阿扁無罪」，要求馬政府釋放阿扁。五月四日，救扁大聯盟在台中市接續舉辦「愛與勇氣、釋放阿扁」活動，並在現場展開救扁連署；我強烈向鄉親呼籲：「阿扁事件與司法無關，而是政治鬥爭；做過總統的台灣人，李登輝被起訴、阿扁被關，馬英九就像皇帝一般，台灣人應該要覺醒。」

二〇一二年十一月十一日，扁辦在台北二二八公園舉行「守護台灣人權之夜音樂會——阿扁受難四週年」音樂晚會，聲援群眾擠爆現場，我聽到眾人高喊「把阿扁救出來」時，慨嘆卸任總統竟遭不同的國族認同者羞辱到如此地步，不禁百感交集。

接掌扁辦那年，民進黨在立法院席次僅剩二十七席，加上我沒有公職身分，只能透過扁辦、凱達格蘭基金會和本土社團的協助，來呼籲社會各界，關注阿扁人權。二〇一二年起，我重返立法院，民進黨席次也增加到四十席，挺扁的聲浪也越來越大；但我認爲中央黨部的態度不夠強硬，無法讓馬政府感受人民的憤怒，所以我和高志鵬、陳歐珀、蕭美琴、陳其邁、台北市議員江志銘及簡余晏等人連署提案，建議民進黨中央黨部設立「救援陳水扁小組」。

二〇一二年七月十日，阿扁健康急速惡化，許多關心阿扁健康人權的醫生認爲，監獄內醫療資源不足，所以主動前往北監會診，結果證明阿扁的健康狀況已嚴重到應予以保外就醫的地步。當阿扁的健康議題受到社會廣泛討論時，藍營內部終於有人表達正面看法，台北市長郝龍斌表示，應由醫療專業團隊共同評鑑阿扁的生理、心理狀態，讓阿扁的保外就醫在法理上站得住腳，對弭平社會傷痕具有指標性意義。

針對郝龍斌的說法，毫無人權觀念的馬英九，立刻回應：保外就醫，英文叫做「medical parole」，就是醫療假釋，保外就醫出來之後，其實就自由了，「等於說就釋放了」。馬英九一鎚定音，讓法務部對阿扁的保外就醫議題，更加投鼠忌器。其實只要符合法定要件，不論假釋或保外就醫都是法律保障受刑人的權益，馬英九的說法顯露出他對阿扁的憎恨，難怪仰承上意的法務部不敢依法行政。

提到藍營政治人物的反應，我與新北市長朱立倫有一段經典的談話。在拜會朱立倫時，他對我很客氣，但談到阿扁保外就醫的人權議題時，他不太願意表態，在我道別時，他對我說：「老縣長！請放心，我會在適當的時機說適當的話。」這是抹壁雙面光，典型不得罪人的官話，突顯出一個人畏於承擔的性格；從他參選總統時的猶豫不決，到洪秀柱出線又被拉下馬的荒謬過程，確實可以看出，只要符合個人利益，他眞的會在適當時機說適當的話、做適當的事。

阿扁真的生病了

二〇一二年九月起，新北市、台中市、花蓮縣、新竹縣市、台南市、基隆市、嘉義市、苗栗縣及南投縣等地方議會紛紛通過聲援阿扁保外就醫的提案；難能可貴的是，南投縣議會國民黨籍議長何勝豐，裁決建請縣府將阿扁保外就醫決議案函轉法務部，並批評馬英九總統發表的「保外就醫就等於放了阿扁」等言論，在在證實當時台灣社會普遍存在「馬英九不准法務部同意阿扁保外就醫」的看法。

此時，我除了感謝各地方議會的相挺外，也感受到四年來的努力已有所進展。

接續，阿扁因為解尿困難、頭痛、口語不清等症狀，再度被送往署立桃園醫院檢查，結果發現阿扁的膀胱只能蓄尿二百毫升。其實獄方早已發現阿扁有排尿困難的症狀，甚至傳出要求阿扁大量喝水的「灌水事件」；另外，阿扁的右腦額葉則有腦缺血留下的痕跡，研判是七、八次的小中風所致。

檢查結果一出，藍營質疑阿扁裝病的說法不攻自破，民進黨立委紛紛痛批法務部踐踏阿扁的醫療人權。法務部長曾勇夫意識到事態嚴重，要求台北監獄儘速安排阿扁轉送醫學中心治療，台北市長郝龍斌也表示，如果阿扁被送往台北市的醫學中心，他會考慮前往探望。

這回北監主動把阿扁送到署立桃園醫院檢查，證實了民間醫療小組的診斷無誤，但北監爲求慎重又悄悄把阿扁送到台北榮民總醫院做進一步複檢，結果證實阿扁腦部病變且有重度憂鬱症。台大醫院柯文哲醫師認爲阿扁的病情不能再拖延，於是在扁辦人員的陪同下前往監察院向值班監委黃煌雄陳情。

二〇一三年二月二十二日，監察委員黃煌雄邀請參與調查的精神科教授與醫師共同發表監察院的調查報告。根據黃煌雄公布的影片，阿扁兩手發抖、嚴重口吃，兩腳掌無法著地，走路搖晃，極易跌倒。黃煌雄表示，阿扁的病情已不適合再回台北監獄，他的看法與台北榮民總醫院的「出院安置建議」相同，應轉入設有慢性精神病房的教學醫院，繼續接受治療。

從監委黃煌雄的調查報告中，可看出阿扁的獄中人權和健康照顧，仍然沒有具體進展，有些本土社團逐漸按捺不住情緒。公投護台灣聯盟召集人蔡丁貴就表示，二〇一三年二月二十四日元宵節前，民進黨若沒提出搶救阿扁的具體作法，將向蘇貞昌、蔡英文二人丟鞋抗議。

我雖反對這種做法，但可理解支持者由絕望轉向激進的心理轉折。我認爲，民進黨不論誰當家作主，都應正視扁案的本質，扁案是政治案件，而非司法案件，應該全力聲援阿扁。民進黨如果連阿扁的司法、醫療人權都無法捍衛，人民對這個政黨還能有什麼期待？

民進黨有少部分人士認爲阿扁貪汙，所以不敢聲援。我則認爲在未有政治獻金

2013 年 1 月 30 日讓阿扁活下去記者會。當時阿扁已出現腦病變、手抖及帕金森氏症。

讓阿扁居家療養記者會。強力呼籲法務部正視阿扁的醫療人權，讓阿扁總統居家療養。

法規範時，阿扁收受政治獻金二十一億，民進黨內有誰知道？但阿扁卻願意主動拿出三分之二（十四億），來接濟黨內同志選舉與民進黨的各項活動，由此觀之，阿扁豈是貪墨之輩？

一波三折的再入黨案

阿扁病情日益嚴重，但仍看不到馬政府有鬆手跡象，所以包括長老教會、台教會等社團紛紛挺身而出，召開記者會聲援阿扁。

爲了擴大政治張力，我在二〇一三年五月二十五日民進黨全代會之前發起「恢復前總統陳水扁黨籍案」的連署，立法院民進黨籍立委僅柯建銘、段宜康、陳明文、田秋堇四人未簽署；當時柯建銘、段宜康和田秋堇認爲阿扁係自動退黨，不是除名，所以沒有「恢復黨籍」的問題，而陳明文恰巧人不在台灣。

這次連署動作，引起黨中央高度緊張，許信良和林濁水更齊聲反對。爲了化解連署案的壓力，黨中央特別在全代會之前的中常會通過柯建銘提出的「陳水扁再入黨」案，說明阿扁二〇〇八年是主動退黨，不受五年內不得再入黨限制，只要塡妥入黨申請書，即可向地方黨部申請再入黨。

我當然知道中常會的用意，事實上，黨中央曾透過一些人來找我，希望我能撤回全代會的提案，但中央黨部對阿扁「到底是被開除，還是自動退黨」的黨籍問題始終說不清楚，所以我堅持問題釐清後才願意撤案。直到全代會前一天，民進黨台北市黨部終於受理阿扁的再入黨申請案後，我才撤回提案。

台北市黨部雖已受理，不過阿扁的入黨案還是一波三折，期間傳出他的入黨案要用「五年條款」來處理，讓阿扁感覺受到羞辱，直到八月十四日阿扁退黨滿五年的前一天，中央入黨再審查小組才正式通過阿扁入黨案。一個簡單程序竟然拖了將近三個月，黨部的做法不乾不脆，很不漂亮。

回顧當時，恢復阿扁黨籍的連署，共獲得包括各直轄市議員在內、二百多位全國黨代表的支持，中央黨部如臨大敵，唯恐阿扁再入黨會拖垮民進黨的形象。我一撤案，中央黨部猶如解除了一顆未爆彈，如釋重負。如今回想，那些認爲阿扁重新入黨會重創民進黨形象的人，豈不過於杞人憂天，對台灣社會在是非價值的判斷上缺乏自信。

從扁案看司法現象

阿扁執政八年，全力守護台灣主權於不墜，國民黨則處心積慮想拉他下台，以免台灣人的政權鞏固後，阻斷舊黨國勢力的復辟。

泛藍勢力集結所有力量圍攻阿扁，以國務機要費案做爲突破口，透過舊司法勢力，一路追殺阿扁。所以衍生出教唆僞證，更換承審法官，種種違背司法公正性的情節。民進黨如果無法認清扁案本質，舉黨默默，不敢挑戰舊司法體系陰暗一面，如何面對早期遭受司法迫害，被關入黑牢甚或喪失生命的先賢前輩？回想二〇〇七紅衫軍之亂，當時阿扁所涉及僅國務機要費一案，部分綠營人士則大動作辭去立委，甚至要求阿扁下台。試想，如當時阿扁挺不住黨內壓力辭職下台，而最後國務機要費卻無罪定讞，民進黨要如何向歷史交代？

談到這裡，讓我聯想到郭清江、李界木、謝清志這些從海外歸來的老朋友，他們在司法上的境遇，在在突顯出台灣的司法是威權主義最後的殘留遺毒。郭清江說過，美國的執法者若違法，烏紗帽就不保，但在缺乏司法正義的台灣，只要在政治上選對邊，這些執法者就可以任意扭曲法律，做盡違法的事。我在美國住了二十九年，非常同意郭清江的看法，回台二十三年，更深刻體認司法的幽暗仍跨越時空、無所不在。從蔣家威權統治時代的恣意生殺，轉化成民主時代的枉法肅敵，威權因子依然深埋在若干執法者的腦海中，只要歷史機遇來臨，自然就會「有所作爲」。

我們這群從海外返台的人，大多屬於科學專業人士，另外還有一個共通點，都曾因台獨運動而被列入黑名單。前台南市長許添財因海安路地下街工程被起訴，起訴書中直指許添財、郭倍宏等人是台獨分子，顯露出執法者意識底層對台獨思想的反感，所以才會在執法過程中植入與法理無關的意識形態，用來證成被告罪該如此。

國際社會的關切

阿扁能夠步出黑牢，絕非馬政權的法外施仁，而是六年來扁迷、本土社團、醫療團隊、律師、國際友人、立法委員及各地議會鍥而不捨、不斷發聲的結果。這份成果已在台灣人權歷史上留下難以抹滅的一頁。

二〇一二年六月十四日，美籍人權醫師Charles Whitcomb、Joseph Lin、Ken Yoneda來台探視阿扁，撰寫健康評估報告呈交美國國會。接下來的八月二十日，前美國司法部長克拉克（Ramsey Clark）到台北監獄探視阿扁，超過一千位挺扁群眾擠滿監獄外面，造成轟動。

克拉克認為保外就醫只是第一步，台灣政治力介入和司法濫權，才是亟需解決的問題。以人權律師聞名的克拉克說，關押阿扁是危險的司法遊戲，已經玩得太久而且太過分，聯合國人權委員會應深入了解這個問題。

二〇一二年九月十七日，「華盛頓人權行動中心」國際人權小組兩位成員漢斯華爾（Hans Wahl）與哈瑞丁勤時（Harreld Dinkins），由我和管碧玲委員陪同前往署立桃園醫院探視阿扁。他們主張「人權是普世價值恆久不變，即使是被監禁的犯人，他們的人權也不容被剝奪。」

九月二十一日，漢斯華爾與哈瑞丁勤時離台前召開記者會，發表「對於前總統陳水扁健康問題」的聲明；他們表示，雖然認同執法單位將阿扁移往台北榮總檢查，但對醫院的選擇存有高度疑慮，這項決定沒有經過受刑人、家屬和醫療團隊的同意，不具有獨立自主性，也不是醫療禮遇。

二〇一二年十月十九日，非洲象牙海岸舉行國際自由聯盟（LI）大會，對台灣前總統陳水扁的醫療權益表達關切，呼籲台灣政府給予保外就醫。聯盟主席范巴倫表示將訪台探視阿扁，民進黨也向參與該聯盟大會的六十多國政黨代表表達感謝。

二〇一三年一月二十三日，我和王金平、國民黨副主席蔣孝嚴、立委謝國樑、賴士葆、李應元等人訪美，在駐美代表金溥聰陪同下赴國會山莊拜會夏波（Steve Chabot）及孟昭文[79]（Grace Meng）等議員。長期支持台灣的夏波向代表團關切阿扁保外就醫問題，希望馬總統基於人道考量能有所行動。夏波表示：「我希望看到他回家。」我說，一個民主政府如果把民選總統關死在牢裡，是很不幸的，馬總統應該立刻讓陳水扁出來。

除了外國友人主動關切，還有一件事值得記述。第八屆立委剛上任不久，就有一位林黎彩女士與辦公室連絡，林女士是外省人台灣獨立促進會（簡稱外獨會）創辦人廖中山教授的夫人，她本身是二二八事件受難者家屬，向來關心人權議題。我和林女士見面後得知，她想用天主教徒的身分寫信給教宗，請教宗關心阿扁被囚禁在狹窄空間的獄中人權，並已寫好中、英文信函。她問我要透過什麼管道才能讓信

79 孟昭文，一九七五年生於美國紐約市皇后區，是台裔美籍律師，曾任紐約州州眾議員。二〇一二年代表民主黨當選美國聯邦眾議員，是第一位台灣裔女性聯邦眾議員。

件眞正到達教宗手中，因爲投郵雖然可以送達梵諦岡，但是很難被教宗看到。我想了一下，便告訴她可以替她把信件送到教廷駐台灣大使館，請陸思道（Monsignor Paul Russell）大使代爲轉交。

二〇一二年四月二十四日，我帶著信件去見陸思道大使，我向大使述說阿扁的情況時，他一直靜靜傾聽，最後向我承諾返國時會把信件交給教宗。一段時間後，我的辦公室收到教廷請大使館轉給林女士的回函，內容雖然沒有針對阿扁的人權問題表達明確意見，但教宗已知悉此事，並表達關心之意。鍥而不捨的林女士又寫了第二封信，再透過本辦公室轉交給教廷。

在眾多營救阿扁的人士中，這件事或許只是小插曲，況且教宗亦未表達積極態度。但是，每當我想起林女士一心想幫阿扁脫離政治迫害的堅定眼神，不禁爲阿扁深感慶幸，因爲他爲台灣付出，社會中還是有許多人銘記在心。

曙光終現

阿扁的腦部病變益趨嚴重，我在二〇一四年一月三日邀集阿扁醫療團隊及律師團聯合召開「尊重專業鑑定，保障醫療人權」記者會，台北榮總醫師郭正典指出，阿扁的大腦、小腦與腦幹都出了問題，馬政府不快釋放出阿扁，「二年半內絕對會出事」。

當時阿扁腦部已開始萎縮，腦退化不可逆且無藥可治，只能從環境中的改變著手。北榮曾建議讓阿扁居家療養，後來轉到中榮，中榮評估後的結果也是一樣，但生殺大權仍握在馬英九手上。

爲了突顯問題的嚴重性，只要外交國防委員會排定退輔會相關議程，我一定會針對阿扁的病情進行質詢。我一而再、再而三，不厭其煩地把阿扁的病情重複描述。我質問這些政府官員，阿扁尿失禁嚴重，每天好幾次，全身赤裸在看護面前盥洗、換尿布。別說卸任總統應有的特殊處遇，阿扁連做人的最起碼尊嚴都被剝奪殆盡，台灣還談得上什麼人權立國？

我把營救阿扁列爲第八屆立委的首要之務，透過質詢、抗議等手段來突顯阿扁不公平的司法待遇，從第一會期開始的國會總質詢，每一次我都選擇司法組，行政院長從陳沖、一路問到江宜樺、毛治國，法務部長則是從曾勇夫、陳明堂（代理）到羅瑩雪。

當時，我在網路上看到烏克蘭議員在國會拉開一幅印有前總理提摩申科（Julia Volodymyrivna Tymošenko）肖象的巨幅布條，要求釋放被監禁的提摩申科，場景十分震撼。於是要求助理比照烏克蘭國會，製作一幅阿扁被上銬的大型布幕。

二〇一四年五月九日，我在議場展開這條巨幅布幕，媒體效果非常醒目。我強調這是我第五度在立法院質詢要求釋放阿扁，阿扁已被關一九八七天，與馬英九總統執政的時間幾乎一樣長，希望政府正視阿扁的病情盡快釋放他。

二〇一四年五月十六日，台中榮總開出診斷證明書，認爲阿扁應離開監禁環境進行居家療養或其他可行的處置方式，較能改善病情；既然台中榮總已做出明確的專業建議，我更加強力道，多次透過質詢和記者會，呼籲馬政府尊重專業判斷。

即便台中榮總已開出診斷證明，法務

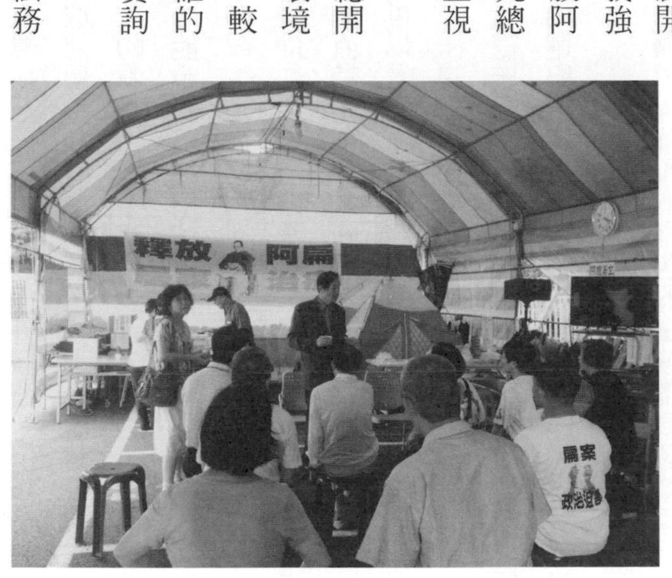

2013 年 5 月 16 日台中培德監獄與挺扁群衆座談

部還是無動於衷，因爲全台皆知，阿扁就算命危，依法應該保外就醫，但馬英九如果不點頭，相關官員也沒有人敢建議釋放阿扁。當時，我甚至找上金溥聰，請他向馬英九轉達社會各界期待阿扁能獲得釋放的看法。但金溥聰表示，馬的民調已很低迷，若釋放阿扁，引發深藍反彈，民調可能會繼續往下掉。後來我又遇到金，問他有沒有將訊息轉達給馬英九？他很誠實的說：「沒有」。

二〇一四年十一月二十九日，台灣舉行九合一地方選舉，民進黨一舉拿下十三個縣市長，更嚴重的警訊是國民黨在六個直轄市中只剩新北市的朱立倫慘勝。挫敗的馬英九終於辭去黨主席，此時已約略可以看到阿扁離開監所的一線曙光。

十二月二日，全台十一位新當選及連任的綠營縣市長齊聲呼籲，讓阿扁保外就醫；拿下近百萬票的高雄市長陳菊希望馬總統在十二月十日世界人權日前給予阿扁保外就醫；台南市長賴清德則認爲，這場選舉已看出選民厭惡藍綠惡鬥，釋放阿扁有助緩和朝野氛圍。

十二月八日，自稱學佛，一向對阿扁醫療人權不假辭色的法務部長羅瑩雪終於召開記者會，爲馬政府找下台階，羅瑩雪表示，陳前總統上次申請保外就醫時所提出的診斷證明已逾半年，如其病情確有變化，可再次提出申請。矯正署考慮擴大鑑定小組，納入醫界及家屬推薦的專業醫師，共同評估阿扁健康狀況，做爲准否保外就醫之依據。

十二月二十三日，我邀集一邊一國連線四十七名縣市議員到台中監獄宣誓就

2014 年 5 月 9 日第八屆第五會期總質詢，我在議場內鋪上陳水扁上銬布幕引發社會極大震撼。

職，共同宣示救出阿扁的決心。最後，法務部雖無法趕在二〇一四年十二月三十一日前完成審查，但還是在二〇一五年一月五日同意讓阿扁保外就醫。

二〇一五年一月五日午後四點，陳致中緩步推著輪椅，護送阿扁離開台中培德監獄，這一刻離阿扁被上銬、入監已有二三三一日之遙。

保外就醫後，阿扁殘破的身心雖暫獲紓解，但我仍將致力於扁案本質的釐清，讓扁案平反，台灣社會早日走出扁案陰霾。

後記

去年，二〇一五年底，我的第八屆立委任期已近尾聲，幕僚們建議我出版回憶錄來爲黑名單世代留下歷史見證。他們認爲，在二二八、黑名單、野百合、太陽花這條青年對抗統治者的歷史長河中，黑名單歷時最久，遍及全球，對台灣民主化的影響既深且廣，所以我應該留下一些文字紀錄。

五月中旬，在林義雄、張葆源、鄭道隆、石逸芳這些同仁的協助之下，這本十五萬餘字，橫跨五分之四世紀，從日治時期一九三五年我出生那年寫起的回憶錄，終於完成了文字的整理。

這本書共分七篇，一百個章節。首篇首節「我叫陳唐山」，它描述日治時期，父親因不滿淪爲二等國民，對遙遠中國的憧憬與想望。在「家人團聚」的這個章節中，一九七〇年，我在太平洋彼端美國的阿肯色州，把第三個兒子取名爲陳立揚，我期待台灣能獨立自主、揚名世界。這兩個章節，點出了歷經二二八、白色恐怖、省籍歧視，虛妄的中國在台灣留學生的心中已徹底幻滅。

第二篇「第二個二十九年」，寫的是我二十九年的黑名單生涯，海外留學生在美國籌組同鄉會、台獨聯盟、台灣人公共事務會等組織，與國民黨長期抗衡的林林總總。第四篇「務實的理想主義者」談的是我擔任外交部長時期，爲台灣主權奮戰的點點滴滴。有人形容，我從黑名單成爲外交部長，是台灣民主化的縮影，但我認爲這份民主成就，是許多台灣社會未必叫的出名字的黑名單人士所共同努力的成果。他們因言論無法見容於當局，而被阻絕於國門之外。現今年輕世代應很難想像，二、三十年返鄉無門的苦楚及思念故鄉一聲輕雷的錐心之痛。我期待，對這些黑名單人士，日後能有較完整及系統性的紀錄，讓他們不致被遺漏於台灣歷史篇章之外。

「我與阿扁」是這本書的最終篇，它紀錄七年來我爲阿扁司法、醫療人權奔走的過程。我對扁案的關切，部分基於人情義理，更大因素在於我無法坐視，已民主化多年的台灣至今仍無法擺脫虛矯的黨國道德法西斯框架。在舊司法陰影籠罩下，許多政治人物心中仍殘留一個小警總，對阿扁備受踐踏的司法人權噤若寒蟬。所以對扁案本質的釐清，我將持續奮戰。

最後，藉篇幅一隅，向所有反對運動夥伴、台南縣政府、外交部、立法院所有同仁、及已過世的好友黃昭堂、賴文雄、蔡同榮、林文德，致上最大謝意。在反對運動及公職生涯中，何其有幸，有你一路相伴。特別是，三月十二日病逝於洛杉磯長子家中的牽手林純純。我知道，黑名單時代我或許是個盡責的反對運動者，但卻是位失職的丈夫與父親。在物質匱乏、返鄉無門的艱苦年代，謝謝妳撐起半邊天，填補了三個孩子成長過程中所欠缺的父愛，讓我能無後顧之憂的奔走美國及全球各地，串聯台灣人社團，抗衡國民黨統治當局。

三月二十一日，我一如妳生前所願，低調的把妳葬在洛杉磯玫瑰丘墓園（Rose Hill Cemetery），妳無需悼詞來榮耀妳對台灣土地的熱愛；在這方恬靜墓園，妳的母親與許多台灣人都長眠於此，風雨晨昏，妳的芳魂必定有伴。

再次謝謝各位！元月十六日，王定宇以全國最高票在我原來的選區當選立委，順利完成接棒。蔡英文也以高票當選總統，即將開啓台灣的歷史新頁。回顧過往，黑名單二十九年、公職生涯十九年，爲台灣主權奮戰已近一甲子，我這位台獨老兵已垂垂老矣！若問，我的餘生尚有何願？我期待有生之年，能看見台灣以新且獨立的國格，昂首闊步於國際社會。

願　闔家平安　天佑台灣！

附錄一

第八屆立法委員第一至第六會期總質詢書面資料

第八屆第一會期

陳院長強調「安心內閣」，然而最近政府的種種作為卻讓人很不放心，不論是隱匿禽流感疫情、開放瘦肉精牛肉，或調漲油電價格，都顯示政府無視人民感受的一面。

不僅如此，司法現象也令人憂心忡忡，諸多偵審作為顯示司法似有倒退跡象。法官依據憲法獨立審判，基於權力分立的原理，行政機關不應干預，立法部門亦應予尊重，然而四年來，不論法院的審判作為或檢察機關的偵查作為，都讓人民充滿疑慮。當然，本院不宜討論實質的審判問題，但近年來司法偏頗現象層出不窮，令人擔心法治根基可能受到不當干預而崩壞。本席僅舉出若干事例，即可印證令人憂慮的司法現象。

一、任意更換承審法官

陳前總統於二〇〇八年十二月十二日遭起訴後，台北地方法院公開抽籤決定由周占春法官擔任審判長，周法官裁定無羈押必要並釋放陳前總統後，台北地方法院隨即召開閉門會議，以併案審理為由，決定將法官改由蔡守訓等三位法官審理。為了繼續羈押陳前總統，法院不惜違反「法官恆定原則」，縱然很多法官和學者撰文批判，依然不為所動。

二、違反「偵查不公開原則」的疑慮

陳前總統案件偵查期間，很多媒體和談話節目不斷報導、談論案件細節，若干說法甚至與特偵組起訴內容相符，社會不禁臆測是否有偵辦人員故意將案情洩漏給特定媒體，以配合政治操作。

三、審判結果將傷害人民對司法的信賴

總統的國務機要費與其他首長的特別費，性質相同，惟因總統職務特殊，故稱為「國務機要費」，其性質僅查閱立法院審查總統府預算，將「國務機要費」稱為「總統特別費」即可明瞭。而且，行政院主計處亦認為國務機要費有「特別費、機密費、機要費綜合性質」，惟蔡守訓法官合議庭卻堅持性質不同，從而重判陳前總統。再者，同合議庭審理馬英九總統的特別費案，不但採認特別費是「實質補貼」，甚至採用宋代「公使錢」制度證明馬英九總統無罪。

這種因人而異的偵審作為，將會傷害人民對司法的信心。

四、不尊重正當法律程序

二〇〇八年地方選舉前，檢調未遵循刑事訴訟「傳喚→拘提→逮捕→羈押」的正當程序，未先釐清相關事證，就闖入雲林縣長官邸，當場逮捕蘇治芬縣長。相對的，對於農委會隱匿禽流感疫情、台北市政府花博弊案、文建會建國百年活動二天

燒掉2.1億的疑雲、國民黨三中弊案等事件，卻未見積極偵辦，更遑論祭出羈押首長的嚴厲手段。

五、司法政治化的危機

二〇〇八年十月，中國海協會副會長張銘清來訪，公然挑釁：「沒有台獨，就沒有戰爭」，台南市王定宇議員基於維護台灣人的尊嚴，率領群眾前往台南孔廟抗議，混亂中造成張銘清摔倒。台南地檢署短短八天就起訴王定宇議員，並於起訴書指出該案將影響大陸人民來台，若干司法人員將中國人民的感受擺在台灣人民之上，令人遺憾！檢方若能體會台灣人民被中國威脅的感受，必然不會草率起訴，顯見傾中政策流風所及，恐已入侵司法部門。

綜上所述，司法的偏頗現象恐非偶然、巧合或特例，爲了落實「安心內閣」的訴求，請院長正視這種現象，並體會人民的感受。

最後，陳前總統被關押一千多日，健康已出現問題，請問院長：政府用這種方式對待一位曾經受到數百萬選民擁戴的前總統，您覺得人道嗎？院長是否同意特赦陳前總統是對卸任元首最起碼的尊重？本席認爲，特赦陳前總統無關政治立場，而是民主進步國家對卸任元首應有的待遇，更是人道關懷精神的最高體現，本席呼籲馬英九總統拆除政治歧見的藩籬，跨越政黨對立鴻溝，儘速特赦陳前總統，讓台灣社會得到和諧。

第八屆第二會期

備詢者曾勇夫低迷的民調，意味著馬英九執政下司法獨立精神、正義原則的嚴重倒退。而曾爲民主奮鬥、黑名單二十九年的陳唐山再度站上國會質詢台，爲司法人權發聲，更是台灣民主的最大嘲諷。

包括北朝鮮甚或緬甸軍政府，世界上沒有一個政權願意承認其體制內存在政治犯。台灣雖以民主國家自許，但司法天秤的傾斜，扁案已成爲不折不扣的政治案件，並淪爲馬執政無能的一塊遮羞布，「僞清廉」大纛下的政治祭品。

揆諸歷史，在李登輝、陳水扁執政二十年期間，從未針對司法或保外就醫個案發表看法，但反觀馬在面對扁案時卻留下三段經典談話：

一、二〇〇六年六月七日，馬以黨主席之尊首度揚言：「子彈已經上膛，要讓陳水扁死的很難看……。」爲擦拭清廉招牌，馬不惜挑撥仇恨、對立。

二、二〇一〇年十一月七日，高分院審理扁案前夕，馬以總統身分再度聲稱：「扁案判決，應符合社會期許。」馬對扁案的干預，赤裸裸由暗喻轉爲明示。

三、二〇一二年八月二十七日，扁健康急遽惡化，保外就醫議題引發社會廣泛討論時，馬一句：「保外就醫等於放了！」一鎚定音，扁保外就醫爭論就此定調。

馬的介入，相關單位與聞聖聽、揣摩上意後，司法獨立精神的自我閹割與踐踏，讓台灣的民主法治遭受更大傷害。

二〇〇六年紅衫軍圍城，媒體公審陳水扁，特偵組檢察官爲配合社會氛圍，破天荒一字排開向社會宣示：「辦不出來就走人！」扁案發票，透過特定媒體揭露，一張一個故事，對扁家極盡醜化能事，而馬特支費案發票，則在檢調默許下，以「小換大」方式，得以持盈保泰。扁案偵查期間，除檢察體系不當唆使作證外，司法體系在審理期間更違背程序正義更換法官，扁案最終判決十八年定讞。而馬所涉特支費案，則在大水庫理論及宋代公使錢掩護下得以脫身。

國務機要費具特別費性質，扁案面對的是嚴峻的法理情，而馬面對的則是寬鬆的情理法，在在彰顯司法天秤的嚴重傾斜。

面對扁保外就醫議題，執政當局上至馬英九、曾勇夫，下至矯正署、台北監獄，口徑一致：依法辦事。但事實上，保外就醫中所規範的「法」，已淪爲執政者坦護同黨、整肅異己的政策工具。

按監獄行刑法第57條規定：受刑人現罹疾病，在監內不能爲適當醫治者，得斟酌情形，報請監督機關許可保外醫治……。試問？能否在監內適當醫治由誰界定？有多少國民黨權貴在相關單位「斟酌情形」的巧門下獲得保外就醫，甚至棄保潛逃？扁身心狀況經醫療團隊判定已有生命危險，且多次進出醫院，爲何仍被判定可在監內進行醫治？北監如何「斟酌情形」認爲扁的保外就醫不可行？

在受刑人醫療人權方面，據資料顯示，二〇〇六至二〇一二年八月底，全國共計一〇五六位受刑人獲准保外醫治，其中五四二人死亡，比例高達51.3％，法務部無異對這些人已罹病受刑人執行另類死刑，基於人道，法務部如肯讓受刑人進行預防式診治，相信有不少人命足以挽回。

扁案是政治案件，馬重返威權藉司法進行政治整肅下的產物。所以唯有扁案得到公平對待，台灣的司法正義才能眞正到來。

第八屆第三會期

有請江院長，法務部曾部長：

這是本席任期內第三次針對扁案提出質詢。

本席早年曾因對台灣民主、人權提出評論，而觸怒當局，名列黑名單，雖付出二十九年無法返鄉的代價，但本席了無遺憾。本席痛心的是，歷經五十年，國民黨黨國幽靈依舊盤據台灣天空，讓司法無法獨立運作，民主化無法完全落實。

陳水扁是台灣及國際社會所矚目的卸任元首，如果連他的司法程序正義、醫療人權都得不到合理對待，那台灣還有何公平正義可言？

江院長，有人稱呼你爲「小馬英九」，本席認爲這對你是極大侮辱，雖然你的職權來自民調只有13%的馬英九，但只要你能正視民意，站在歷史正確一邊，台灣社會及本席仍對你有所期許。

二〇〇六年六月七日，以「溫、良、恭、儉、讓」自許的馬英九，曾以中國國民黨黨主席身分表示「子彈已經上膛，要讓阿扁死得很難看」。

江院長，你知道馬英九這一段談話嗎？

你是留美博士，本席請問你：世界上還有哪一個民主國家的政黨主席，會以這種幫派報復式的語言，來攻擊其它政黨，馬英九刻意挑起支持者仇扁、恨扁情緒，讓台灣社會陷入挺扁、反扁漩渦，至今無法自拔。

當時特偵組爲配合馬英九所形塑的社會氛圍，更一字排開向社會宣示：「扁案一定要辦出結果」，這種「未審先判」、「有罪推論」踐踏程序正義的辦案模式，更讓台灣司法付出信者恆信、不信者恆不信的慘痛代價。

江院長，這幾年來台灣社會的撕裂，民眾對司法的猜疑全源自於馬英九，身爲馬英九意志執行者，這些傷痕你願意替他弭平嗎？

回顧扁案過程：陳水扁在從二〇〇八年五月二十號，完成交接，步出總統府那一刻，即被限制出境，同年十一月十一日被銬上手銬，以「有逃亡之虞」，遭受長期羈押，至今未踏出牢房一步。審理期間，除了他的三歲孫子遭到傳訊外，更發生檢察官教唆僞證，違背憲法「法定法官原則」，中途變更承審法官等事件，所以從先押後審，到押人取供，扁案是一連串抄家滅族式的政治清算過程。

二〇一〇年十一月五日，台北地方法院在審理二次金改案時，以非總統法定職權的說法判決陳水扁無罪。三天後，十一月八號馬英九隨即召集司法高層，抛出扁案判決應符合社會期許的說法，接著十一月十一日高分院在審理陳水扁龍潭案時改採「實質影響力」說法，罕見地未發回更審，逕行定讞，判決陳水扁有罪。

江院長，總統職權是涉及憲法層次的嚴謹議題，爲何短短六天地院與高院的判決卻截然不同？馬英九是否透過與司法高層的對話，偷偷將手伸進司法？

李登輝與陳水扁共執政二十年，從未針對司法個案發表過談話，但馬英九卻赤裸裸的介入司法，你願不願意代他向國人道歉？

紅火案中的辜仲諒及他的辯護律師，已多次控訴特偵組越方如檢察官涉嫌教唆僞證，這是對檢察體系最嚴厲的指控。江院長，你爲何不訓令法務部對辜家提告來捍衛檢察體系的清白？還是因爲另有隱情，選擇唾面自乾？

江院長，馬英九說：「扁案應符合社會期許。」現在全國有十六個縣市議會，包括藍營政治人物及過半民意支持應該讓陳水扁保外就醫，你能不能本於良知，與台灣社會共同呼籲馬英九回歸民意儘速讓阿扁保外就醫？

針對陳水扁的醫療人權，本席有幾個問題請教曾部長：

根據民意調查顯示，司法最不被國人信任，而你的支持度也始終在10％上下徘徊，身爲最高執法單位首長，基於責任政治，你願不願意考慮個人的去留？

你知不知道陳水扁在總統任內每年進行健康檢查？據醫療紀錄顯示，他卸任前身心健全。

你可不可以告訴國人，現在陳水扁身上共有幾種疾病？（腦病變、大腦萎縮症、睡眠呼吸中止症、重度憂鬱症、類帕金森症候群。）

那你同不同意陳水扁現在所患的疾病全部都在羈押及北監服刑期間發生？

你能不能具體向國人說明，陳水扁服刑期間到底遭受什麼樣的處遇，讓他從身心健全到現在百病纏身？

曾部長，馬英九曾說「保外就醫等於放了！」這句話你認同嗎？

本席之所以對你提出一連串問題，是因爲你對陳水扁充滿了傲慢與偏見。法律是是非與對錯的判斷，政治則是好惡偏向的選擇，身爲法務部長你已逾越兩者之間的分際。阿扁百病纏身全國皆知，而二月二十五日你卻向媒體表示，阿扁健康「與常人無異」，身爲部長，公然撒謊，你應辭職下台。

在四月一日，在國防外交委員會中，陳水扁的主治醫生周元華明白指出，扁有重度憂鬱症，有強烈自殺傾向，需家人的支持，已不適合回到發病地點台北監獄。曾部長，相信你已看過相關報告，你是揣摩上意繼續關扁？還是願意遵循監獄行刑法第58條規範，在「得斟酌情形下」讓扁保外就醫？全民都在看。

在結束質詢前，本席特別節錄一段文字，請江院長轉交馬總統。

美國總統福特，在赦免尼克森水門案刑責的演說中說：「The Nixon family's situation is an American tragedy in which we all have played a part. It could go on and on and on, or someone must write the end to it. I have concluded that only I can do that, and if I can, I must.」

「這是我們每一個人都置身其中的國家悲劇，除非有人去結束他，否則它將一而再再而三地糾纏下去，而我是唯一有權力結束這場悲劇的人。既然我能，我便責無旁貸。」福特總統在面對水門案時，展現出他的政治高度與智慧，讓美國能夠走出水門案紛擾，這點值得馬英九借鏡。

相較於水門案，扁案同樣是整體台灣社會必須去面對的課題。當年馬英九以攻訐阿扁涉貪，標舉自身清廉來取得執政權，但如今卻淹沒於親信的貪腐浪潮，何豈嘲諷。本席認爲扁案是國民黨重返執政過程中，司法黨國體系復辟的歷史產物，所以唯有放下扁案，國民黨才能重建清廉。

最後本席提醒握有權柄者，台灣能否走出扁案陰霾，向前邁進，全繫於你們的一念之仁，儘速讓扁保外就醫，結束這場悲劇，這是本席最沉痛的呼籲。

第八屆第四會期

一、馬總統是扼殺司法獨立的劊子手

（一）人民對司法的信賴度不斷下降

請問羅部長，十一月上旬台灣指標民調（TISR）公布「部會首長滿意度」的民意調查，您知道自己的滿意度（10％）和不滿意度（30.1％）是多少嗎？人民對法務部長的滿意度爲什麼這麼低？

二〇一三年七月九日，國際透明組織公布民意調查，指出司法是台灣貪腐最嚴重的機關，雖然司法院和法務部立刻發表反駁聲明，但本席想請教院長的是，台灣的司法爲何會讓人產生這種印象？換句話說，台灣的司法值得信賴嗎？您知道人民對司法的信賴正跟著馬總統的民調一直往下掉嗎？

今年七月，中正大學的民意調查（全國民眾被害暨政府維護治安施政滿意度調查）指出，80.4％的民眾懷疑法官審理案件的公平性，74.5％的民眾質疑檢察官偵辦案件的公平性。另外，二〇一二年七月，「群我倫理促進會」所做的「台灣民心動態調查」（Taiwan Mood Barometer Survey，TMBS），有65.4%的人不認爲執法人員依法公正辦案。

我們對照過去的民意調查，不僅人民質疑司法公正性的比例正持續增加，連法務體系的首長都不信任自己的部屬，更令人深感荒謬。我們看關說案爆發後，前法務部長曾勇夫痛批特偵組羅織罪名，檢察總長黃世銘被起訴時表示：「北檢屈服在壓力下起訴本人」。

這些現象，都是江內閣應該注意的警訊。

（二）政治力嚴重破壞司法的公信力

司法是維護社會正義的最後一道防線，這是法律人都朗朗上口的一句話，不過從人民對司法的信賴度不斷探底的情形看來，這道防線遲早將面臨潰堤的危機。

本席必須指出，人民對司法的信賴是一點一滴流失的，當政府自己都蔑視正當法律程序的時候，人民又怎麼會對司法產生信心？本席只要舉幾個例子，大家就可以瞭解司法被侵害的程度有多嚴重。

1.陳前總統案件的審理過程，特偵組檢察官在偵查階段就預設立場，集體召開記者會強調非辦出結果不可。

2.案件到了法院，因爲承審法官曾經同意陳前總統交保，中途就被換掉。

3.馬總統對龍潭購地案判決無罪表示「司法判決應符合人民的期待」，陳前總統隨後就被重判。

4.今年九月，檢察總長黃世銘把尚未偵查終結的案件拿去向馬總統報告，隨後引發拔除立法院長的政爭，整個過程涉及違法監聽、洩密、破壞權力分立等現象，嚴重傷害好不容易建立起來的民主法治。

5.今年十月，馬總統被揭發指示前法務部長王清峰查辦侯寬仁檢察官，侯寬仁表示，馬英九對特別費進入私人口袋沒說清楚，「欠社會大眾一個說明」，馬總統下條子指示王清峰懲處，「馬也欠我一個道歉！」

以上事實，突顯出人民對司法信賴的流失，大部分原因是來自馬總統和司法部門的不當作爲，執政當局如果不能認眞檢討自己對司法的傷害，人民對司法信心的崩盤恐怕不會太遠了。

二、法務部應愼重處理陳前總統的醫療問題

（一）總統干預個案，嚴重剝奪受刑人保外就醫的權利。

請問羅部長：陳前總統罹患哪些疾病？嚴重程度如何？如果類似病情的受刑人可以保外就醫，法務部爲何斬釘截鐵的表示陳前總統的健康情形良好？

監獄行刑法規定，受刑人罹患疾病可以申請保外就醫，根據法務部的統計，九五年至一〇一年八月底累計，核准保外醫治人次共一〇五六人，療癒回監執行殘

餘刑期共二八六人，保外醫治期間死亡共五四二人，棄保未返監的有十五人。從數據看來，超過一半的人是在保外就醫期間死亡，可見這些人已經藥石罔效了，法務部才准許保外就醫。針對陳前總統的病情，難道法務部也要拖到沒救的時候才會同意保外就醫嗎？

陳前總統病情惡化是事實，他的家人申請保外就醫，馬總統卻逾越職權，公然干預監獄行政，說「保外就醫就等於是放了」，如此一來，法務部還敢根據專業來做判斷嗎？請問院長：憲法第53條明定「行政院爲國家最高行政機關」，站在憲政權力的分工角度，您認爲總統適合對保外就醫的個案表達意見嗎？馬總統從偵查、起訴到審判、執行，一再對陳前總統表達「關切」，您認爲這是一個民主國家的總統應該做的事嗎？

一般受刑人不論能否通過保外就醫的審查，他們至少不會受到政治力的干擾，但是全國只有陳前總統會受到馬總統的干預，正因爲這種不當介入，一再打擊陳前總統，才會讓他的病情不斷惡化。

（二）請政府正視陳前總統的醫療人權

媒體報導，陳前總統在台中監獄種菜養魚，請問院長：以陳前總統的健康情形，他有辦法種菜養魚嗎？柯文哲醫師說，陳水扁已病重如「廢人」，根本無法種菜，農場是獄友種的。請問院長：這種認知差距到底是媒體誤報還是柯醫師不夠專業？

本席常常探視陳前總統，發現他才六十二歲，記憶力卻嚴重衰退，很多事情記不住，很多動作做不來或是反覆做，例如洗完頭後洗身體，洗完身體又洗頭。他有重度憂鬱和自殺紀錄，尿失禁嚴重，一天要換八到十二次褲子。醫師診斷，他的腦部已萎縮17%，部分功能受損，而且只會惡化，無法回到正常人的狀態。

印證醫院的診斷，我們發現他的健康狀況確實大不如前，台中榮總做完多重睡眠電圖，血氧值（代表心肺功能）被測到最低值只有72%（正常值大於95%），顯示睡眠呼吸中止症還很嚴重，這種現象對腦部病變是高度危險因子，如果不採取妥善治療，可能會發生無法挽回的悲劇。

三、結論

從保外醫治的例子看來，陳前總統的病情並非特例，在此，本席舉出幾個案例：（見下頁表格）

雖然陳前總統的病因與這些案例不盡相同，但法務部能判斷陳前總統的病情比上述獲准保外就醫的人還輕嗎？羅部長剛上台，本席期待您能秉持專業，排除來自高層的政治干擾，妥善處理陳前總統的醫療問題。

再來，請問院長：您覺得馬總統會反對您去探視陳前總統嗎？您能不能自己做主？本席相信江院長應該不是仰承上意的傀儡，所以鄭重邀請江院長和羅部長一起

案例	出監日期	病因	保外在外日數	備註
1	九七年五月三十日	陳舊性腦中風併右側肢體偏癱、支氣管性肺炎、失語症	一五六七日	
2	九七年十月三日	肺炎、老人失智症	一一一日	保外期間死亡
3	一〇〇年三月十七日	癲癇、頸關節退化、脊髓疾病、慢性氣道阻塞、自主神經系統反射失調	三九四日	
4	一〇〇年十一月十七日	心房顫動、糖尿病、高血壓、前列腺肥大、慢性腎臟疾病、巴金森氏症、高血脂	二一六日	保外期間死亡

到台中監獄探視陳前總統，讓二位有更清楚的資訊來判斷如何處理陳前總統的醫療問題。

這項要求，不涉及江院長是否支持陳前總統，更與黨派立場無關，只是希望行政院長基於人道立場對卸任元首的健康表達關心，請院長明確答覆本席，同意在最短時間內去探視陳前總統。

第八屆第五會期

主席，請江院長、羅部長。

今天在議場展示的是陳前總統在二〇〇八年十一月十二日被上手銬的畫面，到今天爲止，他已經被囚禁接近二千天。

今天雖然是本席任期內第五度在施政總質詢時間就扁案質詢，但本席並無意再重提陳前總統的案件所受到的不公正偵查與審判，而是要請教二位一些有關陳前總統的身體健康問題，和他在法律上應有的權利。

一、首先，本席請教江院長，你就任一年多來，有沒有了解陳前總統的健康狀況？

二、羅部長你上任這幾個月來呢？了不了解陳前總統的健康狀況？

三、兩位認爲陳前總統的身體健康狀況如何？江院長？羅部長？

四、《蘋果日報》今年二月二十日網站一則即時新聞：「美國聯邦眾議院外交委員會主席羅伊斯（Ed Royce），今率八位議員組成訪問團訪台。上午拜會總統馬英九時，有兩位眾議員主動向馬英九關切前總統陳水扁的獄中人權及醫療問題，馬英九告知扁在獄中一切都很好」。總統府當天雖有發布馬英九接見羅伊斯等人的新聞稿，但其中並無《蘋果》所報導內容。《蘋果》在同則新聞中並報導：「當訪問團中午與蔡英文、多位民進黨立委餐敘時，立委陳唐山得知馬英九說法後，告知美眾議員，扁在獄中身體狀況不佳，讓訪問團成員相當訝異」。針對這一段報導，二月二十四日王健壯先生則在天下雜誌的「獨立評論@天下」以「總統不誠實不厚道」爲題，評論馬英九這一段談話，他並說：「因爲『扁在獄中一切都很好』這段話，完全與事實不符。事實是，陳前總統在獄中一切都不好。不好到什麼程度？陳前總統的民間醫療小組，對他的病情曾向法院提過一份鑑定報告：『目前罹患：中等度額、顳葉爲主的腦神經退化症，中度巴金森氏症候群，中度語言障礙，中度動作失用症，輕度失智症，嚴重尿失禁，重度器質性憂鬱症，重度睡眠呼吸中止症，嚴重型憂鬱症合併焦慮及多重身體症狀』」。

五、如果江院長、羅部長對於這份「民間報告」有所保留，那本席可以告訴二位，「官方報告」診斷亦同。在未轉院至台中培德病監之前，台北榮總醫師周元華曾在立法院報告陳水扁病情時指出：「陳水扁罹患非典型帕金森症，結巴性語言障礙，大腦輕微萎縮，重度憂鬱症，以及重度呼吸中止症等五種病症」。結論是：陳前總統病況日益嚴重，「在監內不能爲適當之醫治」，應該考慮有「家庭情境」與「家屬支持」的居家治療。這正是去年社會各界大聲疾呼讓陳前總統保外就醫時的健康狀況。

六、很遺憾的是，當時的馬英九並未同意，而法務部則連夜將陳前總統移往台中培德病監，之後聲稱陳前總統受到良好的醫療照護，「在獄中一切都很好」，連馬英九都敢在接見外賓時公然宣稱如此不確實訊息。然而，本席幾乎每個月至少都會探視陳前總統一兩次，就本席的了解，陳前總統的健康狀況已經很差、很差。本席不清楚馬英九對陳前總統的健康情況有沒有掌握？如果不是被蒙蔽，就是故意在外賓面前說謊，作爲一個現任國家元首，這是非常不好的示範，所以本席想請教江院長或是羅部長，有沒有眞正掌握陳前總統的健康狀況？有沒有據實向馬英九報告？

七、今年一月，台中榮總也在一份向法院提出的診斷證明書中，對陳水扁病情這樣描述：「重度阻塞型呼吸中止症，腦神經退化性疾病以額顳葉爲表現，重度憂鬱症，類似器質性憂鬱症」，其症狀包括「長期漏尿，手不自主抖動，口吃，容易跌倒，思考能力下降」，而處置意見則是「重度憂鬱症經給藥物治療後，症狀改善有限」。而台灣高等法院經過罕見的遠端視訊偵訊開庭，確認陳前總統的健康狀況，繼台北地院首度於去年十二月就陳前總統另一案件作出停止審判的裁定之後，一月二十八日以刑事訴訟法第294條規定，再度作出停止審判的裁定。高等法院裁定的理由是：「本件被告既經鑑定，認其因上開疾病，有語言障礙、失智、對問題之認知、理解、判斷能力，及智能及記憶能力，暨對語言之組織、表達、敘述能力，其智能及記憶能力等均有下降之情形，在正常人5％以下，且屬法律上監護宣告之狀態，已無能力接受法庭之審問，並有生命或健康上難以預測之風險。是其訴訟能力顯然已有欠缺，且有因疾病不能到庭之法律上原因，依前揭刑事訴訟法第294條第2項規定（心神喪失者），自應於被告能到庭前停止審判。」

八、本席認為法院裁定的理由，在刑事訴訟法第467條（停止執行）第1款也有同樣規定：受徒刑或拘役之諭知而有左列情形之一者，依檢察官之指揮，於其痊癒或該事故消滅前，停止執行：一、心神喪失者。所以，法務部長或是江院長應注意到法院認定有心神喪失狀況的陳前總統，有依法停止執行的權利。

九、本席也無法同意法務部一月六日新聞稿所稱刑事訴訟法第467條停止執行規定限於發監執行「前」的案件，則受刑人於執行中發生停止執行原因，究竟要適用何種法律方可依法停止執行？受刑人如未開始刑之執行，如何停止？法務部的新聞稿不僅違反基本文義解釋，無異架空刑事訴訟法第467條之規定。

十、以下本席將向二位說明四月份台中榮總針對陳前總統健康狀況最新的診斷報告：陳前總統在台中榮總接受治療已經一年，他所罹患的重度阻塞型呼吸中止症，腦神經退化性疾病，重度憂鬱症，類似器質性憂鬱症等並未改善，此與獄方處遇無關連，而是所罹疾病的進程，藥物或手術治療的效果有限，「在監內不能爲適當之醫治」，具體建議應該考慮「居家治療」。

十一、今年三月十四日在美國眾議院台灣關係法三十五週年聽證會上，加州的民主黨眾議員布萊德．謝爾曼（Brad Sherman）指出：「One of the red flags that a democracy is'nt working real well is that the former president's in jail.」謝爾曼眾議員認爲：當一個卸任總統被囚禁時，意味著那個民主國家的運作已出現警訊。送給二位參考。本席提醒二位，陳前總統被囚禁至今，幾乎已經和馬政府執政的時間一樣久。

十二、今天，本席藉著總質詢的場合，向二位詳細說明陳前總統目前在獄中的健康狀況，包括最近兩個法院的停止審判裁定，判斷的依據也是他的健康狀況。行政院或是法務部依法應該停止重病的陳前總統有期徒刑的執行。即使不考慮他身爲卸任元首的身分，作爲一個普通的受刑人，也是他法律上應有的權利。

十三、最後，本席請二位根據他目前的健康狀況，愼重考慮他法律上應有的權利，依法作出公平正確的判斷。

第八屆第六會期

這是本席任期內，第六度針對陳前總統的案件進行質詢，本席和多數的國人相當清楚，陳前總統的案件是當今執政者透過司法工具對於政治異己所進行的整肅與迫害，所以儘管這幾年來，社會上呼籲釋放陳前總統的聲浪不斷，還是無法撼動執政者不讓陳前總統踏出監所一步的決心。本席之所以對陳前總統持續關注，就是要留下歷史紀錄，讓民眾瞭解馬政府如何凌遲一位台灣的卸任元首。

江院長，十月十四日台灣指標民調公司所發布的數據，你的施政不滿意度高達66％，創下歷史新高。江院長，你是留美的政治學博士，按你所理解的民主國家責任政治原則，你今天站在備詢台還具有正當性嗎？你還能理直氣壯的回答國會議員的質詢嗎？

讓人民有錢可以買東西吃，有健康的身體可以吃，這是民主國家執政者最起碼的責任。但是江院長，在你的領導下，民眾連什麼可以吃、什麼不能吃都不知道？在你的任內，發生毒害民眾身體健康食安問題，已經太多次，每一次事情發生後，你總是信誓旦旦的向人民掛保證，還是一次又一次的發生。你所領導的就是這種「混吃等死」的政府，剛好反應在你的施政滿意度，但是你還能在馬總統力挺之下，罔顧政治責任堅持不下台，本席認為你的歷史定位和馬總統一樣已經在台灣人民留下同樣「無能」的印象。

接下來，本席想要請教法務部羅部長。

本席注意到羅部長曾多次向媒體表示，你是佛教徒。請問，除了政教合一的國家之外，世界上哪一個民主法治國家的最高司法首長，會一再向社會披露他的宗教信仰？羅部長，你是不是心虛？你的信仰對你的職務而言有重要嗎？民眾最在意應該是法務部所管轄的檢調機關，執法標準是否一致、符合公平正義原則。佛教教義有言眾生平等、對萬物慈悲。羅部長，身爲佛教徒，你自認有吻合這兩個標準嗎？

近二十幾年，有多少國民黨要角犯案後，以不實的醫療報告獲得保外就醫之後，畏罪潛逃出境，如伍澤元等。而陳水扁總統則是經由國家醫療機構的台中榮民醫院，以最專業嚴謹的態度，呼籲讓陳前總統「居家治療」，甚至法院都引用台中榮總的醫療診斷報告，二度裁定停止審判，本席在立法院總質詢也數度請部長愼重考慮這個問題，但是你卻執意不讓陳前總統踏出監牢一步，羅部長，你有實踐佛教眾生平等教義嗎？即使本席認爲你在職務上應該不可以讓宗教影響你的判斷，純粹就法論法，你有遵守法律之前人人平等的基本原則嗎？

陳前總統在二〇〇八年十一月十二日被上手銬帶往監所，到今天已經整整六年。在監所嚴密的監控以及得不到適切的醫療照顧的情況下，陳前總統的身心飽受摧殘。羅部長，本席相信你一定有陳前總統詳細的病情報告，他的帕金森氏症、小腦萎縮日益嚴重，口吃、手抖、漏尿、甚至走路都需要有人攙扶以免跌倒，已經符合監獄行刑法第58條第1項第1款：「受刑人現罹疾病，在監內不能爲適當之醫治者」的規定。羅部長，你即使不願意發揮一點佛教徒的慈悲心，也請你依照法律規定，尊重專業的醫療判斷。因爲陳前總統保外就醫的法律問題，判斷的根據和標準就是專業的醫療報告。讓陳前總統得到應有的醫療人權，保外就醫或居家治療！

另外，本席提供一份台灣太平洋發展協會十月二日公布的最新全國性民調，其中有關台灣人民對陳前總統保外就醫的調查數據，提供給兩位作參考。根據這份民調資料，近六成四的受訪者贊成讓陳前總統居家療養，且有59.7％認爲馬政府反對讓陳前總統保外就醫的政策不適當。對於陳前總統執政八年的施政表現，滿意者有46.5％，不滿意者37.9％，至於陳前總統與馬總統的施政表現比較，認爲陳前總統表現較佳者遠多於認爲馬總統表現較佳者，47.2％比20.7％。當被問及陳前總統對台灣是否功大於過，47.1％表示同意，39.5％不認同。關於陳前總統案件司法審理的公正性問題，31.7％認爲審判公正，41.3％認爲陳前總統未獲得公平公正審判。

這份民調顯示台灣社會經過六年以後，對陳前總統卸任後的遭遇感到不平與同情；對他八年的施政則是肯定多於否定；懷念多過嫌棄。對於陳前總統應有的處遇，多數人認爲居家治療或保外就醫皆屬政府應有的適當安排。

江院長、羅部長，歷史會還原眞相。歷經六年之後，民眾已逐漸釐清陳前總統司法案件的眞相與本質：就是標準的政治司法迫害與道德法西斯追殺。本席呼籲兩位不應再揣摩上意，儘速讓陳前總統保外就醫，讓他獲得應有的醫療人權。

附錄二
報紙投書與專訪

FAPA十年有成

陳唐山

FAPA成立於一九八二年。它的成立有一些島內外的背景因素使然。在台灣，一九七九年底，發生高雄美麗島事件，上百的民主菁英被台灣當局逮捕。海外台灣人發揮空前的團結，熱烈支援台灣的民主運動，積極在國際上展開救援的工作。

在美國，台灣移民快速增加，在美台灣人向美國當局展開遊說，而於一九八一年成功地為台灣爭回失去的兩萬名移民配額。這兩件事刺激了海外台灣人對故鄉民主的關愛，提升了海外台灣人的外交工作信心，也無意間促成了FAPA的誕生。

高雄事件給台灣人一個立即的啓示：反對運動必須掌握有效的宣傳工具，方能爭取到人民的支持。根據這個認知，全美各社團的代表於一九八二年二月十四日在洛杉磯集會，討論如何在台灣島外設立電台向島內廣播，以突破台灣當局對電子媒體的壟斷。有一位同鄉介紹台獨聯盟幾年來籌設電台的計劃，並提出遇遭到的技術性和政治層面的困難。與會人士紛紛表示意見，但是大家都還是想不出具體有效的解決辦法。

突然間有人提出：既然籌設電台尚有困難，難得今日有這麼多社團負責人在場，爲使大家不虛此行，希望大家利用這個機會來討論成立一個專門在美國國會進行遊說的團體。這個建議引起全體十幾位出席人士的興趣，並且隨即被接納。台灣人公共事務會（FAPA）於焉誕生。這是十年前FAPA創立的歷史背景。

FAPA成立後，台灣的政治環境有很大的變化。經過海內外台灣人在各方面的努力，民主進步黨終於於一九八六年成立，成爲台灣第一個反對黨，亦是本土性的政黨。國民黨當局被迫於一九八七年宣布廢除戒嚴令，解除黨禁和報禁，並允許人民有限度的集會和結社權。十幾年來，FAPA在這一方面努力，也多多少少地做出貢獻。這是FAPA的支持者值得驕傲，且引以爲榮的。

然而，這些政治上的開放並不充分。它們尚未能帶給台灣社會應有的自由、平等和安全；亦即，台灣的民主仍然坎坷遙遠。FAPA的支持者也還有許多需要繼續努力的，切勿過分沉醉於過去的成就，而忽略了如何運用昨日的經驗，來創造更美好的明天！

我們都希望台灣早日成爲國際上獨立，國內民主的國家。柏林圍牆被推倒的歷史鏡頭令人念念不忘，波羅的海等國家透過公民投票獲得獨立建國的事時也令人印象深刻。這些事情鼓舞了台灣人。我們寄望FAPA能再度發揮功能，衝破黑名單的圍牆，幫助建立一個安和樂利、鳥語花香的新台灣。

十年來，我們攜手並進，參與FAPA的工作，爲台灣的民主前景鋪路。我有幸擔任過會長，盡一份心力，也感謝大家的支持。未來的工作還很艱辛，我們應該繼續給現任的陳會長最大的支持。下一次慶祝FAPA成立的另一個十週年時，我們得爲台灣的民主完成而歡呼！

（原刊於《台灣公論報》，一九九二年三月二日）

台灣不做國際孤兒——談要加入聯合國

陳唐山

最近，外交部長錢復答允國會嘗試推動申請加入聯合國，接著李登輝總統更在國民大會的演講致詞時宣告，我國將要在三年內讓國際間重視我國參與聯合國這個問題，此一宣告是國民黨四十年來對躲避加入聯合國議題的解凍，更是對宣稱此議題爲「根本做不到的長期目標」的前行政院長郝柏村臉上結實地打一巴掌。

然我們到底有什麼條件在此時「加入聯合國」呢？基本上，雖然目前中國態度仍沒有大變，國民黨的國策也仍堅持大中國主義，但台灣有以下的幾點有利情勢，爲台灣爭取在國際間共存的機會：一、近年國際情勢的變化，共產國家勢力大幅衰退；二、過去十年來台灣經濟資源累積到了相當可觀的程度，我們有足夠的經濟實力介入國際經濟舞台；三、台灣民意的高昂，自主性逐漸增加。國際情勢與台灣的經濟力量有利於我國在這個時機正式進入國際社會，而台灣民意的自主更是迫使政府不得不去做，可以說是擁有了天時地利與人和。

自從台灣被逐出聯合國之後，台灣人民在國際間行商、旅遊備受屈辱。其實加入聯合國以取得一個國際的獨立人格，一直是台灣人民共同的願望。近年來，島內社會各界以及海外台灣的民間團體，協力地將加入聯合國運動的聲浪推到高點，接著在全新選出的立法院中，經由民進黨在國會裡不遺餘力的推動，以巨大的民意實力，成功地迫使政府拋棄僵化的意識形態，重新重視此一急迫性的議題。

由於國民黨幾十年僵化的外交政策，使台灣陷入國際孤兒的困境中，台灣人民飽受許多不必要的不公平待遇，如何尋求途徑去打破這個僵局，已經是當前刻不容緩的問題。國民黨政府的對外政策，一向主張台灣是中國的一部分，主張台灣與中國統一，並宣稱擁有對岸的主權，此主張不但讓國際間引起困惑，更是使台灣人民生活於備受中國武力威脅的環境中；今日台灣申請加入聯合國，勢必會遭到擁有否決權的中國強烈反對，然而，切不可因爲預期中國的反對，而本末倒置地指責「台獨思想是阻撓進入聯合國的絆腳石」；相反地，我們必須釐清的是，正因爲台灣人民有拒絕與中國「統一」而成爲一個獨立自主的國家之權利，而國民黨的大中國政策，只會造成國際間將台灣的問題認知爲內政問題，這絕不是台灣人民所能接受的。

即使是國際上東、西德彼此也未宣稱擁有對方的主權，可是國民黨昧於事實，堅持大中國主義的意識形態，使得台灣在國際上被認知爲屬中國的一部分，則台灣入會的可能性便越來越小，台灣面臨中國武力侵犯的威脅便永遠揮之不去。所以，除非政府不再談「台灣是中國的一部分」，不再堅持一個中國政策，不然想要得到國際上其他國家支持加入聯合國，無異是緣木求魚；但我們認爲絕不可因爲預期的種種困難，而減緩了入會的腳步，相反的，我們必須積極地去爭取。萬一申請的結果被拒，也可藉由這種加入聯合國的行動，加強其他國家對「台灣是獨立自主有實力的國家」之認識，而一步一步地爭取其對我們的承諾與支持。最後，政府決策單位應將「加入聯合國」視爲一種爭取台灣獨立人格爲目標的運動，不要作爲政策性的工具運用，博得人民的好感而已。政府必須順從民意，經由台灣人共同的合作，堅持台灣兩千萬人最大的權益與幸福爲依據，同心協力爭取國際上對我國的支持。

報載，前南斯拉夫的屬地馬其頓已於四月七日正式成爲聯合國的第一百八十一個會員國，馬其頓能，我們爲什麼不能？

（原刊於《自立晚報》，一九九三年四月二十四日）

革新僑務從改變意識形態做起

陳唐山

現今是新時代的開始，舊時代的結束，掌握現代世界潮流新動脈，配合台灣政治社會新環境，始能有效地發展僑務外交相輔相成的新政策。世界形勢變化快速，蘇聯解體，共產主義夢幻破滅，兩岸關係解凍，國內亦步入民主政治本土化，政治生態環境由一黨專制進步爲兩黨制，但華僑與僑務單位仍無法脫離一黨之獨裁、非國民黨即敵人的意識型態，持守國民黨創立初期，聯合海外華僑志工，推翻滿清當權者的心態，討好拉攏忠貞華僑，打擊大中國統治者共產黨、在野民進黨以及台僑社團，突顯其一黨專制，這乃是僑務長期以來無法落實，確實回歸服務台僑，有計畫地發展全面性政策的主要阻礙。

最近公佈的僑務政策，仍顯示出在國共對峙時期，對共產勢力的恐懼，深怕中共在海外的宣傳統戰，做得比我國普遍而透澈。實際上，台海兩岸已有正面的接觸，辜汪會談的進行、兩岸溝通管道制度化，即爲一例，走出此種陰霾顧慮已是時候。加強政策多面性的研究與制定，檯面上的談判與檯面下的協商，是兩岸外交關係上重要的新方向；在思想上，爭取華僑認同國民黨，透過其收集情報，利用僑務資源經費，拉攏賄賂華僑，與黨部海工會聯合，在海外與對手中共做形式上的拔河競賽，已嫌落伍亦不符合時代需要，僑務不應因循此僵化意識——利用僑務從事黨務。

僑務的新重點應落實爲台僑，台灣出生，擁有國籍之台灣人，原本即認同台灣，現旅居海外的僑胞。前述對中共在海外勢力的恐懼，以及一黨唯我獨尊的想法，已將僑務窒息僵化，無力從唐人街華僑社區走出，轉移重點，完全照顧新僑。雖然僑委會已開始體會到服務新僑的重要，但對摒棄華僑所造成的不諒解之聲，以及過份重視部分華僑在國內的投資所產生之利益，使得僑務工作畫地自限，情願犧牲「眞僑民」——即台僑的權益，罔顧其多次的鳴抱不平與嚴重離心。「大中國」的夢幻仍是支持僑務的基礎，凡自稱是中國人，全然是我國僑務單位服務的「子民」，此作爲不僅混淆國際視聽，在固定的僑務經費下，如此不分重點，本末倒置，實爲浪費國家公帑。

僑政不僅服務對象無法完全落實於台僑，其政策亦缺乏主導性，計畫也不能配合外交做全面性的執行。僑務政策的制定常是尾隨在人民的動向之後，做被動性與選擇性的輔助，諸如台商於馬、印、泰投資定居即爲一例，民間廠商扮演拓荒者的角色，以個人傳遞海外設廠投資經驗，在外單打獨鬥，待人數增多，僑務單位始出現，扮演創辦學校、聯誼、審核證照角色，政府部門其他相關單位，亦於此時才出現，做有非常限度的輔導。這充份顯示出政府對國人權益設想，對外關係保守被動的一貫作風，比較日本有計畫地制定全盤性的移民政策，由政府領導，積極開發移民投資環境，用獎勵補助方式，疏導人民外移，解決國內人口過剩問題，以經濟侵略作爲外交手段，我國對台商、台僑的服務措施，實欠缺前瞻性與魄力。

另外，僑委會在行政結構上與外交部乃爲同等地位，但其工作內容與外交部多方重疊，受其督導亦多，實質上是外交部附屬之一變態單位，四十年來，專門處理華僑社團派系糾紛與防止共黨勢力擴張的黨務工作，僑委會若無法改變其狹隘意識形態，以整體國家人民利益爲前提，繼續歧視、分化台僑社團，那麼，僑委會實無存在的必要，應予裁撤。

（原刊於《自立晚報》，一九九三年五月六日）

專訪台南縣長陳唐山

許淑晴 採訪撰文

連續拿下兩屆全國各縣市「施政滿意度」民調第一名的陳唐山，接受本刊專訪時，深入自剖他與李、連、宋、扁之間的互動關係，對於「宋陳配」或「雙陳配」的問題，他也作了說明。

《商業週刊》問（以下簡稱問）：最近有關「宋陳配」的傳聞甚多，可否談談你與宋楚瑜的關係？

陳唐山答（以下簡稱答）：我與宋省長之前並沒有特別的交情，倒是我在海外被列爲黑名單時期，經常聽到他的名字，他當時畢竟是國民黨權威政體的一分子嘛，哈哈。我眞正認識他，是在他當上省長，而我是台南縣長之後。

宋省長是一位很用心做事的省長，爲了地方建設全省到處跑，地方上對他滿認同的。

宋照顧地方周到

問：中央批評宋楚瑜是「散財童子」，你認為呢？

答：每個鄉鎮需要建設，直接會要錢，所謂的「散財童子」我們也不太清楚。省長有一項統籌款，他是在統籌範圍內支配嘛，但到底有多少統籌款，我們不太清楚。每個鄉鎮都很窮，省長有一點錢下來，大家都感謝得不得了。他現在民調會這麼高，跟這些都有關係。

問：談一談你眼中的宋省長？

答：他對地方非常熟悉，每次到地方上來，對我們地方首長都非常重視，地方做簡報時，他一定要我坐在他旁邊。他對地方省議員、縣議員也都非常親切，每個人都親自招呼、打點。

但是一般的中央官員下來地方，卻對地方都不熟。宋省長在這一點是非常不同的。他給人的印象就是全台走透透，對各種很細節的問題，他也都很清楚。例如水資源問題，他就非常清楚，要知道，這個問題對二十一世紀台灣的發展是非常重要的，宋省長非常關切。

問：談談你印象中對宋楚瑜最深刻的事情？

答：他勤跑基層到什麼地步你知道嗎？跑到讓我覺得：「怎麼又來了？」宋省長的機動性非常強，他的機要常忽然打電話來說：「省長馬上要過來了。」我是縣長，每天的行程都排得滿滿的，但是如果沒去接待，不禮貌，所以就必須調整原來的行程。因此，我每回接到電話的反應就是：「傷腦筋！」但是宋省長這麼勤走基層，實在很敬業，這點讓地方印象很深刻。

與連戰的距離較遠

問：你與連戰先生的關係呢，他常南下視察？請比較一下你分別與連、宋的互動情形？

答：我對連先生比較不了解，連戰與我的距離比較遠，我想要形容他的話，應該是「正派、紳士、大將之風」吧。以前預算問題，都是找宋省長，省長沒辦法之後，就分別找相關部會，例如交通部等。連戰最近是常跑各地方沒有錯，也去過幾次台南縣，但是很奇怪，我對連戰就是比較沒印象。會不會因爲他是副手的關係，比較沒聲音？

問：你跟李總統的關係呢？

答：在業務上，我也常接觸李總統。李總統來台南，每次都住新營糖廠。我都會禮貌性歡迎他，他在美國康乃爾大學讀書的一些朋友，我們都很熟。南部科學園區動土時，李總統也來。李總統提出「六萬元一坪」的住宅政策時，也是我們台南縣先配合推出的。他要的，我都做到了，李總統很高興。

我再說一下我與李總統之間一件令人深刻的事。上屆總統大選時，李總統南下應邀參加麻豆池王府廟會的活動，致完詞後，廟會方面竟然要送「鳳梨」給李總統。鳳梨端上來，當場請我代爲遞送，這麼多人在台下，我能拒絕嗎？只好送鳳梨給李總統，但這個畫面卻被國民黨當文宣一天到晚宣傳，使得我被民進黨黨員誤會了，一直批評我。

見總統不覺被利用

問：六月二十八日你到總統府見李總統，好像談及了你們有「親戚」關係？你與李總統有甚麼淵源？

答：是啊，我與李總統會面近四十分鐘，花了一部分時間在談這個話題。我內人林純純是淡水人，她母親的一個叔叔叫黃炎生，在淡水是有名望的人。他是日本東京大學畢業，一直在日本開業當律師，他的輩分比李總統大，總統在淡水與他熟，還有我內人的舅舅也與李總統熟。而那位叔公（黃炎生）的女兒，是李總統夫人曾文惠的同學。有一次，李總統夫婦主動與我和內人提起這件事。三芝、淡水是很近的。

我也有一個朋友在康乃爾大學讀書的時候，與李總統很好，他曾在康乃爾大學圖書館做事，現在住在華府。我見李總統時，也提起了那位朋友。

問：以你的身分在這個時間見李總統，外界討論很多，這件事你事前評估過效應？

答：沒有。這段期間是比較敏感，但是我本來就有幾件事情想給李總統建議，所以雙方有時間，就去見了。建議的事就是防止黑道參政，立委不應該假借名義向行政機關要錢等。我在美國工作很久，從來就沒有這樣的事情發生。李總統很同意我的看法。我們談很多問題。總統很了解我，對我很鼓勵，他見到我就說：「Your Reputation（你的名望很好」，他說一個人的名望很重要。在台北賓館李總統為許文龍慶祝的場合，我遇到李總統時，他也對我鼓勵說：「陳縣長，你默默做事，不作秀，要好好努力！」但總統並沒有講我應該代表民進黨出來選總統。

問：你事後會不會覺得被利用了？

答：不會啦，怎麼會有這種事呢！

問：你與陳水扁同是民進黨同志，過去有不錯的交情，但是經過「宋陳配」傳言及「李陳會」的事件，雙方是否難免有心結？

答：沒有，我們不會有心結。

問：談談你與民進黨中央的關係？這陣子黨中央是否有派人「關心」你？

答：我很少去中央黨部，黨部會議我很少去參加。一星期前，主席林義雄在台南的一個朋友曾經來看我，問我什麼配的問題啦。

跨黨派才是正途

問：你先前提出「跨黨派」的說法，又說宋楚瑜來找你談，你願意；而阿扁來找你談，你也會願意，但這時你卻又補了一句「機會很小」。究竟你個人對「宋陳配」、「雙陳配」的意向爲何？

答：我之前講「跨黨派」，引起很多人的誤會。但其實大家應該先了解我這個人。我在美國工作十九年，從美國經驗來看問題，我認爲跨黨派的方向對國家才是好的。我本身當縣長的作風就是跨黨派，做事、用人完全沒有這方面的限制。假如局限在黨派的觀念，可能很多好人都沒法用。我現在用很多國民黨的人在縣府工作，這些工作換成是民進黨的人來做會更好嗎？恐怕不見得。

會把這些事情想得複雜的人，是因爲不了解我。我從來就不會立刻拒絕別人或是答應人家。例如人家說要請我吃飯，我都會說：「考慮看看！」「好啊，再看看。」我做事一向是尊重別人。

不僅是宋楚瑜、陳水扁來找我談我願意，包括連戰啦，或是赤腳的、穿西裝的來找我，我也會同等對待，對人不要大小眼。我要強調「人性的尊重」，我在台南縣就是如此。

如果宋楚瑜來找我談，我當然願意，但是談論的話題不一定要限制在「副總統搭檔」這個議題。

要搭檔先談台獨立場

問：大選牽涉到國家定位的問題。你是台獨聯盟的成員，顯然與宋楚瑜立場相當不同，這問題你如何看待？如果他直接問你是否願意擔任其副總統人選時，你會怎麼回答？

答：我說「什麼都可以談」也包括台獨的立場在內。宋楚瑜來找我，如果要談副總統搭檔的問題，我會說：「先談台獨立場」。過去我與宋省長接觸時，都是談地方建設的問題，沒有講過統獨話題。我主張的台獨是希望台灣安全，不要被共產黨統治，不分族群。但是現在宋楚瑜並沒有來找我，所以沒有必要顧慮這個問題。

問：所以，如果統獨這方面的問題找到雙方都可以接受的認知時，「宋陳配」便可能了？

答：談完這個問題，並不是我就願意「宋陳配」了，而是談完統獨這些問題後，要談副總統搭檔的時候，我會說：「我是民進黨員，在現在這個環境下，我只有支持民進黨提出來的總統候選人。」這是現在台灣政黨政治的考量，選舉中有很多微妙的事，就是黨派啦！朋友啦！但是我還是希望政黨的局限以後在台灣能夠不要再繼續下去。

問：那麼你為什麼之前會說，阿扁來找你談，你願意，但是機會很小？

答：我會說阿扁來找我談，機會很小，是因爲連阿扁來找我，我都不願意當副總統了，何況是宋楚瑜！我要說明，我現在對副總統選舉是沒有興趣的。宋楚瑜來找我，我願意，但我沒辦法支持他。就像是李總統上次競選時，我送「鳳梨」給他，但是最後我票還是投給彭明敏。這次也是一樣的。我見李總統時，詢問「連宋配」的可能性，也是爲了民進黨的選戰考量，早一點知道人家會怎麼做，對阿扁總是好的。

問：這段期間，你或是你的幕僚，有沒有與宋楚瑜或是宋楚瑜的幕僚接觸過？

答：沒有，完全沒有。像邱毅先生的事，我根本不認識他啊，周秘書也退休很久了，我根本沒跟他聯絡。我與宋楚瑜眞的要見，還需要透過他嗎？何況現在根本沒有！莫名其妙！

從未想當副總統

問：你已經排除與宋楚瑜或是陳水扁搭檔的可能？

答：我從未想過要當副總統，不過，他們來找我談，我當然歡迎。我七月十日在民進黨臨時全代會上支持阿扁，就是我支持阿扁的行動。

問：談一談你對陳水扁副手搭檔的看法？之前表達過願意成爲阿扁副總統搭檔的桃園縣長呂秀蓮，你認爲她如何呢？

答：這要看阿扁的考量，我想他會從「互補」的角度來看。

問：從「互補」角度來看，你好像與阿扁比較不互補，因爲你們都是台南縣人，票源也重疊？

答：我與阿扁是「經建」上的互補。

退休後想含飴弄孫

問：你未來想做什麼？

答：我對人生沒有規劃。我一路走來並沒有規劃什麼事。過去我長年被列入黑名單流亡海外，在美國商務部工作十九年，差一年就可以領到退休金了。我還是放棄退休金返台，出任民進黨僑選立委，又放棄美國籍。然後當了立委十個月，又放棄立委身分，跑去台南背水一戰選縣長，我當時也沒有考慮萬一沒選上的問題。我不是一個「謀官」的人。這陣子有些人在聯想我是不是爲了「謀官」啦，其實了解我之後就知道，我不是這樣子的。

對人生，我不是很有眼光，我只是遇到事就去做。當然現在看起來，這一路「冒險」過後，運氣還算不錯，所以很多人都說我「命不錯」。我現在只想把縣長剩下的兩年六個月任期好好做，至於當完縣長之後要做甚麼，現在可以確定的是，想抱孫子。我選了兩次縣長，現在對選舉實在沒甚麼興趣。

（原刊於《商業周刊》，一九九九年七月十二日）

國家圖書館出版品預行編目（CIP）資料

黑名單與外交部長：陳唐山回憶錄／陳唐山著.
--初版.--台北市：前衛，2016.11
448面；17×23公分

ISBN 978-957-801-809-9(平裝)

1. 陳唐山　2. 回憶錄

783.3886　　105019439

黑名單與外交部長

陳唐山回憶錄

作　　者　陳唐山
企　　劃　林義雄　張葆源
文字整理　林義雄　張葆源　石逸芳
相片整理　林義雄　石逸芳
責任編輯　林雅雯
封面設計　黃思維
美術編輯　宸遠彩藝

出 版 者　前衛出版社
10468 台北市中山區農安街153號4F之3
Tel：02-25865708　Fax：02-25863758
郵撥帳號：05625551
e-mail：a4791@ms15.hinet.net
http://www.avanguard.com.tw
出版總監　林文欽
法律顧問　南國春秋法律事務所
出版日期　2016年11月初版一刷
2016年11月初版二刷
總 經 銷　紅螞蟻圖書有限公司
台北市內湖區舊宗路二段121巷19號
Tel：02-27953656　Fax：02-27954100
定　　價　新台幣450元

 Printed in Taiwan　ISBN 978-957-801-809-9